儿童发展与教育研究文丛

孙亚娟 著

安所遂生
怒族儿童养育习俗的教育人类学阐释

西南大学出版社
国家一级出版社 全国百佳图书出版单位

图书在版编目(CIP)数据

安所遂生：怒族儿童养育习俗的教育人类学阐释／孙亚娟著.--重庆：西南大学出版社，2022.6
ISBN 978-7-5697-0785-4

Ⅰ.①安… Ⅱ.①孙… Ⅲ.①怒族－儿童教育－研究－中国 Ⅳ.①G61

中国版本图书馆CIP数据核字(2021)第060566号

安所遂生：怒族儿童养育习俗的教育人类学阐释
ANSUO-SUISHENG:NUZU ERTONG YANGYU XISU DE JIAOYU RENLEIXUE CHANSHI

孙亚娟　著

责任编辑	张　庆
责任校对	时曼卿
装帧设计	观止堂_未氓
排　　版	杨建华
出版发行	西南大学出版社（原西南师范大学出版社）
	地址：重庆市北碚区天生路2号
	市场营销部：023-68868624
	邮编：400715
印　　刷	重庆新生代彩印技术有限公司
成品尺寸	170 mm × 240 mm
印　　张	13.5
字　　数	235千字
版　　次	2022年6月　第1版
印　　次	2022年6月　第1次印刷
书　　号	ISBN 978-7-5697-0785-4
定　　价	68.00元

目　录

绪　论 ··1
一、民间教育学与儿童养育习俗概述 ·······································1
二、怒族儿童养育习俗的研究缘起 ···18
三、研究的方法论与价值关怀 ···23

第一章
护身安魂：怒族婴幼儿护佑习俗及其保育意蕴 ··················35
一、怒族婴幼儿的护佑习俗现象 ···36
二、怒族婴幼儿护佑习俗的保育内涵分析 ·······························54

第二章
共生之境：怒族儿童养育生境及其教育意蕴 ······················65
一、理论阐述：生境与儿童发展 ···66
二、生境之网：怒族儿童养育生境素描 ···································67
三、安心之所：怒族家屋及其儿童养育价值分析 ······················76
四、公养公育：怒族村落儿童养育的原生范式 ·························88
五、隐性规约：怒族儿童养育生境对幼儿入园率的影响 ···········93

第三章

心与物游:节日仪式与民间游戏中的儿童成长 ········· 101
一、"接圣水"仪式中的儿童德性生长 ············· 101
二、怒族民间游戏中的儿童成长 ················ 118

第四章

意义探寻:怒族儿童养育习俗的特点与儿童观解读 ······ 143
一、怒族儿童养育习俗的特点 ·················· 144
二、怒族儿童养育习俗中蕴含的儿童观解读 ·········· 150

第五章

安所遂生:怒族儿童养育习俗中的"位育"思想及对中国学前教育发展的启示 ··· 159
一、"位育"之思 ························ 160
二、怒族儿童养育习俗中"位育"思想的内涵阐释 ········ 162
三、怒族儿童养育习俗的意义及对中国学前教育发展的启示 ··· 168

参与文献 ······························ 177

附录 ································ 191
附录一 怒族童谣与儿歌 ···················· 191
附录二 怒族民间故事与传说 ·················· 197
附录三 田野调查日志节选 ··················· 203
附录四 田野调查图片(部分) ·················· 205

后记 ································ 207

绪 论

儿童养育习俗是植根民间的"活"的教育形态,蕴含着人类对下一代成长问题的本源性追问。当代社会,儿童生存与发展面临着诸多问题,需要我们重新思考儿童养育与教育的"本"与"源"。思及本源,意味着本源对当下的观照。回溯本源,不仅能扩展当下教育思考的可能性,而且能使教育的"思与说"成为有根的"思与说"。那么,如何探寻儿童教育的"本"与"源"呢?人们一般会追寻以下两条路径:一是从古典文献中探寻经典哲人的教育心向;二是从"活"的教育形态中捕捉民间的教育智慧。"活"的教育形态是一种植根民间的人类养育和教育下一代的方式、制度或经验,其往往源自人类生存和发展的本能需要,源自人的原初经验,其形态松散、不成体系,蕴含着人类对下一代成长问题的本源性追问,是生成于真实教育生活的"民间教育学"。儿童养育习俗正是存留于民间的"活"的教育形态,是广大劳动人民在长期的儿童养育活动中形成的观念形态与实践形态,是涉及儿童生命成长的喂养方式、身体护佑、观念信仰、生态系统、社会制度、教育手段等的复合体,是流传于民间的儿童保教制度、经验与智慧。

一、民间教育学与儿童养育习俗概述

养育习俗是一种非官方的、未进入制度化教育实践的"民间教育学",有学者将其称为"教育习俗"或"本土教育"。儿童养育习俗从本质上讲,是日常生活中的教育文化现象,它属于民间教育学的研究范畴,国内外学者对民间教育学和儿童养育习俗都开展过深入研究。

(一)民间教育学的研究概述

国内外以"民间教育学"这一关键词作为研究主题的成果并不多见,从收集到的文献来看,学术界对"民间教育学"这一概念的说法不一,对其内涵也存在着不同的认识。依据"民间教育学"内涵的不同,该研究可分为两大主题:一是存在于民间的、非制度化的教育活动,也可称为随境式教育活动;二是在文化心理学视角下的个体知识,指发生在专门化教育情境中,教育主体所具有的有关教育的观念、认识、态度、意识等,在知识表征上属于缄默知识。

1. 作为非制度化教育活动的民间教育学研究

苏霍姆林斯基发表在苏联《真理报》中的《尊敬长者》一文中把所谓的"口传教科书"称作"民间教育学",这种准则性汇编"教科书"很简单,但里面反映了一代代人的经验。这里提到的"民间教育学"是指来源于人民大众的教育智慧和教育传统,包括劳动人民创造的有关教育的故事、民歌、寓言和传说等。[1]

我国学者先前比较常用的与"民间教育学"相近的概念是"教育习俗"或"教育民俗"。最早对"教育习俗"概念详细论述的是石中英,他在《教育学的文化性格》一书中认为,所谓教育习俗是指由广大劳动人民在长期的教育活动中所创造、传承和享用的教育方式、手段、制度、谚语、故事、诗歌、仪式等的集合体,是绵延不绝的民间教育智慧,是鲜活的教育文化遗留物。它与一般民俗学上所说的"民俗的教育功能"不同。教育民俗涉及民间教育,关于如何做人,如何对儿童进行教育等,而"民俗的教育功能"只是指民俗的教育意义——许多意义中的一种。另外,石中英还发表了《教育民俗:概念、特征与功能》一文,从文章中对"教育民俗"的论述来看,"教育民俗"与"教育习俗"是同一概念。石中英又在《知识转型与教育改革》一书中引用了布鲁纳的"民间教育学"概念来阐释缄默知识,在他看来,儿童成长是在民间教育学中实现的,养育者或多或少都具有些民间教育知识。家长给孩子讲的故事,平日里说的谚语都蕴含着丰富的教育意义。这些故事、谚语中所包含的教育知识可能是零碎的、不系统的,甚至是不精确的,但是,它们构成了家庭教育、社会教育乃至学校教育最深厚的知识基础。

---

[1] 李乃涛.自下而上的力量:民间德育引论[M].杭州:浙江教育出版社,2022:23.

可以说,凡是缺乏系统的教育理论知识的地方,都是这种民间教育学在发挥作用;凡是没有触及这些缄默知识的地方,显性教育理论所发挥的作用就是有限的。当然,也有研究者认为,"教育习俗"与"教育民俗"存在着一定的区别。如刘胡权认为教育民俗,就是广大中下层的城乡劳动人民围绕教育活动领域在日常教育生活中所创造、传承和享用的语言、行为和心理的复杂集合体,是一种民间教育文化,集中体现了这一教育共同体的教育理想和教育智慧;而教育习俗则是对个人教育行为之重复的教育习惯的推进与转化,是一种社会群体的教育行为模式。二者有区别,也有联系,二者是相互交叉融合的。[①]此外,刘胡权还分析了"教育习俗"与"民间教育学"的关系,他认为,从教育的观念形态来看,"教育习俗"与布鲁纳提出的"民间教育学"都可以称作教育常识,它们都是支配人们日常教育言行的观念系统。对于教育习俗,人们经常处于一种日用而不知的状态,处于一种非反省性思考的状态。同时,刘胡权还分别论述了"教育民俗"与"乡村教育"的关系,认为乡村教育与教育民俗虽然在空间、主体、寓所及内容分类上存在着本真的统一关系,但在现实中二者却是淡出、游离的状况。

我国首次对"民间教育学"进行界定的学者是刘黔敏,她在《民间教育学刍议》一文中将"民间教育学"定义为:"是流传于民间的、人们在长期的教育活动中所创造、传承和享用的教育思想和教育行为,它未进入科学化教育理论体系和制度化教育学实践系统,具有非理论化、非体制化、非系统化的特征,但却体现了绵延不绝的民间教育思想和教育智慧。"之后,班华对"民间教育学"的基本内容进行了梳理,他在《略论学习"民间教育学"》一文中指出:"'民间教育学'是非官方的、未进入科学化的教育理论体系和制度化的教育实践系统的,以观念形态或实践形态存在的教育学知识。它是流传在民间的原初的、朴素的教育观念、教育方式,是广大劳动人民在长期的教育活动和社会生活实践中形成的教育思想与教育经验。"

2. 作为个体缄默知识的民间教育学研究

美国教育心理学家布鲁纳晚年创立了"民间教育学"理论,与之前的研究者不同,布鲁纳的"民间教育学"研究重点并非对各种教育文化的广泛检视,而是把教育和学校里的学习看成置身在文化脉络之中的事业。布鲁纳写道:"我终

---

① 刘胡权.教育民俗论纲[J].湖南师范大学教育科学学报,2007,6(5):61-62.

于认出教育的问题和需要创立这种文化心理学的背景问题其实是紧密相连的——问题就是,关于意义的生成与协议,关于自我和行事感的建构,关于符号技能的习得以及关于所有心理活动之文化'置身性',等等。因为除非你把文化情境以及其中的各种资源都(也就是能使心灵获得其形式和视野的东西)放入考虑,否则你不可能理解心理活动。学习、记忆、言谈、想象,所有这些都只在参与于文化之中始有可能。"[①]可见,教育置身于文化中,教育的过程是人在文化中自我摸索和自我建构的过程。人在进行教育的时候不可避免地受到文化的影响,并且每个置身于其中的人都会有一套自己对于"教育"的理解,这就是"民间教育学"的出发点。从布鲁纳的解释可知,他认为的"民间教育学"就是发生在正式教育活动中,个人所具有的有关教育的观念、认识、态度、意识等,它不仅仅存在于教师身上,同样存在于学生身上,在教育活动参与者双方的互动过程中显现出来,从而影响教育活动的进程和结果,它在知识表征上属于缄默知识。

除布鲁纳之外,西方还有一些研究者关注其他教育领域的缄默知识。例如,布鲁斯·托尔夫在研究教师教育时,把师范生和在职教师头脑中存在的缄默知识称为"民间教育学"。他从直觉心灵和教师教育的关系出发,分析了民间教育学的现实存在和理论来源,指出存在两种教育学:一种是始于学生时代的缄默的、直觉的教育学;另一种是由教师教育课程所提供的学科(专业)教育学。布鲁斯·托尔夫认为的民间教育学正是前一种有关教或学的常识观念,这是一种根源于人类"心智理论"和文化上的"民间心理学"。

国内学者从文化心理学角度研究"民间教育学"的代表性论文是《教学中的隐性知识:民间教育学与教师教育》。该文把"民间教育学"界定为由人们在长期的教育活动中所创造、传承和享用的一系列涉及什么是教育,教书育人者做什么的观念,是民间的教育文化。它是植根于人们内心,并且规范日常教育活动的"教育自然法",表现出绵延不绝的民间教育理想和教育智慧。在某种意义上,心智物种理论和我们文化的民族心理学使我们具备了如何去教的直觉的(通常是隐性的)原理。

除探讨"民间教育学"的基本概念和内涵之外,有学者通过实证研究揭示了教育活动中民间教育学的形态和运行机制。例如,有学者以布鲁纳的民间教育

---

① 布鲁纳.布鲁纳教育文化观[M].宋文里,黄小鹏,译.北京:首都师范大学出版社,2011:91.

学的概念为基础,采用参与式观察和开放式的非正式访谈的研究方法,对中国的两所学校的美育课进行研究,深入分析了教师和学生是如何通过校内外的艺术课程感受艺术的。研究发现,从事美育教学的教师在进行教学时,不可避免地会运用自己逐渐养成的审美经验和育人经验,每个教师的经验都是独特的,对于儿童、对于课程、对于教学方法都有着不同的理解。同时,美育教师在艺术与儿童发展、艺术与生活、艺术与学习等方面都拥有自己的"民间教育观念",这些民间观念又在不同程度上影响了艺术教育活动的过程和结果。该研究再次证明了在教育活动中确实存在着"缄默"的民间教育学,且这些民间教育学也的的确确影响着教育实践活动。

综上所述,国内外学者对"民间教育学"的研究主要集中在"作为非制度化教育活动的民间教育学研究"和"作为个体缄默知识的民间教育学研究"两个方面。前者的研究成果主要集中在人类学和教育人类学的研究领域,发表的成果不多,没有形成太大的学术影响;后者的研究成果对促进学校教育改革、提高学校教学质量有一定的意义。虽然国内外学者对"民间教育学"概念的解读各有不同,但他们都注重对教育活动中隐性力量的研究,运用教育人类学的田野调查法,分析不同类型教育活动的内在运行机制或文化制约机制,只不过前者关注的是非制度化场域中的教育活动,而后者关注的是学校场域中的教育活动。

(二)儿童养育习俗的研究概述

1. 儿童养育方式的人类学研究

在西方国家,儿童养育最初属于文化人类学的研究领域。早期人类学家的研究旨趣多始于对原始部落的儿童生活的好奇。他们采取田野调查等方法,研究不同国家和地区的儿童的生活方式。例如,泰勒在《原始文化》一书中对不同民族和地区的儿童游戏及养育习俗开展研究。泰勒发现,爱斯基摩儿童的射箭游戏、新西兰儿童玩的一种名叫"梯"的数手指游戏、萨摩亚人的手指游戏等都是儿童教育的形式。在传统社会中,儿童的游戏实际上就是他们的教育。此外,儿童游戏还带有族群传统文化的遗迹,如苏格兰儿童玩的一种"抓人祭祀"的游戏,实际上是幸存下来的苏格兰人收留奴隶时的一种象征性仪式。泰勒通过对游戏、谜语、谚语的分析研究,提出了"儿童是未来人之父"的观点。

20世纪早期,西方人类学界在儿童养育方面的研究成果颇为丰富,且这些研究或多或少涉及人类育儿行为本身所蕴含的教育功能。蒙台梭利在1908年出版的《教育人类学》一书是第一本以"教育人类学"作为正式书名的著作,在这部著作中,蒙台梭利积极倡导探讨教育与人类发展的内在关系,认为教育是一种按人的发展来设计和施行的社会行为。此后,西方许多人类学家都开始关注人类的养育行为。如在美国,被称为"人类学之父"的博厄斯在其所著的《人类学与现代生活》一书中,曾以"教育"为标题,分析了人类的教育问题。在博厄斯看来,教育的形式相当多样,它与日常生活的诸多方面和人类所生活的社会文化环境都存在着联系。博厄斯以因纽特人为例,分析了思维方式对人学习刀、弓、箭等技艺的影响,此外还分析了社会文化环境对青春期危机的影响。此外,博厄斯在他的一系列著作中,如《原始人的心智》《种族、语言与文化》等,运用体质人类学、解剖学、遗传学、考古学和优生学等比较研究方法,论证了世界上各个不同的民族和种族在体质外形或结构上虽有不同,但在生理功能和天赋上没有优劣之分,从而提出文化相对主义的观点。

美国人类学家罗伯特·路威在《文明与野蛮》一书中,从人格教育、生活技能教育等方面比较分析了现代教育与原始部落教育的异同。他发现,"野蛮人"(原始部落)对待孩子的态度要比所谓的现代文明人更友善。例如,马来半岛的游猎民族塞芒人、印第安人都从不打骂自己的孩子;非洲的阿肯人也非常爱孩子,尤其是那些小娃娃,无论是谁,只要看见有人欺负孩子,他们一定会冲上去保护孩子。罗伯特·路威通过比较分析大量的案例,发现儿童养育方式影响了人的个性特征,他认为不被鞭打的儿童要比那些在威权下接受了良好教育的儿童要温顺得多。非洲南部的班图人,孩子尊重父母从来都不用人教他们,因为同部落的人都对老人毕恭毕敬,润物细无声,他们的心灵也就得到了陶冶。每一个访问过因纽特人的人,都对他们儿童的善良惊诧不已。亚利桑那州的哈瓦苏帕族小孩,非常温和,从不抢风头,在大人面前也很恬静。孩子们即使哭起来,也不会是由于愤怒或者因为没有达到自己的一些目的而在耍性子。罗伯特·路威的研究虽没用心理学的实验证明养育文化与儿童人格品质之间的相关性,但他的发现对后人开展文化心理学研究有一定的启示作用。此外,罗伯特·路威还记录了许多原始部落里儿童生活技能训练的内容,如印第安人的儿童,小小年纪便开始摆弄弓箭,到了八九岁,便开始学习射小鸟或小兔子;澳大利亚的儿童常常跟着父亲去打猎,在此过程中获取了木工的基础知识,学会了使用猎枪的方法。在罗伯特·路威看来,这些生活技能训练都是"第一流的职业教育"。

在我国,对儿童养育方式的人类学研究多散见于人类学和民俗学的著作中。如韦政通的《中国文化与现代生活》,书中专门有一章从社会化、传统的养育方式及其影响、转变中的儿童养育方式来对儿童养育进行探讨。

费孝通是我国第一个以功能主义理论对人类生育文化和养育行为进行解释的人文学者,其写于20世纪40年代的名著《生育制度》一直是探讨人类生育问题的经典著作。在他看来,生孩子、养孩子是一种社会行为,他称为"社会性抚育"。只有通过社会性抚育,每一个生物个体才会成长为文化的人,实现社会规范的代代延续。人类的社会性抚育是"双系抚育",即父母都必须承担抚育下一代的任务。费孝通从功能主义的视角认为"双系抚育"至少有两方面的功能:一是能使男女为了抚育下一代而长期结合成夫妇;二是能为个人健全成长提供全面的家庭教育。

自费孝通之后,尤其是20世纪90年代以来,不断有学者涉足儿童养育的研究,例如张劲松等编著的《古今育儿习俗》、李银河的《生育与中国村落文化》、徐桂兰的《中国育俗的文化叠合》等。从研究内容来看,这些学者的研究侧重传统育儿习俗的收集与整理。目前,有关育儿习俗(民俗)及记录这些民俗的典籍、史书、家训、各种传记等文献繁多,已有学者对此进行了专门的梳理。如潘贵玉的《中华生育文化导论》、陈长平和陈胜利的《中国少数民族生育文化》等梳理了中国自原始社会以来各民族的生育文化现象,内容涵盖了各民族传统的生育习俗、信仰、宗教、生育技术和养育模式,历时性地展现了中国生育文化的发展脉络。中央民族大学的杨筑慧历经十年,收集和整理了西南各少数民族的生育文化,出版了《中国西南民族生育文化研究》一书,该书从择偶习俗、孕产习俗、诞生与人生礼俗、命名习俗、社会角色塑造、生育观念等几方面介绍了我国西南各民族的生育文化。此外,国内许多人类学家、民族学家在各类研究中都对养育习俗或生育文化展开过研究。例如,汪宁生在有关人类学研究方法的著作中提出了儿童养育涉及的具体内容,认为关于儿童养育的人类学研究应该包括对他们的喂养和照管、照顾他们睡眠、教会他们行走和传授本社会的行为准则及道德规范等方面。王炜民在《中国古代礼俗》中专设一章讲述育子礼俗,对幼儿生命前期的几个重要转折点,如报喜、满月等礼俗做了较详细描述。庄孔韶分析了我国普遍存在着用"蜡烛包"包裹婴儿的育儿现象,他将之称为"约束性文化",认为其对人的发展具有深远的影响。丁湘是国内最早对少数民族养育文化和民族幼儿教育进行系统研究的学者。20世纪90年代末,丁湘发表了相关研究论文若干篇,如在《原始公社制民族的幼儿教育概述》一文中,丁湘认为原始公社制民族幼儿教育的内容主要包括社会道德教育、生产劳动技能教育、宗教教育三方面,其常用的幼儿教育方式是日常生活中成人对儿童的言传身教和幼儿在游戏中的模仿学习。在《浅释民族幼儿教育》一文中,丁湘划分了民族幼儿教育的两种形式,即正规化的民族幼儿教育和非正规化的民族幼儿教育,她指出,尽管非正规的民族幼儿教育还带有零散、盲目、不系统等局限性,但在无力大量兴办正规化民族幼儿教育的广大民族地区却仍占有无可替代的主导地位。在《略述少数民族家庭的抚幼传统》一文中,丁湘认为少数民族家庭教育主要承担了对幼儿教育的重任,传统谚语和格言、胎教意识与保胎习俗、婴幼儿保育条件与保育方式,以及对婴幼儿的教养态度和教育方式等,对日后儿童的成长教育有着重要的影响。

总体来看,上述研究都运用了教育人类学范式,研究者通过扎实的田野调查获得各民族儿童养育文化的一手资料,并运用人类学、民族学、教育学的相关理论对儿童养育的内容、特征、作用以及变迁做了考察与阐释。这些研究大多运用解释人类学的研究范式去"深描"一个乡村社区丰富多样的育儿方式、教育形态及其养育活动中各因素之间的相互关系,研究的方法论和文本表达方式给当前学前教育研究的发展带来诸多启示。

2. 儿童养育与人格发展的文化心理学研究

20世纪20年代开始,西方文化人类学家热衷于对生活在不同文化环境中的儿童养育方式进行观察,分析不同文化背景下人格的差异,玛格丽特·米德和本尼迪克特无疑是当时的杰出代表。玛格丽特·米德和她的同事本尼迪克特采用文献综述、访谈、记录等手段,搜集大量不同文化背景下儿童生理及心理发展的资料,用以研究文化和教育对儿童成年后人格形成的影响。玛格丽特·米德和本尼迪克特都把儿童养育看作是人类的教育实践活动。玛格丽特·米德在《萨摩亚人的成年》一书中详细分析了萨摩亚人是如何教育孩子的,其中涉及孩子的出生、哺乳、照管、游戏等方面。本尼迪克特在关于日本国民性的研究中,分析了日本的育儿方式,例如喂养、看管、排泄训练、睡觉姿势等,她发现孩子在日常生活中的游戏、礼节习惯等是其人生学习中的一个重要组成部分。她认为,日本人的民族性格与日本人在儿童时期所受到的养育状况是紧密相关的。

20世纪30年代,受到弗洛伊德对儿童早期经验的重视,研究儿童的学者中出现了一批新弗洛伊德学者,如埃里克森与卡迪纳。埃里克森对儿童发展的阶段与周期进行了研究,认为儿童发展的每个阶段都存在着积极与消极的冲突,并对个体的长期发展造成影响。他在对北美印第安儿童的研究中,阐述了童年时期的冲突是如何对成人产生影响的。卡迪纳不仅追踪了儿童期与成人期的关系,还构建了一种适应不同社会与文化的个体发展模式。他提出,在每种文化中都有一个产生于某种共享的文化经验的基本个性,也就是说,正如儿童后期的个性可能是早期经验所塑造一样,社会上成人的个性也应该是由共享的文化经验所塑造的。这种共享的习俗产生于社会的基本制度,而基本制度与传统的谋生方式、传统的家庭组成以及育儿习惯有关。基于这点,卡迪纳和林顿提出了"基本人格结构"的概念,指出基本人格结构是在一个文化中,基于社会成员的共同的某些早期的经验和可能产生这些经验的人格特征的一种整合类型。这种整合的基本人格类型又反过来创造和保持文化的传统方面,文化因此得以整合。较之博厄斯学派的研究,卡迪纳的研究试图使文化与人格有机结合起来,他提出了文化与人格相互作用理论,既强调文化对人格的塑造作用,又强调人格在文化变迁和发展中的作用。为研究文化对人格形成的影响,卡迪纳着眼于个体童年早期经验的养育方式,包括婴儿哺育和断奶方式、排泄训练、性教育等。他认为,养育儿童的方式在任何特定社会中,都是相当固定而且标准化的。虽然在某些方面有个别差异,但就整体而言,母亲喂奶的时间大致和邻居一样长,给婴儿喂大致相同的食物,进行类似的训练。因此,在某个特定社会里成长的儿童,会经历相同的童年期经验,他们很容易以相同的方式对这些经验加以反映,因而发展出共同的人格特质。此外,卡迪纳的同事杜波依斯则在卡迪纳模式的基础上结合了数据分析的技术,对阿洛岛的儿童进行了研究。同一时期,美国耶鲁大学还涌现了一批把弗洛伊德理论应用于心理学与学习理论的学者。如人类学家约翰·怀廷和心理学家蔡尔德率先从不同社会背景的样本中调查儿童的生活,并且结合一种"学习-行为"理论范式进行分析,这些研究的成果都已成为人类学的重要文献资料。

20世纪40年代开始,儿童人类学者纷纷将研究重点转向各个国家、各个民族的"儿童社会化"上来,他们试图在倾听儿童的日常生活与经验的基础上,对社会、政治、教育、文化等众多领域进行理论建构。莱文这样描述那时的"儿童社会化"的研究:为儿童发展有意设计的、突出心理因素的环境。当时,研究社会化的方法多采用以行为主义为基础的心理学学习理论——"社会学习理论"。这种理论认为,儿童发展的变化几乎完全受社会文化的支配。从这个立场出发,一个合乎逻辑的发展性结论是,幼儿期养育方式最终决定将来儿童长成大人后的人格特征。

20世纪晚期,著名文化人类学者哈维兰对儿童养育的有关人类学研究成果给予了综合分析,提出了人类养育下一代的方式主要有两种,即"依附训练"和"独立训练"。这两种抚育方式下长大的儿童人格特质有很大差异。美国人类学家恩伯等对大量的、相关的人类学研究进行分析后也发现,儿童的养育方式对他们将来长大后的个性类型起到了部分决定性作用。换句话说,具有不同育儿风俗的不同社会很可能倾向于培养出不同类型的人。

3. 儿童养育的文化生态学研究

自文化生态学理论兴起,西方儿童人类学研究开始探讨儿童生长的文化环境是如何塑造儿童的。其中,约翰·怀廷与其同事的"六种文化研究计划"是最具代表性的研究。在1954—1956年期间,约翰·怀廷及其研究团队深入印度、肯尼亚、菲律宾及美国,开展关于儿童养育习俗的考察,考察内容主要涉及怀孕、生育、婴儿期、断奶、童年早期与晚期养育活动。研究发现,对儿童的社会行为影响较大的是文化、性别和年龄三种因素,其中,文化的影响最为显著。约翰·怀廷等人将塑造儿童的六种文化划分为A型和B型两大类,研究证明了不同的文化在儿童的社会化及行为的塑造上有所不同,而在不同文化类型中成长的儿童,其行为存在着明显的差异。

在此之后,随着各种批判性讨论和新的理论方法的涌现和融合,许多研究者放弃了对养育儿童的文化实践和儿童社会化研究,但仍然有莱文、韦斯纳等人类学家坚持用社会化方式潜心研究儿童发展。这些人类学家把儿童的社会化作为发展过程中的中心问题,要求对儿童的生态环境和所处文化进行系统分析,如儿童的活动、养育儿童的方法、传统价值信念,以及影响儿童发展的一套"文化特征录"。"文化特征录"包括了影响儿童发展的五个方面:健康和死亡,食物及住所条件,儿童的交际和儿童活动,以女性为主的养育角色,社区中可用的文化资源。在这一时期,罗伯特·列文等人通过跨文化比较研究向人们展示了不同文化背景下儿童养育习俗的差异与共性。他们发现,中国和日本对待儿童的态度深受儒家文化的影响,强调和谐,承认儿童本性是善,应当受到尊重;美洲人的儿童养育强调了家庭和部落之间的紧密结合。另外,他们还发现,在一些婴儿死亡率较高的族群里,婴儿整日被放在看护者的身边,以便能及时发现他生病的迹象;大人对婴儿哭声极为敏感,因为这可能是疾病突然发作的征兆。在这样的社会里,学前教育以及社会观和情感的培育都会让位于生存的主题。

20世纪80年代以来,尽管各种理论之间的分界从模糊到清晰,但这些理论、观点有着千丝万缕的联系,其宗旨都是将儿童多种多样的生活环境和他们的发展规律联系起来。在这些研究中又派生出"发展小生境"理论。"发展小生境"理论强调,观察特定社区的社会经济中的日常情景、参与者、活动和信念是理解儿童发展的研究手段。在这一时期,美国教育人类学家奥格布关于儿童养育生态的研究成果也非常引人注目。奥格布依据长期对不同文化背景下儿童养育方式的考察,推导出了一个影响儿童养育的证据链,建构了儿童养育的文化生态模式(如图1)。儿童养育文化生态模式图,一方面揭示了构成儿童养育文化的因素及其之间的关系,另一方面揭示了儿童养育文化的生态链。

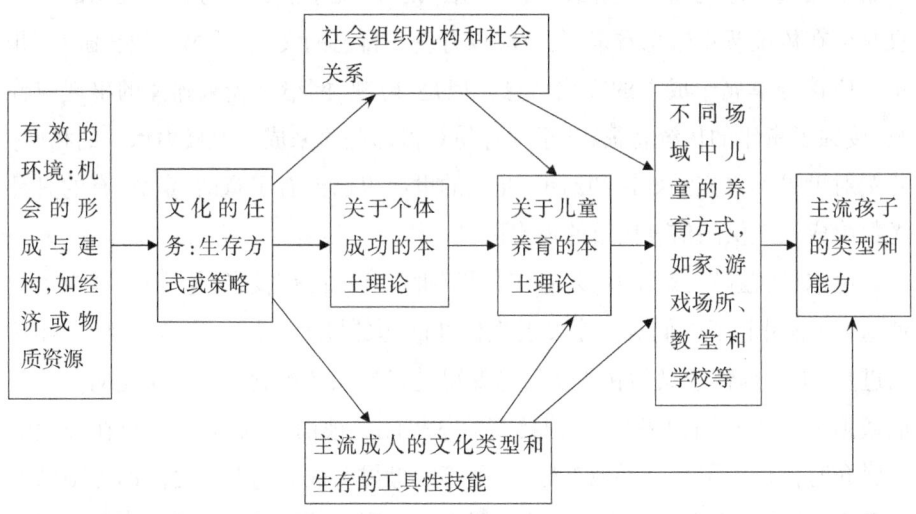

图1 儿童养育的文化生态模式

20世纪90年代以来,受维果茨基社会文化理论和列昂季耶夫的活动理论的影响,美国心理学界和教育学界开始关心特定文化环境中人的发展问题,其中罗格夫的研究最具有代表性。与奥格布相似,罗格夫也提出了一个基于生态哲学的空间概念——"文化社区"。罗格夫认为,对于儿童的发展来说,其生物性和文化性是相互交织在一起的。婴儿一出生,既是种系的成员,又是其社区的成员。儿童作为一个生物种系是因其文化参与的特征而定义的,人一生的发展也是在文化历史过程和生物种系发育过程中发生和实现的。此外,罗格夫和其同事研究了南、北美洲和非洲不同文化社区中两三岁孩子的活动,发现非工业化国家的儿童比工业化国家的儿童有更多的机会和成人在一起,并参与成人的社会劳动。虽然有些地方的儿童还没有正式参与成人劳动,但儿童已经开始在他们的游戏中学着做成年人所做的工作了。在刚果和危地马拉的同龄儿童中,这种模仿成人生产劳动的游戏活动的频次是美国儿童的三至四倍。因此,罗格夫认为,儿童参与社会劳动的意义重大,儿童与成人交流与交往的方式构成了早期儿童学习活动的内容和形式。

4. 现代儿童养育问题的相关研究

伴随着人类现代化进程中各种矛盾的出现,20世纪80年代以来,西方学者开始聚焦童年危机和儿童养育异化。"童年之死"几乎成为西方社会发出的一声哀叹。在传统童年概念看来,儿童应该有属于自己的文化、图书、服装、游戏,儿童不应该分享属于成人的文化信息。但是,电视、网络等新兴媒体的出现与普及,侵蚀了童年的传统特征,儿童很容易获得那些原来成人要极力保守的秘密。儿童对世界不再充满好奇和幻想,儿童的世界里已没有了童话、童真,有的只是无数由成人提供的信息构成的现实世界。

尼尔·波兹曼无疑是众多"童年危机"批判者中的佼佼者,他撰写的《童年的消逝》一书引起了人们对儿童发展现代性问题的极大关注。他指出,科学技术的进步,工具理性主义的膨胀使信息变得越来越无法控制,简便、快速的信息获取通道使成人对知识秘密、道德秘密的掌控能力被消解,成人和儿童在现代电子媒介时代进入了一个看似美好的"平等的世界",成人与儿童之间的界限已模糊不清。同时,成人在养育儿童的过程中也极度依赖这些电子媒体,用"电视保姆"代替对儿童的陪伴,过早地将儿童拉入成人的世界,最终导致成人与儿童之间的界限模糊,传统的童年概念也就随之消失。

在我国社会转型的大背景下,传统的儿童养育模式出现了变迁,甚至解体。农村父母大量外出务工,由此产生的儿童养育与教育引起了学者们的广泛关注。姜又春通过调查湖南一个村落的留守儿童养育现状发现,由于家庭关系发生了变迁,婆媳关系趋向陌生或融洽,妯娌关系变得淡漠或利益化,农村家庭的"抚育性社会化"功能弱化导致亲子亲密关系出现问题。在此背景下,该村为解决留守儿童养育问题,形成了五种养育模式,即祖父母养育模式、单亲养育模式、外祖父母养育模式、叔伯养育模式以及母系亲属养育模式。另外,徐阳对留守儿童教育现状的研究发现,大多数家庭由于父母双方外出打工,所以孩子多由其直系祖辈养育,而祖辈常常因为"管不了、不好管、舍不得管、不愿意管"等原因导致留守儿童教育出现问题。此外,为提高农村婴幼儿的养育质量,有研究者将视线投向母亲在儿童早期养育中的重要性,认为通过建构良好的"农村0—3岁儿童母亲社会支持系统"可以大大提高农村早期儿童教育的质量。

在城市,随着家庭结构的变迁和社会育儿观念的影响,"隔代教养""父亲缺失""父母育儿焦虑""网络时代育儿模式"等问题成为研究者关注的焦点。例如,刘海华通过调查研究发现,我国城市儿童"隔代教养"现象普遍,祖辈家长比较关注儿童的营养和智力开发,对儿童良好习惯养成和心理健康问题不太关心,也缺乏相关的教养知识。雷宁对城市家长和隔代教养者干预2—4岁儿童游戏的现状进行了研究,研究发现,家长和隔代教养者对儿童游戏干预行为的共同特点是控制;隔代教养者的保护和阻止的干预行为出现频率明显高于家长;家长及隔代教养者对儿童游戏干预的言语表现主要有言语指令、言语鼓励、言语建议、言语暴力。唐容通过调查"父亲参与育儿现状"发现,从参与量上看,父亲对孩子教育的投入时间很少,母亲对于这一现象不太满意;从参与内容上看,父亲更擅长与孩子进行互动活动,如玩耍、阅读等,但是,父亲参与育儿活动的次数不如母亲多;从参与方法上看,有很大比例的父亲感到不知所措。葛璐运用叙事研究的方法研究了三个"新上海人家庭"早期育儿的方式,研究发现,"家乡育儿的传统"对当前育儿模式影响甚微,良好的教育背景和社会经济地位,使得"新上海人"的育儿素养普遍较高,且父亲参与育儿的意识较强,这可能与调查对象的个人经历有关。卫沈丽对美国"家长参与"政策进行分析,该政策以学业成绩为起点,通过确立家长问责框架、建构家长参与能力以及家长参与方式建模和普及化等路径,不断将家长参与学校教育作为一种"好的儿童养育"

方式予以强化,以此促使家长"专业"地履行养育职责。

在政策框架下,家庭的儿童养育功能已经被片面削弱,这意味着家校合作时代背景下家校关系开始扭曲。秦金亮、陈晨通过对日本、韩国等国家为缓解工业化、城市化进程中的养育与照料难题,介绍了构建的儿童养育与照料服务体系,提出对我国构建儿童养育与照料服务体系的启示:更新理念,遵循养育与照料私人与公共的双重属性,通过政策建立合理分担机制;加强顶层设计,尊重区域及社会发展水平,形成家庭与社会的双轮驱动;加强前瞻性研究,超前专业人才培养,形成立体化养育与照料社会服务体系。张金荣等人认为,父母养育倦怠是一种长期置身于养育压力下由情绪耗竭、情绪疏离以及低于个人成就感构成的三维综合征。随着社会发展,在养育压力与教养期望均升高的同时,支持养育的资源却没有增加甚至减少,我国父母养育倦怠就有了植根土壤,养育倦怠会直接产生对孩子的忽视和暴力行为等诸多不良后果,因此有必要制定干预方案,降低父母养育倦怠水平。

(三)儿童养育习俗的研究框架

1. 儿童养育习俗的内涵

要给养育习俗下一个准确的定义是一件很难的事,虽然民俗学者研究某个民族文化时常常会涉及该民族的养育习俗或抚育习俗,但鲜有学者对养育习俗的概念进行界定。从民俗学者的研究内容来看,养育习俗是指一个民族生育和抚育后代过程中的一些约定俗成的仪式、风俗和习惯。查阅中外教育学辞书也没有养育习俗这一类词语的界定。虽然如此,作为一种养育形式的民俗在世界许多地区都可以找到,只不过还未引起人们的注意,成为研究的焦点而已。石中英首次提出"教育习俗"的概念时,曾阐述了提出这一概念的依据。他在田野调查中发现,安徽的南北方父母养育儿童的方式大不相同。在惩罚儿童方面,北方大都是实行体罚,体罚的样式在不同的地区也有所不同;南方大都是呵斥,呵斥的程度也因地而异。国外文化人类学者的研究也有类似发现,如本尼迪克特在著名的《文化模式》一书中向人们展现的新墨西哥州的祖尼人、温哥华岛上的夸扣特尔人以及美拉尼西亚的多布人在教育儿童的问题上就非常不同。基于此,石中英产生了在复杂的社会风俗之中分离出教育习俗的想法,提出了"教育习俗"的概念。石中英的分析对"儿童养育习俗"的界定有一定的启示作用。

人类对一切事物的认识和把握,受知识、经验、思维模式等主观因素和环境条件等客观因素的限制,都有一个由表及里,从低级向高级发展的过程。对养育习俗的理性认识也同样要经历这样一个过程。因此,要想对儿童养育习俗有一个全面的认识,就要先深入探讨"习俗"的概念。

中外学者对"习俗"一词有着不同的解读。在我国,民俗学家认为,"俗"就是指以口头、物质、风俗或行为等非正式和非官方的形式创造和传播的文化现象,是一种约定俗成的东西。因此,习俗是人们在日常生活中自觉和无意地遵循和维护的一种行为规范、道德伦理、认知方式和思维模式。社会学家认为,习俗,即风俗习惯,指人们在集体生活中逐渐形成并共同遵守的风俗和习惯,是社会上多数人共同遵守的行为规范和行为模式。文化学家认为,习俗指的是思想和行动的固定方式。伦理学家认为,习俗亦称社会风俗,一般指历代相传所形成的风尚、习惯、礼节等的总称。

在西方,美国经济制度学奠基人康芒斯在《制度经济学》中辨析过"习俗"和"习惯"二者的内涵,他认为,习俗是内在制度的一般形态,是社群中一致性的行事方式,或者将习俗视为"许多个人习惯的相似点"。习惯与习俗虽然是相互交叉的概念,但习惯不等于习俗,它们具有各自的明确规定性。马克斯·韦伯则将习俗定义为"一种典型的一致性行动"或"一种集体行动的方式"。他认为,习俗是一种常规性的惯性,始终如一的行为模式,它得以保持是因为人们"习以为常""不假思索"习惯了它,因此没有任何人在任何意义上"强求"个人要继续进行这种行为。马林诺夫斯基把习俗看作是一种依据传统力量而使社区分子遵守的标准化的行为方式。

可见,习俗是群体表现出的常规性的重复行为,是某个文化群体成员所要面对或接受的思维模式和行为准则,它是以无意识方式形成的。习俗作为一种自发社会秩序,一旦生成,它就能作为人们社会活动与事务中的一种常规性固化习俗本身所覆盖的团体、社群或社会中成员的现象型行为,从而它本身也就作为一种事态、一种情形像一种社会规则那样对成员的各自行为有一种自我强制性的规约。从社会功能上看,习俗与具有某种强制性的社会制度不同,它对社会的控制是自发的、潜在的,或者说是内在的,它会让与之互动的个体产生一种适应性的社会本能。

在我国古代典籍中,"养""育"二字均含有教育之意,常互换使用。《礼记·文王世子》中有"立太傅、少傅以养之",这里"养"字可做"教育"解释。《说文解字》中有"教,上所施,下所效也;育,养子使作善也",这里的"教""养""育"是合为一体的。

许多教育学论著中提到的"育",最早得见于《孟子》:"得天下英才而教育之,三乐也。"这里的"教"有效天地之道之意,"育"有滋养万物之功,万物因"育"各正其性命,婴儿也正是在"养"与"育"的活动中保存性命,得以成长。

从文献分析可知,在人类学研究中,养育涉及的喂养、吃饭、穿着等方面的情况就是日常生活中的吃喝拉撒睡等"鸡毛蒜皮"的事情。也许我们会说,在日常生活中,这些"鸡毛蒜皮"的事情与"教育"有关系吗?或者说,即使与教育有关系的话,有值得一提的价值吗?格尔茨曾就这个问题做出过回答。格尔茨认为,典型的人类学研究,就是通过了解极其广泛的鸡毛蒜皮的小事,来进行阐释和分析。在人类学家眼里,养育就是人们日常生活中哺育、照料和教育下一代的活动。

结合对"习俗"发生机制与本质属性的分析,本研究认为,儿童养育习俗应是一种自发的社会秩序,其生成路径来源于民间的教育生活,甚至可以说养育习俗就是教育生活方式本身。养育习俗生成的自发性和实践的规约性,使得人们在考察养育习俗时不能忽略其形成的文化环境。养育习俗是人们在抚育下一代的实践活动中与文化环境交互的产物,养育活动的进行总是在特定的时空中展开的。因此,在考察养育习俗时,不能将其看作是彼此割裂的单个养育行为的简单相加,而应看作是一个复杂的有机系统,这个系统是由一定时空中的因素相互作用而构成的,它们既具有客体物质的实在性,又具有主体意义的抽象性,有学者将这一系统称为文化场。文化场中各个组成因子相互作用,形成一个有机的整体,规范、调节着儿童的文化观念和行为习惯,影响着儿童的价值取向、思维特征与行为方式。[①]它正是社会学家常说的那只"看不见的手",表面上是养育活动开展的基本环境,实则是养育习俗生成与实施,以及规约与引导儿童成长的隐性力量。儿童养育习俗之所以能在文化群体中世代传承、相沿成

---

① 孙杰远.浅谈儿童的文化习性及其获得[J].学前教育研究,2007(2):15.

习,是因为它具有一定的强制性和权威性,作为一种隐性的教育知识融于文化群体的劳动和生活中。

综合上述分析,在吸取国内外民俗学、文化心理学和教育学学者思想的基础上,本研究将"儿童养育习俗"的概念界定为:广大劳动人民在长期的儿童养育与教育活动中形成的观念形态与实践形态,涉及儿童生命成长的喂养方式、身体护佑、观念信仰、生态系统、社会制度、教育手段等。

2. 儿童养育习俗的构成

儿童养育习俗从本质上说是一种人类的文化现象。文化的定义通常要么是理念论(唯心论)观点,要么是唯物论观点。依据理念论(唯心论)的取向,文化包括思想、信仰以及知识等表现特定群体特征的因素;而文化的经典唯物论认为,文化定义的核心是行为,文化是社会群体可观察的行为方式、习惯及生活的总和。严格来说,这两种定义都不完备,但给人类学者提供了一个研究群体文化现象的起点和视角。很明显,人类学家在考察文化时,既需要了解文化行为,又需要知道文化知识以便充分地描述和解释一种文化。结合二者后,有些学者从文化的外在形式入手,把文化分为行为、物理、心理三大类;有些学者从社会价值入手,把文化分为政治、军事、宗教等;而有些学者从文化的内容入手,把文化分为技术(物质)文化、社会文化和精神文化三类。基于"行为、物理、心理"的分类标准,有学者把儿童养育习俗的内容分成了三个层次:一是表层养育习俗,是指在育儿活动中体现出来的外在物质表象,包括儿童的衣食住行等;二是中层育儿习俗,是联系表层与深层的中间环节,是指与育儿活动相关的行为方式和语言,包括诞生礼、成年礼、民间游戏、民间文学等;三是深层育儿习俗,是指在民众心理积淀的价值观念、意识形态中有关育儿活动的部分,它是民众在养育活动的传承中积累的心理经验与心理习惯,通过口耳相传、行为示范、心理暗示等方式,成为具有类型性的以观念样态存在的精神活动。[1]这一分类的核心是养育观念,它存在于民众的意识或潜意识中,不易察觉,对养育习俗的实践与传承起到至关重要的作用。

上述对儿童养育习俗内在构成的分析,虽然结合了理论观和唯物观的文化

---

[1] 吉国秀.当代育儿习俗流变[J].沈阳师范学院学报(社会科学版),2002,26(1):85.

概念，但完全是以研究者（主位）对养育习俗的感知程度予以分类，没有从养育习俗发生与传承的物质基础予以分析，否认了客位描述的正确性。此外，在儿童养育的文化体系中，任何一个养育活动或符号都由表层、中层和深层构成，三者融为一体，不易分开解释。基于此，本研究依据马文·哈里斯的"文化唯物主义"分类学的原则，重新划分儿童养育习俗的构成：一是养育习俗的基础层，即护佑婴幼儿的习俗；二是养育习俗的结构层，即家庭、社区（村落）构成的养育生境及其内隐的养育制度；三是养育习俗的上层，即有意识的养育和教育行为与活动，如游戏、仪式等。

二、怒族儿童养育习俗的研究缘起

在人类学的视域里，一个再小的民族，他们的世界观都是世界性的。因此，对怒族传统儿童养育习俗的研究就具有了人类学常说的"小地方、大论题"的研究价值。研究怒族传统养育习俗，不仅仅是为了丰富人类儿童养育文化的资料库，更是期望通过解读和反思怒族传统儿童养育习俗的内涵，来探寻人类早期儿童教育的"原初意义"，并从中汲取观照现代儿童生存与发展、建构现代儿童观与教育观的民间智慧，为现代儿童教育理论的"本土生长"提供养分。

本研究的考察对象——怒族是居住在怒江和澜沧江两岸的古老民族，有"怒苏""阿怒""若柔"等支系，主要分布在云南省怒江傈僳族自治州的福贡县、泸水市、贡山独龙族怒族自治县和兰坪白族普米族自治县。怒族是云南省"直过民族"之一。1949年以前，怒族聚居区的社会形态一直处于原始社会末期，直到20世纪50年代，政府颁布了一系列民族政策之后，怒族才开始步入社会主义社会。新中国成立至今，在国家各项民族政策的扶持下，怒族聚居区的社会经济发展水平有了较大提升，由于居住地自然环境比较封闭，怒族许多具有原生性特征的文化习俗得以较好保存，时至今日，怒族群体的社会行为仍然受到古老文化内核的影响，儿童养育习俗就是其中之一。

笔者通过文献梳理发现，国内外还没有学者对怒族儿童养育习俗或民间教育习俗进行过系统研究，仅有一些关于怒族传统生育文化和原始教育的记录散见于有关怒族社会文化的著作中。例如，陶天麟在《怒族文化史》中论述了怒族原始教育的产生、场所、类型及方法，并将怒族原始教育分为游戏、礼仪教育、狩猎教育、采集教育、刀耕火种的教育、捕鱼教育、手工业教育、族长及巫师的培养等几类。段伶在《怒族》一书中描述了原始社会时期怒族社会特有的教育场所——"哦吆"。在古代怒族社会,"哦吆"是造就少男少女们性格、气质、技艺、社交能力的公共场所。当怒族儿童十多岁的时候就会到"哦吆"学弹琵琶、学跳舞,制弩削箭,捻麻绕线,玩耍取乐。当青少年进入恋爱期,这里又成了他们谈情说爱的场所。从"哦吆"的功能来看,它事实上是怒族社会为每个尚未成年而又将进入成年阶段的成员准备的一种"自修式"的教育场所,是怒族青少年进入成年行列的一个资格认定所和能力训练所。"哦吆"帮助怒族青少年获得今后作为成年人应具备的生产生活技能和男女两性交往的能力,帮助怒族青少年自然地度过青春期。此外,一些学者从不同的研究视角探讨了怒族民间教育习俗,如袁芳从社会学视角研究了怒族村落里的性别教育,任旭林等从心理学视角研究了怒族儿童非智力因素的发展现状及教育对策。

当然,研究怒族儿童养育习俗与研究者的生活经历和研究兴趣不无关系。笔者生活、工作在西南一个多民族地区,自己和家庭成员都是少数民族,对西南少数民族传统教育文化有着深刻的体验与理解,也有着深厚的感情与认同。自读研究生以来,笔者一直致力于西南少数民族教育文化的传承与研究,期望通过深入研究,发掘更多散落于西南民间的少数民族教育形态,并揭示这些教育形态蕴含的思想与智慧。除笔者本身生活构造的原因之外,选择研究怒族儿童养育习俗这一主题,还基于对传统养育习俗与现代学前教育相通性的关注、对现代幼儿园教育"扩张"与"局限"的反思以及对怒族村落"无留守儿童"和幼儿"低入园率"现象的思考。

(一)对传统养育习俗与现代学前教育相通性的关注

现代学前教育是在继承传统养育习俗的基础上发展起来的。现代制度化教育虽然是工业文明的产物,但它不可避免地继承了初民社会的教养文化。初民社会看似"落后"的养育方式与现代社会所谓"先进"教育的相通性远在我们的想象之上,有一位学者说过:"正是那些物质文化最贫乏的部族,成就了许多我们认为最新的教育原理。"可以说,现代学前教育在制度、组织形式和理念上,并没有避开民间儿童养育习俗的影响,现代学前教育理论的形成与发展始终处于传统养育文化的张力之中。

学前儿童教育学与人类学之间有着某种天然亲密的联系。一方面,儿童的发展是人类学研究的重要内容,人类学从人类进化和发展的完整历史进程中,从儿童实际生活过程中,揭示了儿童的发展特点。另一方面,儿童从被"抛入"这个世界的那一刻,就已被粘在一个结构分明但一体化的"意义之网"上,他们依存于这个"网",同时在与"网"的互动中不断地形成和发展着自身的意义结构。儿童及其教育的研究不可回避"网"的存在与影响,而传统养育习俗正是这个承载儿童成长的"意义之网"。

从社会实践层面来看,人类许多社会并没有所谓的"科学育儿"和"科学教养",但他们仍能将后代培养成既有生存能力,又懂礼仪规范的社会成员。张诗亚曾把这些存留于"本土的""民间的"教育形态称为"活"的教育。儿童养育习俗正是这种存留于民间的"活"的教育形态,它的所有活动都有一个共同的目的,即"养大"和"培育"儿童。学前教育学是从如何"培育"早期儿童这个角度来研究教育问题的,它与儿童养育习俗有着相通性,即学前教育"学"的发展离不开"活"的儿童养育活动,研究"活"的儿童养育习俗,走进"活"的儿童养育活动,才是"学"的发展之源。学前教育"学"的发展需要从"活"的教育中来实现。

(二)对现代幼儿园教育"扩张"与"局限"的反思

自从有了人类就有了抚育下一代的养育活动,相比而言,专门化教育机构的出现则要晚得多。在初民社会,人们对下一代的养育与教育主要依托家庭、村落等,通过非制度化的随境式教育来完成。这一时期的教育活动以口耳相传的形式为主,儿童在实际的生产生活中习得生存技能和族群文化,逐渐实现知识文化的传承和个体的社会化。现代学前教育产生于人类社会的现代化进程之中,其主体便是一种制度化的幼儿园教育。可以说,学前教育现代化过程便是一个幼儿园教育制度化并不断"扩张"的过程。

在当下的中国社会,高举文明、理性和科学大旗的制度化教育以强势姿态扩张到儿童的生活中。无论是从时间还是空间来看,制度化教育在中国儿童的生活中成了绝对的"主角",甚至已成为中国现代教育的主体和主导。客观地说,作为制度化的幼儿园教育在扩大国民教育对儿童的影响,提高国民教育的效率、推动教育公平、促进儿童认知发展等方面的作用不可忽视,它自身的结构与人(儿童)发展终极目标之间的某些矛盾却难以调和。从人(儿童)发展的角度来说,现代幼儿园教育的功能是有局限性的,它不可能很好地解决儿童发展的全部问题。有学者甚至指出,由于制度化学校(幼儿园)教育自身的某些特性,如教育主体的确定性、教育对象的稳定性、文化传播的规范性、活动场所的固定性和活动形态的独立性,使人很难真正地回归到生活世界,甚至在某些方面或多或少地走向了教育原本意愿的反面。因此,在儿童的发展过程中,如果人们一味地夸大幼儿园教育的功能,排挤和忽视其他儿童教育形态,那么就会造成其他儿童教育形态的衰落和整个儿童教育生态系统的失衡。因此,关注和研究幼儿园之外的早期儿童教育形态,探寻这些教育形态在早期儿童发展中的意义,建构合理的早期儿童教育生态系统,是真正实现一个国家和民族学前教育现代化发展的应然选择。

(三)对怒族村落"无留守儿童"和幼儿"低入园率"现象的思考

人类学家常常以"底层视角"来看待社会与文化,通过深入社会文化生活去发现和确立研究的问题。所谓"底层视角"是社会学常用的一种观察方法,即不以宏大叙事为研究对象,而以乡村民众的日常生活、风俗习惯等"民间琐事"来关注文化变迁和历史发展的进程。这一特点也是人类学田野调查方法和研究初民社会的传统所致。研究怒族儿童养育习俗的另一缘由正是基于"底层视角"的发现与思考。

1949年以前,由于居住偏僻、交通阻塞、社会封闭,怒族的社会形态一直处在原始社会末期,其教育形式长期沿袭着与传统的生产生活相适应的原始社会教育,封建教育不曾波及其地,直到20世纪50年代,政府以一系列优惠政策在怒族中大力推广民族教育,学校教育才得以从无到有,从少到多迅速发展。

笔者于2013年4月中旬,深入云南怒江大峡谷的怒族聚居区展开了为期半月的实地考察,因天气和交通的原因,初次田野调查主要在福贡县匹河怒族乡展开。匹河怒族乡位于怒江峡谷中段,地处"三江"并流区的怒江神秘大峡谷,共有果科、普洛、知子罗、老姆登、沙瓦、架究、托坪、瓦娃、棉谷9个行政村。在对匹河怒族乡的考察中,当地怒族村落"无留守儿童"和"低入园率"现象引起了笔者的关注与思考。

1. 对怒族村落"无留守儿童"现象的思考

考察发现,匹河怒族乡村落里很少有留守儿童,在老姆登村这样古老的怒族村里,10岁以下的留守儿童比例为零,10—12岁的留守儿童比例为2.2%,12—14岁的留守儿童比例为6.6%。这一现象在当今中国农村社会是极为罕见的。调查研究发现,到2013年我国农村留守儿童达到6102.55万,占农村儿童的37.7%。其中,0—5岁的学龄前留守儿童占农村留守儿童的38.3%。老姆登村"无留守儿童"现象与我国大部分村落形成反差,这一反差引起了笔者的好奇心。笔者通过初步访谈得知,怒族村落无留守儿童的主要原因是父母不愿外出打工,而不愿外出打工的一个重要因素就是不愿离开孩子。

可见,怒族父母把照看和抚育下一代这件事情看得非常重要,他们并不愿意为了挣所谓"更多的钱"而离开家庭、放弃孩子。这样的养育观和养育实践在当下的中国农村社会中并不多见,那么,怒族社会是否有独特的儿童养育习俗存在?这些养育习俗对怒族儿童的成长有何意义?它们蕴含着哪些育儿智慧与思想?对当代学前儿童发展与教育有何启示?基于对这些问题的思考,笔者试图运用人类学的研究方法和哲学视野,深入挖掘怒族儿童养育习俗的内涵与价值。

2. 对怒族幼儿"低入园率"现象的思考

近年来,在政府实施"兴边富民行动"和"扶持人口较少民族发展规划"等工程的推动下,云南省人口较少民族聚居区幼儿园或学前班的数量大幅增加。

依据常理,在政府盖好幼儿园、减免保教费用之后,人口较少民族儿童的入园率必会大幅增加,然而实际情况并非如此。笔者在调查时发现,怒族聚居区幼儿的入园率远远低于预期水平,许多乡镇中心幼儿园仅仅招收到十多个孩子。例如,在怒族聚居最多的匹河怒族乡,截至2015年3月,仅有2%的怒族儿童入园,在老姆登村这样古老的怒族村落里,竟没有一个怒族儿童上幼儿园。与相对"冷清"的幼儿园不同,基于当地传统文化生成的社区活动却吸引了很多家长送孩子参加,这些活动具有社区教育的特征,是一种相对稳定的"半制度化"教育。怒族村落里的社区教育活动不仅有专业的教师、固定的教学时间和地点,还有为学龄前儿童开设的"入学准备"课程,内容包括手语舞、识字、简单计算等。可以说,怒族聚居区这种自发的社区教育活动具备了一些公共学前教育的特点。

以往研究普遍认为,经济因素是基础教育阶段学生辍学的主要因素,"交不起学杂费"是家长选择不送孩子上学的直接原因。然而,这一看似合理的归因却无法解释怒族聚居区学前儿童低入园率的情况。学前教育免费政策的实施似乎并没有激发怒族家长送孩子去幼儿园的积极性。那么,是什么原因导致了怒族聚居区幼儿入园率偏低?传统的儿童养育习俗是否是影响了怒族幼儿入园的主要原因?在传统归因解释乏力的情况下,笔者试图通过考察和分析怒族儿童养育习俗中的隐性力量来寻找答案。

基于上述的理论思考和田野调查发现,笔者确定了"怒族儿童养育习俗"这一研究主题。研究试图在考察、描述怒族儿童养育习俗的基础上,运用学前教育学、教育人类学的基本理论,阐释传统养育习俗对怒族儿童个体成长的意义和当代价值,并试图从传统儿童养育习俗中探寻人类早期儿童教育的"原初意义",以期对解决现代学前教育问题、建构合理的学前教育理论有所裨益。

三、研究的方法论与价值关怀

(一)研究的方法论与具体方法

1. 研究的方法论

方法论是指为了实现一定的目的,按一定程序采取的行为方式的总和,是认识和改造世界的各种具体方式、手段的通论。本研究所要考察的儿童养育习俗是一种看似"常识"的学问,但它并非真的寻常,它是一种综合复杂的人类文化活动现象。

通过文献梳理发现,前人关于儿童养育习俗的研究多以记录传统养育习俗为主,这些研究多是研究者深入偏远地区进行实地考察,并对考察到的养育现象进行记录,其研究方法主要是"观察+记录"模式,这些研究成果对丰富民俗学和人类学的资料库有一定的意义,为理解人类文化的多样性提供了案例支持。然而,正如人类学家拉德克利夫-布朗所批判的那样,对于具有一般推理兴趣的人来说,用这种方法写出来的东西,必定是相当贫乏的。几乎没有什么思想可以应用于其他科学,甚至也基本没有可以作为人类学基础的东西和可以为心理学掌握、利用的东西。简言之,没有合乎逻辑的解释。为避免本研究走上传统民俗学家对养育习俗"观察+记录"的老路,笔者需要依托解释人类学和结构诠释学的方法论展开研究。笔者不但需要深入异文化性质的"田野"中去进行细致调查,收集养育习俗的一手资料,更需要去解释养育习俗的内涵、结构、产生的文化生态系统及其对现代幼儿发展的意义。

(1)解释人类学

教育研究的目的,不只是要从客观量化的研究中来了解事实,它更重要的是在于了解和解释这些事实背后的意义,以此作为批判、改进和超越不合理的教育现象的基础。同时,人类学的研究目的也不满足于收集田野资料,人类学家做田野工作和撰写民族志,并不仅仅是对人类文化做些"百科全书式"的描述,他们的雄心是建构文化理论,用来解释业已积累的文化资料。格尔茨在《文化的解释》中也谈道:"我主张的文化概念实质上是一个符号学的概念。马克斯·韦伯提出,人是悬在由他自己所编织的意义之网中的动物,我本人也持相同的观点。于是,我以为所谓文化就是这样一些由人自己编织的意义之网,因此,对文化的分析不是一种寻求规律的实验科学,而是一种探求意义的解释科学。我所追求的是解析,即分析解释表面上神秘莫测的社会表达。"

在格尔茨创建的解释人类学理论体系中,"深描"(thick description)无疑是一个核心概念。格尔茨的"深描"不是普通意义上的事物或事件描述,甚至不应该被理解为程度上的深入描述,而应该被理解为阐释性描述。阐释性描述的最大特点是把描述本身看作是一个理解和解释的过程,而并非把描述当作一种记录现象的手段。那么,要如何才能做到阐释性描述呢?格尔茨进一步指出,要阐释文化现象,研究者必须对文化本身有一个准确和全面的具体化认知,然后才谈得上理解文化发生的背景性知识。因此,格尔茨认为"深描"本身就包含了对文化、对文化所在的宏观和微观背景的理解和说明。格尔茨眼中的文化并非孤立的、静止的,它是诸因素相互作用的过程,文化形态正是在行为中得到表达,或者说,符号性的共意就是在交互的行动过程中形成的,要阐释文化现象就必须准确把握文化的共同性符号意义。为论证深描与浅层次描述的不同,格尔茨举了一个经典例子,用"四种眨眼方式的比喻"向人们阐释了他的"深描"概念。可以说,解释人类学的"深描"至少包含两个层面:一是对文化现象的精细化描述;二是对文化现象共同性符号的准确把握。前者依赖研究者入驻田野,以敏感、细致的心灵观察文化现象;后者则需研究者理解文化的符号意义,并在此基础上指导描述，以描述的细节实现对田野的深入理解。

结合本研究的主题来看，以解释人类学的范式研究教育问题，既可克服实验科学回避教育价值取向的弱点，又可不用走上超经验的思辨哲学的老路。解释人类学把研究人的理解活动作为方法的基本出发点，在解释教育现象时，把教育作为一个整体来分析构成的复杂因素，并放在一定的历史、地理、社会、生物、政治等背景中加以综合考察，这正符合了本研究想要"深描"怒族养育习俗的目的。

基于解释人类学的"深描"理论带来的启示，本研究对怒族儿童养育习俗的考察将不仅仅停留于表层的描绘，而是力求使研究过程成为研究者视域和研究对象及研究环境不断融合的理解过程，探寻事物表面现象背后所蕴含的意义，通过移情性体验，在对话与交流中达到"视域的融合"，进而向更高的普遍性提升，从而挖掘出儿童养育习俗背后的人性观、儿童观和教育观。同时，在研究中关注研究过程的整体性、历史性和特殊性，将具体的问题放入当地的文化历史脉络和特殊语境中进行剖析，在部分与整体的生动循环中，通过理解性解释提高本研究的质量。

(2)结构诠释学

如前所述，教育人类学的目的不仅仅是收集养育习俗的资料，它还需去解释这些资料。拉德克利夫·布朗认为，文化资料的解释存在两种方法，即历史方法和功能方法。历史方法是通过指出文化是怎样成为历史发展过程的结果，来"解释"文化或文化的某些因素。功能方法是假定文化是一个整合的系统，在一个特定共同体的生活中，文化的每一个因素都扮演一个特定的角色，且具有一个特定的功能。功能方法的目的就是发现一般规律，然后根据这些被发现的规律，来解释任何文化的任何具体因素。显然，教育人类学视野下的儿童养育习俗解释属于后者。

格尔茨的"深描"理论指导我们要把所研究的文化看成一个复杂而丰富的文本，把文化看作是一张指导人们行动的意义之网，这对社会生活产生了微妙的框架作用。然而，这种观点对于本研究来说，仍存在着一些缺陷。格尔茨的解释学力度和对文化自主性的重视无可指责，但如果仔细审视，格尔茨那个影响深远的深描概念却显得含糊不清。他几乎没有对意义之网如何影响行动的具体机制进行任何精确的阐述。他只强调以具体来解释具体，坚持认为社会就像文本一样,包含着自身的解释。可以说,格尔茨的研究以描写具体事务代替了理论建构,这种范式不能完全满足本研究对怒族养育习俗"深描"的要求。本研究不但要解释怒族养育习俗的意义,还要进一步探究生成养育习俗的文化生态(意义之网),以及这一文化生态(意义之网)是如何影响怒族社会的儿童养育行为的。基于此,本研究在"深描"方法论的基础上,引入了由美国社会人类学家亚历山大提出的"结构诠释学理论"中的"强文化范式"。

何为"强文化范式"?亚历山大认为,强文化范式,即为一种积极推动文化与社会结构脱钩,阐明文化在塑造社会生活方面扮演重要角色的学术思潮。它与文化社会学相联系,囊括文化社会学所具有的主要特征:认可"文化自主性"、以文化视角研究社会结构现象、以"深描"为主要研究方法,以及强调意义的内在模式即"文化结构"的客观性质。[①]

事实上,早在20世纪中期,就有人类学家提出了"结构诠释学"的理念,他们认为,对原始文化的解释不仅仅是为了明白神话或象征性符号的语言意义,而且要探究人类文化现象的普遍意义,探寻一般规律;结构诠释学的责任就是要重新建构文化形式的有意义的模型。可以说,结构诠释学的"强文化范式"引导本研究实现两方面的目标:一是运用比较视野,在对怒族养育习俗深描的同时,比较初民社会的各类养育现象,探寻人类养育的"原初意义",以期对当代学前教育理论建构有所启示;二是考察怒族养育习俗产生的文化生态环境,探究养育习俗与文化生态环境的交互关系,力图揭示影响民族地区学前教育发展的习俗力量。

2. 研究的具体方法

(1)文献法

文献法是对文献进行查阅、分析、整理,从而找出事物本质属性的一种研究方法。文献法贯穿本研究的全过程,通过对文献资料的梳理和总结,了解国内外在这一领域的核心研究成果和发展趋势,以便更好地把握本研究。

本研究将通过两条路径开展文献研究:一是集中收集并分析与养育习俗、教育习俗、教育人类学基本理论相关的文献;二是集中收集并分析有关怒族历

---

① 周怡.强范式与弱范式:文化社会学的双视角——解读J.C.亚历山大的文化观[J].社会学研究,2008(6):196-197.

史、社会、宗教、生态、文化等方面的情况,以便更好地理解怒族养育习俗的内涵,以及对当前怒族幼儿教育发展的影响。

(2)田野调查法

田野调查法是人类学的基本研究方法,是获取第一手资料最有效的途径。所谓田野调查,是研究者亲自进入某一地区,通过直接观察、访谈、居住体验等参与方式,获取第一手研究资料的过程。一般说来,田野调查包括两种不同的基本活动:第一,研究者进入某个之前并不熟悉的社会场景,开始了解身处其中的研究对象;第二,研究者以规范、系统的方式写下自己日常生活中的所见所闻。这种研究方法与文献法相互印证、互为补充,让研究结果更为客观和可靠。本研究选择匹河怒族乡和丙中洛镇的怒族村落作为考察点,通过直接观察、深度访谈、与村民共住等研究方式获得了关于怒族儿童养育习俗的第一手资料,重点了解了怒族儿童养育习俗中所蕴含的人性观、儿童观和教育观,以及传统养育习俗对怒族儿童社会化过程造成的影响。

本研究的田野调查时间分为三个阶段。第一阶段,2013年4月2日—2013年4月20日,笔者重点调查了滇西人口较少的民族聚居区的学前教育发展现状,了解了怒族聚居区学前教育发展问题及儿童养育习俗的大概情况,并初步确定匹河怒族乡与丙中洛镇作为考察点。第二阶段,2014年1月7日—2014年3月5日,笔者进入匹河怒族乡的老姆登村和丙中洛镇的茶腊村两个怒族村落,在当地生活了两个多月,与怒族人同吃、同住、同劳动,参与当地人的儿童养育和教育活动,观察怒族家长的教育行为,努力感受他们的养育文化,体悟他们对制度化教育的态度和看法。第三阶段,2014年4月2日—2014年4月20日,笔者再次回到老姆登村和茶腊村,参加了农历三月初六的如密期节和农历三月十五的乃仍节,重点考察了怒族传统节日和游艺活动中的儿童教育。在此期间,笔者还走访了果科、普洛、知子罗、沙瓦等地,更加全面、深入地了解了当地儿童养育与学前教育发展现状。

本研究的田野调查时间前后总共三个多月,也许这一时间与一些传统的人类学研究相比略短,但笔者认为这样的田野调查时间已实现了该研究的目的。那么,如何看待研究时间这个问题呢?有学者认为,时间在人类学的研究中固然重要,但更为重要的是,是否在田野调查的时间中,获得了与研究主题相关的真实且充分的资料。事实上,在人类学界颇有影响力的著作中,也不乏短时间考察的成果。例如,费孝通的《江村经济》是在调查两个月的基础上写成的;在国际人类学界享有盛誉的杨懋春的《一个中国村庄:山东台头》这本著作中的大部分内容是杨先生凭借记忆完成的;本尼迪克特在完成成名之作《菊与刀》之前,并没有直接去日本考察,而是通过考察在美国的日本人和与日本有关的文献、电影资料来完成的。因此,考察时间的长短并不直接决定研究的质量。就本研究而言,在上述的田野调查时间中,笔者已获取了作为本研究所需的充分资料。

(3)比较法

比较法是人类学的传统研究法。人类学从诞生之日起就蕴含着一种比较视野。最初的人类学家正是在研究异文化的过程中,不断把异文化与自己的文化进行比较,发现文化的相同点和不同点,从而形成对人的本质的深刻认识。人类学不像自然科学那样是一门精密的科学,它无法对研究假设进行实验,所以人类学家常常对大量的田野调查材料进行清理,通过比较分析去揭示两个变量间的联系,从而对一部分社会秩序做出解释。人类学家不可能研究试管中的变量 X、Y 和 Z 之间的相互关系,但可以考察所具有 X、Y、Z 特征的社会,找出它们的共性,然后对有 X、Y 而无 Z 的群体进行考察,弄清差别在何处。这样,人类学家就可以对假设施加科学的控制——即一种思想律令。[①]

人类学家对文化比较所获得的结果,有两种取向,一是普遍性取向,希望通过比较归纳出具有普适性的教育人类学知识;二是特殊性取向,希望通过比较发现文化与教育关系的差异性,从中获得"地方性知识",并尊重和保护这种知识的价值。[②]就研究目的而言,怒族儿童养育习俗的教育人类学研究不仅仅是考察、描述怒族养育和教育儿童的"人类学事实",还更期望通过存在于民间的教育事实探究人类养育与教育儿童的原初意义。为此,笔者在研究中会对不同文化模式下的儿童养育习俗进行比较分析,从而分析归纳出具有朴素性和原生性的儿童保育与教育观。事实上,在文献梳理时,笔者已发现西方文化人类学家常常会在比较视野下对人类多元的教育文化现象进行分析与解读,其研究的结果既展

---

① 罗伯特·F.墨菲.文化与社会人类学引论[M].王卓君,吕迺基,译.北京:商务印书馆,1991:12-13.
② 李政涛.教育人类学引论[M].上海:上海教育出版社,2009:47.

示了某一教育文化的独特性,又试图揭示出人类教育活动的共性特征和永恒追求。

(二)研究的价值关怀

关于研究的价值,布迪厄说过一句话:"我们的任务也是为人们提供进入各种经验的途径,并且向大家阐述这些经验,不论这些经验是普遍共享的,还是少数人特有的,只要它们在平常是被忽视或者未经整理的,我们的工作就有它的价值。"[①]本研究所考察的怒族是一个人口数量较少的"直过民族",由于地处边疆、社会相对封闭,其文化和教育常被人们所忽视。文献梳理表明,目前还没有学者对怒族儿童养育习俗进行过系统研究,仅有个别学者(如陶天麟等)在考察怒族传统文化时对怒族原始育儿方式进行过少量记录。然而,在人类学的视域里,一个再小的民族,他们的世界观都是世界性的。因此,研究怒族的儿童养育习俗具有人类学常说的"小地方、大论题"的现实意义。当然,评价论文的研究意义与价值,不能只看其相关研究的多寡,更重要的是依据某些价值理念对研究本身进行价值判断。

价值判断是评价活动的一种结果,它是评价主体根据价值主体的需要,衡量价值客体是否满足价值主体的需要以及在多大程度上满足价值主体的需要的一种判断。[②]如果将本研究看作是价值客体,那么该研究的价值就需要基于主体的需求来分析。本研究期望基于教育人类学范式对儿童养育习俗进行意义阐释和理论建构,从而反作用于幼儿教育实践。这一目的涉及的主体包括笔者本人、教育科研人员、幼儿教师、行政人员、幼儿家长等,研究是否满足这些主体的期望与需求,成为研究价值判断的风向标。基于此,下文将从主体需求的视角阐释基于教育人类学范式研究儿童养育习俗的意义。

1. 理论价值

人类学视野下儿童养育习俗研究的理论价值在于促进学前教育理论的"本土生长"。"本土生长"是基于本土需要的内源性的教育理论演进与创生。现代学前教育理论发展至今,需要从大量优秀的、鲜活的本土教育文化中吸收养分

---

① 布迪厄,华康德.实践与反思:反思社会学导引[M].李猛,李康,译.北京:中央编译出版社,2004:270.
② 冯平.走出价值判断的悖谬[J].哲学研究,1995(10):43.

并实现创生。

儿童教育属于人类学家通常所说的濡化,即人从呱呱坠地的婴儿逐渐融入所在社会,并最终成长为社会的一分子的过程。因此,人类学具备了促进幼儿教育理论"本土生长"的可能性,这种可能性主要表现为人类学在认识论和方法论上给予教育理论"本土生长"的意义与启示。

从认识论来看,人类学视野下的"本土"包含两方面的含义:其一,从空间关系上看,"本土"是教育主体所生活的现实世界;其二,从时间关系上看,"本土"是教育理论与实践形成的历史根基,可以看作是传统的教育文化。有学者认为,源于现实生活的本土文化和历史传统文化是教育理论"本土生长"的文化原点,教育研究者应该从中创生教育理论。生长于本土的儿童养育习俗是一种民间教育文化,它与本土儿童的现实生活世界相伴相生,是人类养育活动的原初状态。教育研究者应形成对本土养育文化的敏感性,要有意识地去挖掘本土养育文化智慧,为学前教育理论"本土生长"奠定现实土壤和历史根基。

从方法论上来看,人类学"自下而上"的理论建构形式有利于我国幼儿教育理论的"本土生长"。人们普遍认为真正的人类学知识均源自田野调查,田野调查被公认为人类学的首要方法,同时也是人类学知识体系的基本内容。人类学的田野调查法实际上具备这样的特点:既注重深入实际进行调查,又强调从大量的由实地获得的原始素材中得出自己的理论构架,强调自下而上地得出研究结论。[①]人类学研究范式的运用有利于研究者把教育的问题放在更为广大的社会系统和文化情境中去考察,使研究者能触及教育丰盈多样的内涵。对于幼儿教育理论的建构来说,"自下而上"的范式使研究者打破了文本资料的局限,从"书斋"走向"田野",在生动鲜活的儿童养育实践中感受幼儿教育内涵的丰富与深刻,如此,研究者不但能获取教育理论"生长"的智慧,还能使理论建构的逻辑起点合理有力。

人类学视野下的儿童养育习俗研究,不仅要对儿童养育活动表象记录与描述,还应通过分析养育教育活动中"具体的儿童",去关怀"抽象的儿童"。人类学研究不是闲暇一日的丛林漫游,而是在社会交往的复杂世界中的探索之旅。可以说,教育人类学视野下的儿童养育习俗研究的真正价值在于,探寻传统养

---

① 李姗泽.论人类学研究范式对中国教育研究的启示[J].教育研究,2012(12):20.

育习俗背后人类儿童教育活动的本质与当代意义，挖掘隐藏其背后的儿童教育理念和教育智慧，通过对其价值的解读和内涵的反省实现现代学前教育理论的"本土生长"。

2. 实践价值

当整个社会被嵌入到一个以人与人之间的激烈竞争为最显著特征的市场之内的时候，教育迅速地从旨在使每一个人的内在禀赋在一套核心价值观的指引下得到充分发展的过程蜕变为一个旨在赋予每一个人最适合于社会竞争的外在特征的过程，这时的教育已在宏观上背离了追求个人自由、解放和发展的本真目标，将工具理性凌驾于价值理性之上。在当下的中国社会中，学前教育的功利性同样被无限放大，工具理性凌驾于价值理性之上的情况比比皆是。父母把孩子接受教育的过程看作是争夺社会资本的过程，把在幼儿期提前学习知识这一过程看作是"赢在起跑线"上的制胜法宝。因此，当代中国儿童过早地结束了他们的童年，过早地卷入激烈的社会竞争中。学前教育实践逐渐偏离了儿童本真的发展轨道，转而成为儿童向"上层社会"流动的工具。

面对现代幼儿教育发展中的异化现象，作为幼儿教育研究者，我们应该清醒地认识到，不管社会功利的浪潮有多猛烈，一个幼小的儿童，他（她）都不该被卷入这潮流之中。退一步说，即便整个教育体系都无法抵挡社会功利的欲望而沦陷，人类至少也应该为自己的幼体保留出一方净土。那么，如何去寻找和保留这一方净土呢？也许，人类学"推他及己"的研究范式能为我们提供解决思路。

人类学学科在确立之初，就带有某种"他者的眼光"和"离我远去"的观念倾向。但是从人类学形成的一开始，就成为一门专门研究"他者"，并以"他者"来反思"自我"的学科。在人类学家眼中，"他者"既可以是非本民族国家的社会群体（如早期西方人类学家研究的"殖民地"人民），也可以是一个国家的社会边缘群体（如弱势族群）。前者是空间视野下的"他者"，后者是时间视野下的"他者"。人类学家对"他者"及其文化的研究，不单是为了满足猎奇心态，更多是希望从"他者"的文化中获得反思"自我"的智慧和能力。人类学家观察别人的社会时，总怀着理解包括自身在内的全人类的希望。所以，人们经常将人类学洞察的特征总结为"文化的互为主体性"。"文化的互为主体性"指的是一种被人类学家视为天职的追求，这种追求要求人类学家亲身研究"非我族类"来反观自身,"推人及己"而不是"推己及人"地对人的素质形成一种具有普遍意义的理解。例如,玛格丽特·米德试图通过对"他者"的研究来解释发生在自己所属文化中的一些社会现象,其经典之作《萨摩亚人的成年》体现了人类学试图通过理解"他者"来审视"自我"的核心思想。

人类学视野下怒族儿童养育习俗研究的实践价值在于,人们可以站在怒族这一"直过民族"(他者)的立场来看待当下幼儿教育的异化现象,从传统养育习俗中获得解决当下中国社会(自我)幼儿教育异化现象的经验与智慧。当现代儿童教育出现异化时,研究传统的民族养育文化或习俗可让我们更加客观地评价现代儿童教育体系,更加深刻地理解儿童教育的本质,可以从传统养育习俗中借鉴和吸收有益于解决现代儿童教育问题的经验。

本研究所涉及的怒族儿童养育习俗在怒族个体社会化进程中有着独特的作用及持久的生命力,研究中所涉及的怒族养育习俗与社区文化、制度化教育的种种纠葛必会引起教育工作者和政策制定者的高度关注。研究结果除了对怒族地区幼儿园课程开发与建设有启示作用,还能为怒族学前教育政策制定者提供政策制定的依据,为怒族学前教育的现代化发展提供适宜的发展路向。

3. 人文价值

自20世纪上半叶开始,西方社会学家、人类学家开始反思冰冷的自然科学范式在研究"人"这一复杂概念上的局限性,并逐渐形成了在"活生生的社会存在"之关系中来探究和呈现"人"的概念的共识。20世纪20年代法国人类学之父马塞尔·莫斯通过比较原始民族、古代民族、现代社会中的"人"的概念后发现,在西方心理学出现之前,传统社会个体与个体之外的事物存在着相互依赖的关系。他的观点逐渐得到其他人类学家的认同,于是,不同国度中的人类学家共同参与了一项伟大的事业,即他们将知识与人生紧密结合,重新定义了社会科学,使它成为人文科学,从而有别于将世界与人生都看成冷静、理智存在的非人文科学。人类学在各国志同道合者的共同努力下,成为一种接近于专注于研究人生命力的学问。人类学视角下的儿童养育习俗研究正是把儿童的"养"与"教"这一日常称为"科学"的人类活动,放置于一个复杂的文化环境中去考察,将人类文化基因的代际传承过程看作是一个教育过程。田野调查所形成的民族志和教育人类学阐释文本对于研究价值判断的主体来说,具有一定的人文价值,具体表现在以下两方面。

第一,对本土儿童教育知识阐释的人文价值。本土儿童教育知识是人们在实际的儿童养育生活情境中生成的知识复合体,它具有地方性知识的复杂性、生活性和普适性特点。养育习俗作为人类文化的重要组成部分,呈现它的图景、阐释它的意义是本研究想要实现的人文价值。卡西尔认为,人类文化并非单纯地为被给予和单纯地为不言而自明的,相反地,人类文化乃是一种有待诠释的奇迹。与所有的文化现象一样,儿童养育习俗的意义与价值也并非能自我证明,它需要研究者对其进行阐释,只有在阐释的过程中才能展现它本身的人文价值,才能帮助人们进入一种更深层的自我反省。

怒族儿童养育习俗的教育人类学阐释正是把一个怒族文化符号代际传递的过程及意义揭示出来,从而发现怒族儿童养育概念的原初意义和普遍意义,促进当代教育主体的自我反省。当然,本研究所追求的普遍意义与自然科学中的普遍意义是不一样的,作为带有明显人文科学特征的研究,追求的"普遍性"并非"存在"意义的普遍,而是"方向"上和"使命"上的普遍与统一,即儿童养育习俗的地方性表达背后所存在的超越时空的普世追求。

第二,对本土儿童的人文关怀。有学者认为,人类学是对"他者"的系统研究,而其他所有的社会科学都在某种意义上是对"自我"的研究。这正是人类学区别于其他学科的关键性特征。虽然有人批判人类学研究带有民族主义的色彩,是"殖民主义的侍女",但其实人类学家在主观上都有尊重"他者"的心境。人类学者是各种语言之间的沟通者,深描各种文化的底蕴,揭示其中的神韵,努力把文化遗产转变为文化资源,让全人类受益。如美国人类学家摩尔根对他的研究对象——印第安人在情感上非常亲近,他不但成为他们的养子,还为他们打官司,为印第安人争取了许多权利;我国人类学家林耀华、费孝通在一生的人类学研究中,无不费尽心力关怀弱势族群(群体)。可以说,这些学者都有关怀众生的人文精神。从这个意义上讲,人类学既是一门学问,又是一种人文视野与关怀。因此,本研究对怒族儿童养育习俗价值的阐释不但可以唤起人们对少数民族本土教育文化的重视,发掘少数民族本土教育文化的价值,理解他们在现代化背景下文化传承与发展的困境,还能通过与本土儿童的互动,撰写人类学文本来实现对本土养育文化及本土儿童的理解和尊重。笔者带着这样的"理解与尊重"重新审视当前民族地区的教育政策,把"本土儿童的权利"与"本土儿童养育文化"作为政策制定的逻辑起点，真正实现对本土儿童的人文关怀。

此外，列维-斯特劳斯曾用"邀请性"这一特征描述过人类学文本的价值，他认为优秀的人类学文本不应是高高在上、生涩难懂的，它如洁净的水邀请干渴的人去喝、舒适的椅子邀请疲惫的人去坐，人类学的研究文本应有关怀和抚慰人内心的功能。论文的"邀请性"也许是本研究试图追求的另一层面的人文价值。

第一章

护身安魂：
怒族婴幼儿护佑习俗及其保育意蕴

　　哺乳动物有一共同特点：幼崽降生时缺乏独立生存的能力，必须依赖母亲给予的营养、安全、温暖等才能得以存活。因此，降生这件事就在母亲与幼崽之间建立了基于生物学事实的连带关系。与其他哺乳动物不同的是，人类亲子关系的维系除了依赖强烈的母爱本能外，还依赖于人类建构的一整套社会文化体系，具体来说就是养育习俗。

　　个体或社会群体要存活下来，首先必须解决生产和再生产问题，即在行为上满足最低限度的生计需要。那么，对于个体和社会群体来说，生养孩子，保证适当的人口数量是维系族群生命、延续族群文化的基本要求。基于此，笔者认为，在特定社会群体的养育活动中，首先要解决的是"如何孕育孩子""如何顺利生产""如何哺育婴幼儿""如何让幼小的生命得以存活"等基本生命问题，在解决这些问题的过程中，逐渐形成的养育文化现象便是本章要考察和阐释的婴幼儿护佑习俗。

　　在古代怒族社会，生命来之不易，对生命的期盼与珍视恰恰显示了怒族传统"生"与"育"文化的繁复多样。怒族人在长期的生产与生活实践中，形成了较独特的生命意识，他们十分重视后代的生与养，把生儿育女视为个人和族群最重大的事情，因此怒族人形成了一系列对胎儿、婴幼儿的护佑习俗，这些习俗一方面体现了怒族人对新生命的渴望，另一方面也较好地保障了新生命的顺利成长。

一、怒族婴幼儿的护佑习俗现象

(一)护胎习俗与母性崇拜

在一切人类社会之中(野蛮社会或文明社会),在风俗、法律、道德方面,普遍都在早如妊娠起始的时期,便开始承认母子之间的关系。母亲,有时也有父亲,必须遵守种种禁忌和俗令,或举行与腹内的婴儿幸福有关的仪式。生育除了是一种生物作用之外,还是一个重要的社会事件,往往与宗教有关,许多传统的习惯,都聚集在这种事件上。所以,就是母子之间这种最自然、最直接的生物关系,除了决定于生理方面外,也决定于社会方面。可以说,一个社会群体为保证新生命的安全与健康所形成的护胎习俗,不仅仅是生物学的行为和本能冲动,更是社会群体共同构建的道德规范。

传统怒族社会有着强烈的生命意识。在怒族人看来,子嗣是上天和神灵的恩赐,守护新生命是敬神的表现,胎儿健康、顺利诞生,才是天地有"好生"之德的圆满实现。虽然怒族社会没有胎教之说,但怒族先民很早就意识到了胎儿的发育受母体以及母体之外环境的影响,因此,怒族社会非常关注和尊重孕妇,同时也形成了一套针对孕妇的禁忌习俗。这些禁忌习俗与胎教之说有异曲同工之处,其本质是通过"外象内感"的方式作用于胎儿,达到养胎、育胎的目的。

1. 母性崇拜

作为"直过民族",怒族人至今还保留着母系时代女性崇拜的意识,怒族先民自认为怒族的始祖是一个名叫摩英充[①]的女人,其创世神话《从天上来的人》讲的正是"女始祖"创世的故事。

从前,地上没有人烟,天神见地上没人看管万物,就派了个叫摩英充的姑娘下到地上。

摩英充来到地上,发现到处都是树木,阴森森的。她在森林里遇到一只黑虎,于是就跟黑虎成亲了。后来摩英充生下了儿女,他们叫"拉云起",就是虎氏族。

从此,摩英充就成为人类的女始祖。

讲述者:鲁绒西纳

翻译者:张化文

记录者:杨秉礼 杨开应

[①] 摩英充:怒族语,是从天上来的意思。

怒族社会对女性的崇拜还体现在对女性生儿育女能力的认可和尊重上。怒族人认为女性忍受疼痛生育下一代是在代替男性受苦受难，男人应该对其表示感激和尊重。

怒族民间故事《女人出嫁和生育的由来》讲述了善良、勇敢的怒族女先民为了减少男人生育的痛苦，代替男人生孩子的故事。

起先，女人并不出嫁，也不生育儿女，而是由男人出嫁和生育儿女。

有一年，一个男人要出嫁了，女人在家坐等新姑爷来。等呀等，总不见来。女人急得坐不住了，急急忙忙跑到男人家里去看，只见男人正抱着房子的中柱放声大哭说："我的房子呀，我的中柱呀，我的家产呀，我怎么舍得离开你哟！"女人见男人哭得那么伤心，便软下心来说："莫哭了，莫哭了，你不愿意嫁过去，我就嫁过来好了。"从此以后，男人就不再嫁到女人家了，而由女人嫁到男人家了。

再说那时男人生育儿女，是在左脚小腿里怀孕。男人坐月子时，女人要杀一头牛给男人补身子。后来，有一个男人在怀孕和生孩子时，日日夜夜呻吟不止，女人看到男人哼得很厉害，疼得很可怜，便软下心来说："莫哼了，莫哼了，以后你们男人不要生孩子了，由我们女人来生好了。"从那时起，男人就不再生孩子，而由女人生了。

搜集整理：罗莎益　木顺江　李卫才

可见，怒族历史的源起是从对女性崇拜开始的，这种崇拜意识源于对女性生殖能力的崇拜。因此，无论是过去还是现在，怒族社会对母亲和孕妇都极为尊重。曾有民俗学者考察发现，在传统的怒族社会，有的妇女在怀孕三个月后便不再干重活、脏活、累活及苦活，只干些诸如做饭、打扫之类的家务劳动。总体而言，怒族妇女在怀孕期间，都会受到全家各方面的照顾。家人热情关心，将好的食物都留给孕妇，不让孕妇太劳累，并且尽量保持家庭和睦亲善的气氛，使她心情愉悦。男子在妻子怀孕期间，要准备好充足的鸡让产妇坐月子用，还要专门去捕鱼，捕蜂采蜜，准备足够的食物给产妇补身子。另外男子还要自己酿酒,以备产妇分娩时期招待客人用,这酒被称为"月子酒"。①

在怒族村落考察时,笔者深切感受到了怒族社会尊崇母性的文化氛围。笔者入住的腊三益②家是一个典型的三代同堂的怒族家庭,平日里家人对祖母非常尊敬,小到吃饭,大到仪式活动都是以母为先,以母为大。

今天,腊三益的妻子得知自己怀上了第三胎,告知婆家人后,婆家人非常高兴,当天就烤了一只小乳猪犒劳她。第二天,其娘家人还专门送来鸡蛋、糯米等食物道贺,嘱咐怀孕的她多吃有营养的食物,好好养胎。

(摘自田野调查日志,2014年1月8日)

正如马林诺夫斯基所说:"母性是文明之一种,道德的、宗教的甚至艺术的理想;一个妊妇是被法律风俗所保护,看得圣洁不可侵犯;她自己也该在这种情形下觉得荣耀,觉得快乐。……在他们中间,一个妊妇实是被人崇敬的对象,她自己也觉得怀孕是很荣耀的。"③

2. 怀孕禁忌

杨筑慧研究发现,不少民族认为,怀着娃娃的人不能懒,要脚勤手快,做些重活,孩子才好生,才生得快。因而,一般身体健康的妇女怀孕后,都不脱离生产和家务劳动,她们照常上山种地、背柴、缝补浆洗、饲养畜禽、舂米、做饭、背水等。那种因妊娠严重反应而休息的现象极为少见,她们从不以弱不禁风的形象来表现身份的特殊,她们希望自己的行为能够感染腹中的胎儿,使其能够顺产,长大以后能热爱劳动。如果哪位孕妇因有身孕而脱离生产劳动,专享清闲,就会被人们所不齿,遭人讥讽。在西南许多民族社会里,男女分工很明确,女子除了包揽所有的家务劳动外,田间地头的生产也同样离不开她们。女子即使怀孕了,这些分内事同样不能丢下,社会对此也习以为常。④

---

① 陈长平,席小平,陈胜利.中国少数民族生育文化[M].北京:中国人口出版社,2005:296.
② 腊三益,茶腊村村民,他是家里最小的儿子。按照怒族的养老习俗,老人由最小的儿子赡养。
③ 马林诺夫斯基.两性社会学:母系社会与父系社会之比较[M].李安宅,译.上海:上海人民出版社,2003:21.
④ 杨筑慧.中国西南民族生育文化研究[M].北京:中央民族大学出版社,2006:100-101.

与上述的许多民族不相同,怒族社会对孕妇可谓是关怀备至,不仅在情感上给予她们充分的尊重与关心,还通过设置各种禁忌对其身体健康进行呵护。老姆登村、茶腊村的四位怒族妇女向笔者介绍了女子怀孕期间的禁忌习俗,总结起来大致包括以下内容。

禁忌一:丈夫知道妻子怀孕后,要停止狩猎活动,家里的弩弓、箭、砍刀、捕猎夹等都要藏好,怀孕的人不能看,也不能摸。

禁忌二:家里女人怀孕了,男人不能砍竹子、树桩,不能捅蜂窝,否则孩子会胎死腹中;临盆分娩前,丈夫不能离家,要提前做好各种分娩准备。

禁忌三:怒族妇女怀孕后不能爬山,因为怒江地区山高坡陡,容易让孕妇跌倒,导致流产;不能过江、过河,否则孩子会被水冲走;也不能去摸死人棺材,否则鬼魂会附身,吃掉胎儿。

禁忌四:丙中洛镇的怒族妇女怀孕后不能摸、爬、坐一些长相奇怪的巨石,因为这些巨石可能是鬼魂的化身,不祥的东西会影响腹中的胎儿;怀孕期间不能看猴子和长相丑陋的东西,否则生出的孩子与所见的一样。

禁忌五:老姆登村一带的怒族妇女怀孕后不能把猪粪、牛粪,不能背肥料之类的脏东西,因为粪便里的细菌可能会让孕妇生病。

禁忌六:怀孕妇女不能喝酒,不能吃辣子,否则会产后出血,还容易患风湿病;不能吃黄瓜,否则生出的孩子脸上会长疙瘩;不能吃公鸡肉,否则会难产。

虽然上述某些禁忌内容显得荒诞不经,带有迷信色彩,但仔细分析便会发现,怒族大部分的怀孕禁忌可谓是科学与迷信并举,这些朴素的习俗中包含了许多对孕妇人性化的呵护,它们从身心健康、饮食卫生、外部环境等方面给予孕妇尊重与关怀,其中一些内容与现代生育科学有相似之处,是怒族人民代代传承下来的十分优秀的生育智慧的体现。

当今,越来越多的儿童发展与教育专家认为,出生的婴儿并非如洛克所言那样是一块"白板",个体生命的文化过程,从出生前就已经开始了。在母亲子宫的胎儿除了遗传和组合着生物基因之外,还遗传和组合着文化基因,人类学家称这一过程为对胎儿的"文化关怀"。文化关怀以各种各样的方式体现。这与两种资源有关:一是物质的营养,二是文化的滋养。前者在于合理调节饮食和合适的生活方式(这本质上也是一种文化),后者是调节心理,这是一个与文化有直接关系的事情。儿童发展的经验告诉人们,怀孕时母亲的心境与胎儿的发展直接相关，郁闷等心境将会对胎儿产生不良后果，心理疏导对孕妇来说是必要的。怒族养育文化中"崇敬母亲""以母为大"的性别文化，使得孕妇始终能保持愉悦、平静的心境，这样的文化关怀使得怒族孕妇总是保持与人类文明秩序相一致的心态，从而通过"外象内感"的方式滋养腹中的胎儿。

（二）对产妇与新生儿的护佑

自称"万物之灵"的人类，在出生时却是软弱不能自助的。怀胎十月后生出的新生儿，完全不能独立生存，对于他们来说，子宫之外的世界处处充满危机。为什么大自然过早地把人类的新生儿暴露于危险的世界之中？体质人类学家给出的答案是："人类婴儿的过早出世，是由于我们的大脑和人类骨盆结构制约造成的结果。"在人类进化过程中，女性骨盆开口的增大是有限的，体积过大的大脑无法从产道顺利产出，因此，人类的大脑在母体内不能发育完全，需要在出生后继续发育。研究发现，出生时新生儿的脑重是390克左右，已达成人脑重的25%；2岁半至3岁时儿童脑重量发展到900克至1011克，相当于成人脑重的75%；6至7岁时儿童的脑重接近于成人水平，约1280克，达成人脑重的90%。对于人类来说，大脑发育的过程即"成人"的过程。人类通过强化的学习变成"人"，人类不只是学习维持生存的技能，而且还学习传统家族关系和社会规律等，也就是文化。无自助能力的婴儿受到照料，较大的儿童受教育的社会环境比猿类社会更具有人类的特征。[①]可以说，新生儿的无自助能力是人类社会护佑习俗，乃至学前教育发生的生理学基础。

在任何社会，新生命的降临对于家庭都是一件大事。一个新生命的诞生，给看重子嗣、期盼生命的怒族人带来无限的欢乐和希望。伴随着新生命的到来，怒族人会遵照传统习俗护佑刚产下孩子的妇女和柔弱稚嫩的新生儿，这些护佑的方法、习惯相互交织，共同构建了怒族新生儿的护佑习俗。

1. 对产妇的护佑

崇尚母性文化的怒族人，在手捧新生儿的同时，也不忘悉心照料辛苦产下孩子的妇女。

其一，分娩时的习俗。陶天麟等学者发现，在医疗条件较差的旧社会，与其

---

① 利基.人类的起源[M].吴汝康,吴新智,林圣龙,译.上海:上海科学技术出版社,2007:41.

他民族相比,怒族孕妇难产致死的比例较低,这也许和怒族人生孩子的方式有关。在传统怒族社会,产妇多在家中分娩,一般由产妇的婆婆和母亲以及村子里有经验的妇女接生。接生时,一般由两个人去拉产妇的手,一人抱着产妇的腰以催生,产妇则蹲在铺有柔草的屋角,用劲生孩子。其余的妇女则围坐在火塘边饮酒聊天,共同期待新生命的诞生。孩子一降生,她们会立刻涌向屋内,帮助产妇处理地上的污血,为孩子洗澡,包扎衣物,收拾胎盘等。这一切准备好之后,妇女们会一同吃上一顿"团结饭",方才散去。如遇难产,除了祭拜鬼神之外,接生的人会用一些"土办法"帮助产妇分娩,例如,在高处拴一根绳子,把绳子套在产妇的双腋下,使身体倾斜,再叫一个有经验的妇女用双手从产妇的腹部往下按摩,使胎儿顺利滑下;又或者用温水泡好的酸木瓜水,喷在产妇的腹部,助推胎儿下滑。此外,怒族传统的分娩习俗会使用新制的竹刀割脐带,用竹筒水洗新生儿,这些接生工具,从某种意义上说极大限度地避免了新生儿肚脐感染发炎。

怒族古老的分娩姿势和催生方法是否具有一定的科学性还很难证明。但随着现代医疗技术的普及,如今的怒族孕妇也基本到医院分娩了。传统的分娩方式已不再使用,但是,一些针对产妇的饮食习俗,仍保留至今。如,孕妇生孩子当天,家里的男主人要杀鸡给产妇做补品"侠辣"。如果生了男孩就用母鸡做"侠辣",代表孩子长大后会沉稳、勇敢;如果生了女儿就用公鸡做"侠辣",代表孩子长大后能说会道、开朗勇敢,婚后不会被丈夫欺负。

其二,月子里的护理。生完孩子后,怒族产妇会休息一个月左右,被称为"坐月子"。在坐月子期间,产妇只管哺乳婴儿,不再参加任何劳动。在坐月子时,产妇不能用冷水洗手、洗脸,不能出大门,更不能到邻居家串门。同时,产妇每天要喝开水泡的蜂蜜,吃漆树油炖的鸡肉,同时禁止食用酸冷的食物。

2. 对新生儿的护佑

当一个新生命还在母腹中时,他(她)所在的社会就已为他(她)准备好一套抚育模式,并设计了未来的发展方向。及至呱呱坠地,这些模式开始启动,他(她)便在既定的轨道中成长,从一个不谙世事的自然人转化为需担负一定社会责任和义务的社会人。[1]

---

[1] 杨筑慧.中国西南民族生育文化研究[M].北京:中央民族大学出版社,2006:150.

诞生是人生旅程的开始,新生儿今后的命运依赖于家庭、社会及自身素质的共同作用。对于初民社会的人来说,新生命的降临无疑给家庭和族群带来了无限的欢乐,但脆弱的生命使婴儿时常要面临死亡的挑战。死亡带来的心灵恐惧容易使人们产生对超自然力量的敬畏和对存在着超自然主宰的想象。当脆弱的婴儿遇到生命危险,甚至濒临死亡的时候,束手无策的家人往往会寻求一些超自然的力量,护佑其安康。怒族的先民亦是如此,在科学知识匮乏和不具备基本医疗条件的情况下,他们对人生道路上出现的许多现象迷茫不解,对弱小生命的保育也变得诚惶诚恐、谨小慎微。为了探知新生儿今后的命运,表达对新生命的美好愿望,怒族社会出现了各种形式的诞生礼俗护佑新生儿。怒族的诞生礼俗表面上是祈福禳邪的仪式,本质是怒族关于生命与灵魂的自我感悟。这些仪式既体现了怒族人对生命的接纳与礼赞,也表达了怒族对后代的期望与祝福。

(1)祈福仪式——"三朝礼"

"三朝礼"是指在新生儿出生后的第三天举行的一个庆贺仪式。我国许多民族都有三朝礼,只不过由于生存环境及价值体系的差异,不同民族的三朝礼有不同的称谓,其仪式内容也打上了各自不同的文化烙印。由于在历史发展过程中,各民族间的相互交往与交流,怒族的三朝礼受其他民族,尤其是汉族"洗三"[①]习俗的影响较大,主要内容包括"踩生""洗身""命名"三部分。

①踩生

怒族的"踩生"既是对新生儿进行祝福,也是亲友之间馈赠礼物的一种活动。"踩生"是指外人在新生儿出生三天后,不期而至踏入产妇家里道贺的习俗,第一个进门见到新生儿的人被称为"踩生人"。怒族妇女生下小孩的第三天,男女双方亲戚朋友、左邻右舍都会带着各式礼物(多为鸡、米、漆蜡、小猪、酒等)前来产妇家祝贺。届时,男主人会把事先准备好的"侠辣"拿给客人吃,大家欢声笑语,共同庆祝小生命的降临。与西南一些少数民族不同,怒族的"踩生"大多由女性完成,最先进屋见到婴儿的女性被看作是最有福气的人。

怒族人认为踩生人与新生儿之间有某种感应和传递关系。通过踩生的接

[①] 汉族的"洗三"又叫"汤饼会""洗三朝"。其主要特点有:时间上为新生儿出生后的第三天;仪式有为新生儿沐浴、顺祝等活动;出席的人员为男女双方的亲朋好友,且都要送礼以表祝贺。这种礼制始于唐代,在宋朝广为风行。宋人孟元老《东京梦华录》卷五"育子"条云:"……则生色及绷绣钱,贵富家金银犀玉为之,并果子,大展洗儿会。亲宾盛集,煎香汤于盆中。"明清之际,洗儿礼仍在许多地方保存。

触行为,新生儿会带给踩生人"南木拉"①赐予的福气和财运,而踩生人的智慧、性格、德性、运气、长相等也会转移给新生儿,并影响他(她)一生的发展。因此,在怒族村落,成为踩生人的妇女,事后会专门织一块七色彩布(如图1)送给被她踩生的新生儿做礼物。在田野调查时,笔者在米玛才(老姆登村民)家遇到前来给她未满月的小孙子送七色彩布的踩生人娅米,娅米很高兴地向笔者介绍并展示了她给婴儿织的七色彩布。

娅米对我说:"三朝礼那天,我第一个见到这个娃娃,是这个娃娃的'踩生人',于是我回去就赶快织了这块七色彩布送给他。七色彩布有彩虹的七个颜色,很漂亮,包在裹背上,或者出门盖在娃娃头上,恶鬼就不会来偷吃娃娃,可以保佑娃娃,这样娃娃不会生病,福气也会好,我踩他的生么,我的运气、福气也会很好。"

(摘自田野调查日志,2013年4月13日)

图1 护佑新生儿的七色彩布

从"踩生"习俗可以看出,怒族人认为踩生人与新生儿之间存在着某种相感相生的交感作用。踩生人与新生儿之间、新生儿与七色彩布之间、七色彩布与踩生人之间的相互关系体现了弗雷泽所提出的思维原则——接触律。接触律是指人能通过一个物体来对另一个人施加影响,只要该物体曾被那个人接触

---

① 怒族神话《创世纪》中的母亲神。

过,不论该物体是否为该人身体的一部分。"踩生"是怒族人在认识新生儿与成人、自然身体与超自然外力关系中所形成的朴素思想和护佑行为,它表面是祝福新生命的降临,内涵却是新生儿"自然"身体向社会转化的一个文化过程:通过让新生儿与社会群体中的人和物发生"接触"行为,预示新生命被社会群体接纳,开启新生儿走向社会的第一扇门。

②洗身

怒族诞生礼的一个重要内容就是为新生儿"洗身"。据了解,以前"三朝礼"当日,前来祝贺的亲朋好友吃完"侠辣"之后,会由村里德高望重的老人准备一盆温水为婴儿洗头和擦脸,一边洗一边吟诵。如今,大多数信仰基督教的怒族群体会把"洗身"仪式与教堂里的"洗礼"合二为一。信教父母所生的孩子,在其出生三天后都会去教堂进行"洗礼"。"洗礼"表达了长辈、亲朋好友对新生儿的关怀和期待。

③命名

卡西尔认为,人类世界与自然世界最大的区别在于,人能发明、运用各种"符号"创造自己需要的"理想世界",而动物只能按照物理世界给予它的各种"信号"行事。姓名正是人类为了认识自己所创造出的具有意义的符号,是人类对自身社会身份认知的结果。由于对自然和社会现象的认知不同,不同的民族姓名标识的过程和姓名本身的含义也有所不同。命名习俗作为一种文化现象,在一定程度上反映了民族的社会认知、文化机制、历史源流等。

本研究所考察的匹河怒族乡的命名习俗尤其独特,一个人从出生到结婚要经历三次命名:第一次是魂名,出生三天后(三朝礼)由家中的长者取;第二次是青年名,即孩子长到十四五岁时,青年同辈人相互取名;第三次是在结婚之时,由父母命名,亦将父亲名字的最末一字或最末二字冠于结婚新人的名字之前。

怒族新生儿的魂名,也可称为奶名,一般由家中的长者,如孩子的祖母、祖父、父亲等来取。魂名作为怒族人人生中的第一个文化符号,是新生儿正式进入家庭这一社会场域的标志,是新生儿获得家庭成员认同,确立社会身份的重要环节。

怒族长辈对新生儿的命名体现了对孩子的祝福、期待和护佑等社会功能。由于怒族先民长期生活在自然条件恶劣的高山峡谷中,新生命的诞生和存活都非常不易,因此把第一个名字称为"魂名",希望起到守护婴儿脆弱的身体和灵魂的作用。怒族先民认为,对于新生儿来说,生命的最大威胁来源于那些神秘的鬼魂,要守护孩子的生命,就不能让鬼魂知道其诞生于世,因此要用隐蔽、遮挡、伪装等方法防止鬼魂看见或知道婴儿,那么,取一个又"怪"又"丑"的魂名不失为保护婴儿的好方法。在老姆登村,笔者收集了一些孩子常用的魂名,如"亏柔"(音译,"狗儿"之意)、"抢弯"(音译,"盐臼窝"之意)、"脚博"(音译,"囤箩"之意)、"咕益"(音译,类似"小松鼠"的动物)。可见,这些名字都带有一些贬义,比较低调,老人们认为给新生儿取过于高贵、张扬的名字会引起鬼魂的注意和嫉妒,对孩子的健康和生命不利。

(2)禳邪仪式——瓢水洗身

如前所述,怒族先民认为新生儿生命的最大威胁来源于鬼魂,为了守护新生儿的生命,他们常用隐蔽、遮挡、伪装等方法禳除可能会侵扰新生儿的鬼魂,希望新生儿安康。为此,产妇坐月子期间,不允许任何人晚上到产妇家里来,因为怒族人认为,鬼魂喜欢晚上出来活动,走过夜路的人身体上容易附着些"不干净的东西"(鬼魂),进家后会给脆弱的新生儿和产妇带来不幸。如果新生儿不幸身患疾病,体质虚弱或营养不良,怒族人就会认为孩子被鬼魂惊扰,需要打来两股河流交叉汇集的水并举行"瓢水洗身"仪式,禳除鬼魂。

"瓢水洗身"仪式需要请村里德高望重的老人来主持,具体内容有:第一步,打水,老人带着孩子的父亲到江河或溪流交汇处打一桶清水回来;第二步,舀水,父亲将水加温后,用一个新水瓢将水舀入盆中,如果是女孩就舀七瓢,如果是男孩就舀九瓢;第三步,老人亲自用第七瓢水为女孩擦洗全身,用第九瓢水为男孩擦洗全身,希望用水为虚弱的新生儿被除不洁、洗去邪魅;第四步,孩子的父亲要亲自杀一只鸡用来"送走"鬼魂,希望它不要再来侵扰新生儿。

(三)婴幼儿的日常养育

格尔茨指出,典型的人类学研究,就是通过了解极其广泛的鸡毛蒜皮的小事,来进行阐释和分析。在人类学研究中,婴幼儿养育的分析涉及喂养、吃饭、穿着等方面的情况,就是日常生活中的吃喝拉撒睡等"鸡毛蒜皮"的事情。

1."吃"与"睡"的照料

在怒族的语言中,并没有"养育"这个词,怒族人常说"热咋"(re-za,怒语)就是"养娃娃"的意思。由于婴幼儿的生活状态总是"吃吃睡睡",因此,在怒族人的观念中,"吃得饱""睡得好"是评价婴幼儿是否"养得好"的重要指标。怒族父母"养娃娃"的首要任务就是照顾好婴幼儿的"吃"和"睡"。

(1) 母乳喂养的文化现象与内涵

哈佛大学人类学者张光直提出,到达一种文化的核心的最佳途径之一就是通过它的肚子。一些心理学家还认为,"吃"这件事对人的习惯和情感有一定的影响。婴幼儿关于食物对自己所具有的意义有一种无意识但又深刻的理解。虽然他们无法或者不愿意讲出来,但是如果他们感到食物是被不情愿地给予的,那么他们会认为那是一种耻辱而不是一种好的营养。因此,食物的给予方式和其中所带有的情感会直接决定婴幼儿与抚养者之间的关系,而这种关系在很大程度上决定了婴幼儿一生情感的发展。从某种意义上来说,"吃"实际上是对婴幼儿的文化建构。因此,要分析怒族婴幼儿的日常养育,首先就要分析喂养习俗及其社会化功能。

其一,母乳喂养的文化功能。在怒族社会,没有给婴幼儿喂食牛奶或其他乳品的习惯,婴幼儿吃辅食之前,母乳是最主要的食物。只要身体允许,怒族妇女都会亲自哺乳。怒族女性婚后一般都会相继生三个孩子,这也使得她们必须经历很长时间的哺乳生活。科学已证明了母乳在提供婴幼儿全面营养和优质抗体方面有不可替代的作用,同时一些研究也显示,母乳喂养可能为妇女带来一些医疗与心理上的好处。例如,减少妇女在分娩之后出血的风险,减少卵巢癌与乳腺癌的风险,以及在今后的生活中减少脊椎与臀部骨折的发生概率。也许是长期哺乳的原因,怒族妇女罹患乳腺癌、卵巢癌的比例极低,也极少出现现代医学认为的产后抑郁等心理问题。

与现代医学提倡的定时、定点、定量哺乳的方式不同,怒族妇女给婴幼儿哺乳的时间、地点和数量具有随意性。怒族妇女每日哺乳的时间不固定,只要婴幼儿一哭,母亲就会给婴幼儿喂奶。笔者在考察时看到一个2岁多的小女孩在妈妈面前哭闹撒娇,她妈妈马上就将她抱起来喂奶,一会儿小女孩就停止了哭闹。看来,"吃奶"这件事情之于小女孩的意义不仅仅是填饱肚子,更重要的是从母亲那里得到安抚和慰藉。在传统怒族社会,"给孩子喂奶"是一件不需要遮遮掩掩的事儿,怒族妇女喂奶时总是大胆、随意和自然的,即便在一大堆人面前,如果躺在怀里的孩子哭啼,怒族妇女第一个动作便是自然地撩起衣服,把乳头送进孩子的嘴里,全然不顾忌旁边坐着的男男女女,当然也不会有人对其行为表示出半点儿非议。

笔者在观察怒族妇女怀抱婴幼儿哺乳的方式时发现,大多数(约80%)母亲会用左臂抱婴幼儿,将其贴在胸部左侧,据说这样孩子吃奶不容易呛到,而且容易入睡。这一现象与一些研究者的发现类似,即将婴幼儿贴在母亲的左胸哺乳更容易让其安稳地吃饱。这是什么原因呢?人类学家莫利斯给出了这样的解释:胎儿在母体里成长的过程中,已经对母亲的心跳养成了固定的反射(留下了"印记")。如果此说成立,那么婴幼儿出生以后再次听见那熟悉的心跳声,这对其显然有镇静的作用,尤其当新生儿突然被"抛入"使之畏惧的新奇而陌生的外部世界时,母亲的心跳声显然具有镇静的作用。莫利斯的推理看似牵强,但很多研究都已证明母亲怦怦跳动的心脏使胎儿在母体内就有了节律感,其出生后再次听到母亲规律的心脏声,会产生某种安全感。

其二,"断奶情结"的亲子间距情感建构功能。断奶情节包含生物的、心理的和文化的方面,它们相互交织在一起。除了生物性的一般区别之外,这种情节还表现在不同文化的形式和内容的区别、家庭与家庭的区别、不同儿童间的区别当中。在人的精神方面,断奶无疑是一种生物联系的突然中断,将给人留下持久的影响,这种中断常常会导致一种危机,一种心灵上的创伤。所以延长婴幼儿的哺乳时间可能是缓解这种危机的一种最佳策略。

怒族妇女哺乳的持续时间比较长,一般孩子要到两岁左右才会断奶。怒族人认为,孩子吃母乳时间越长,身体会越强壮,"底子"会越好。因此,怒族妇女一般会尽量延长孩子吃奶的时间,使孩子获得更多的营养。费孝通曾用"生理性断乳"和"社会性断乳"来描述儿童社会化的过程。其中,"生理性断乳"是指母乳喂养婴儿一段时间后,出于各种原因,母亲人为停止哺乳的行为。调查发现,近年来我国妇女平均母乳喂养持续时间为7.42个月,6—12个月的婴儿的母乳喂养率下降明显,仅有45.2%的婴儿能得到母乳喂养。可以说,现代社会孩子的生理性断乳都大大提前,主要原因是职业妇女的工作与生活节奏都非常快,她们在生了孩子之后必须尽早结束哺乳期去工作。与上述社会现象相反的是,怒族妇女非常看重让孩子"吃够奶"这件事,她们不会过早断奶,而是尽可能延长孩子吃奶的时间。

我的大娃娃、二娃娃吃奶都吃到两岁多,如果不是要生第三个,我会让他们吃到三四岁,由着他们吃。

(摘自田野调查日志,2014年3月2日)

　　由此可见,在怒族妇女的观念里,母乳是婴幼儿最好的食物,母亲的首要职责就是"给娃娃喂好奶"。对于三四岁的婴幼儿来说,母乳喂养的意义已经不是提供营养了,而是母亲与婴幼儿通过嘴与乳房的接触来获得愉悦的心理联系。这说明,在怒族社会,母亲与婴幼儿共享身体接触的经验不受社会的压抑和禁忌,因此,母亲哺乳的时间可以随意延长。在现代社会,对于不到一岁的婴幼儿来说,断奶是一个"痛苦"的过程,母亲常会用一些不近人情的"手段",强行终止婴幼儿吃母乳的权利,这一过程难免会给婴幼儿带来马林诺夫斯基所说的断乳的"痛苦的扭伤"。在怒族社会,婴幼儿的生理性断乳已是孩子对母乳不太依赖,且无需要的时候,因此现代社会里那种断乳带来的"痛苦的扭伤"在怒族婴幼儿身上被避免了。事实上,世界卫生组织很早就建议,婴幼儿母乳喂养的时间可从出生持续到两岁或更长时间。对于一岁以上的婴幼儿来说,母乳喂养不但能继续补充营养,还能在亲子情感建立、婴幼儿早期安全感建立方面具有更大的意义。可以说,延长母乳喂养的时间对婴幼儿社会化具有无可比拟的作用。

　　当然,对于逐渐长大的婴幼儿来说,"断奶"是在所难免的。婴幼儿在"断奶"的过程中,必定会痛苦和抵制,这种情绪也会影响母亲,让其多少有些不安,出于本能的情感,有时母亲与孩子会成为抵制断奶的"合谋者"。在田野调查期间,笔者感觉怒族妇女在断奶这件事情上总是显得"优柔寡断",禁不住孩子的要求,还是会给他们喂奶,有时怒族妇女会非常"享受"孩子因想要吃奶而向她们撒娇的过程,而当孩子缠着妈妈吃上奶后,怒族妇女和孩子都表现出一种"满足感",这是一种母子之情加深的"满足感"。这也许正是拉康所认为的"断奶情节"在促进母子之情方面的积极功能。按照拉康的观点,在孩子吮吸母亲的乳房、处于母亲的怀抱中和母亲的目光接触中,母亲就有机会感受到"母亲乳房的映像"的自豪感。对于孩子来说,"断奶情节"带来的种种不快与不安,更让他们进一步加深了对母亲情感力量、价值和持久性的认同。

　　考察断奶这一养育现象发现,怒族妇女延长哺乳期还具有一定的生育调节功能和婴幼儿抚育功能。在笔者调查的怒族家庭里,三个孩子的年龄间隔都在三岁左右,这一看似"巧合"的现象可能是哺乳文化在生育调节方面功能的体现。由于怒族妇女大多都持续哺乳孩子到两岁以上,所以她们能在哺乳期间自然避孕,再次怀孕生孩子的时间会间隔2—3年。这样的生育节奏一方面能让怒族妇女的身体有一个"休养生息"的机会,另一方面也使其能全心全意照顾每一个小生命,给予0—3岁婴幼儿充分的营养和身心关照。当然,三个孩子适当的年龄间隔也成为怒族家庭"大带小"抚育模式形成的原因之一。

其三,多级喂养的社会化功能。超越了家庭范围的喂养现象被称为"多级喂养"。在怒族村落,一个婴儿出生后的喂养不仅仅是家庭范围内的事,也是整个村落和族群共同的事情。例如,在哺乳婴幼儿方面,虽然婴幼儿的主要哺乳人是自己的亲生母亲,但是,很多婴幼儿从出生到断奶前可能会喝过好几个妇女的乳汁。婴幼儿喝其他妇女乳汁的情况大概有两种:一是自己的母亲奶不够,同村哺乳期妇女就会来帮助喂养新生儿,以减轻其不能保证婴幼儿营养的心理负担;二是同村的哺乳期妇女在一起照看婴幼儿,常常会主动地给那些想要喝奶但母亲又不在身边的婴幼儿哺乳。此外,在怒族村落,孩子经常相互串门,找伴儿玩耍,到别家吃饭是常有的事情,因此形成了喂养婴幼儿方面的"多级"现象。除了"家","族群"和"村落"也是重要的喂养单位。在多级喂养的养育制度中,怒族婴幼儿逐渐形成了公共的社会观念和群体生活模式,在群体养育中完成了自我建构和族群文化认同。因此,多级喂养尽管掺杂着价值交换,但对婴幼儿身体和社会性发展大有裨益。

(2)亲子同眠与怜子之情

在所有的文化中,照顾婴幼儿睡觉是一项非常重要的养育活动。"哄"孩子睡觉的方式不仅源于婴幼儿的生理特点,还源自不同的儿童观与育儿观。一些文化心理学家认为,婴幼儿从入睡到醒来的照顾是一种文化组织过程,一种文化引导过程。不同的社会给不同年龄段的婴幼儿提供了不同形式的睡眠安排,如在欧洲和北美洲的中产阶级,婴幼儿可能被安排在自己的房间睡觉。这些家长会以孩子们"需要他们自己的空间"为理由,把孩子疏远到他(她)"自己的"房间,家长则通过各种"婴儿监控"系统(对讲电话装置等)来"照顾"婴幼儿的睡眠。在全球化时代,西方所谓的"先进的"育儿方式也影响着很多非西方国家,近年来中国母亲也采用西方的育儿方式早早与婴幼儿分床、分房,其目的是希望通过尽早分床、分房来培养孩子独立自主的人格特质。

与西方社会重视幼儿独立、保护私人空间的育儿理念不同,怒族社会在照料婴幼儿睡眠方面提倡母婴身体之间亲密接触,婴幼儿可以长期和母亲睡在一张床上,直到下一个婴儿出生。如果家里没有要哺乳的小婴儿,母亲有时候会带着几个孩子一起睡,让所有的孩子都在母亲身边得到温暖和照顾。怒族父母不会过早地与孩子分床或分房,学龄前儿童几乎都和自己的父母一起睡到六七岁,如果不是因为要去中心小学寄宿,很多怒族孩子会和父母睡到八九岁。因此,对于怒族儿童来说,上寄宿制学校的最大挑战就是"睡觉问题",特别是突然离家、离开父母导致的安全感缺失和分离焦虑现象尤为突出。在田野调查期间,笔者发现了许多小学生在学校寄宿一周回家后,会提出想和父母一起睡的要求,虽然这些孩子都已八九岁,但其父母还是会很高兴地答应与他们一起睡。经历了一周的学校寄宿制生活,孩子们可以在周末回家睡在父母身边玩游戏、聊天,安心地依偎在母亲怀里入睡,从某种程度上说,这样的亲子同眠习俗不但缓解了孩子太小离家带来的分离焦虑,还以最原始、最朴素的方式增进了亲子之间的互动与信任。

2. 护佑工具的文化内涵与育儿功能

在大多数所谓原始文化中,在出生以后的几个月里,婴儿始终与母亲亲密接触。母亲睡觉时,婴儿睡在母亲身边。母亲干活、走路时,用背带把婴儿捆在身上。如此,母亲给婴儿提供片刻不停的身体接触,这是灵长目动物典型的行为模式。[①]怒族先民亦是如此。为了让脱离母体后的婴幼儿得到一个安身之处,智慧的养育者们发明了各式各样的护佑工具,既有可以让婴幼儿获得如同子宫般软绵绵拥抱的"彼地袋",又有蕴含祝福、遵循婴幼儿身体特点设计的七彩裹背,还有便于亲子互动的竹摇篮。

(1)襁褓之爱:七彩裹背与彼地袋

襁褓,是指背负婴幼儿所用的布兜或宽带。在我国,早在先秦时期,即有"襁褓"见诸史册,如《列子·天瑞》记载了孔子见荣启的故事,其中有句为"人生有不见日月,不免襁褓者,吾既已行年九十矣,是三乐也"。因其与婴幼儿的关系密切,"襁褓"一词还用来特指婴幼儿。

怒族人为护佑婴幼儿准备的第一个襁褓便是七彩裹背(如图2)。在怒语

[①] 德斯蒙德·莫利斯.亲密行为[M].何道宽,译.上海:复旦大学出版社,2010:11.

中,裹背称作"襄巴库"(rang-ba-ku,音译),是怒族人用自纺、自织、自染的棉麻布做成的背负婴幼儿的工具。七彩裹背整体造型为"H"形,由"裹背带""裹背面""裹背颈"三部分组成。"裹背带"和"裹背颈"是单一的红色,"裹背面"则用怒族人喜欢的红、黄、蓝、白、黑、绿、橙七色彩线编织而成。裹背整体设计比较宽大,可以把婴幼儿整个包进去,各部分又各具功能。如,"裹背带"用不易撕破的麻布做成,有1米多长,比较宽,能让婴幼儿稳固地攀附在母亲背上,感受母亲的体温,安心睡觉。"裹背面"里芯用双层加厚的棉麻布做成,能较好地包裹住婴幼儿的身体,保暖舒适;外面用七色彩线装饰,寓意着抵御"鬼怪"的侵扰,寄托着长辈对孩子的美好希望,斑斓的色彩不但美观,还很容易吸引婴幼儿的注意力,婴幼儿看见后不会躲避、害怕,母亲很容易就把婴幼儿背到背上。"裹背颈"用加厚的棉布做成,有一定的硬度,可以护住婴幼儿的头和脖子。一些"裹背颈"还可竖起来形成一个空心的小屏风,为孩子

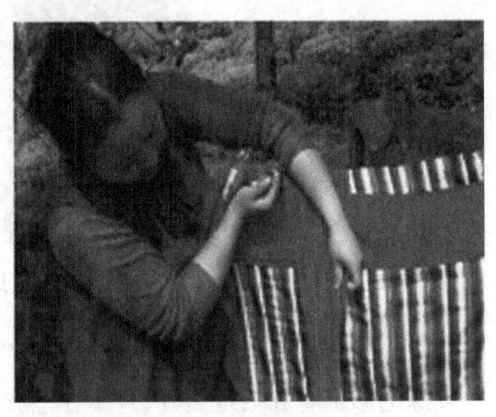

图2　七彩裹背

遮挡阳光和风雨。七彩裹背的整体设计符合婴幼儿生理发展需要,是怒族人育儿观念和智慧的体现,蕴含着丰富的养育观,它如同一件美丽的"胎衣"让脱离母体的婴幼儿得到身心的安顿。

彼地袋(如图3)是怒族人用来背婴幼儿的一种传统护佑工具,以麻布为主要原料缝制而成。彼地袋整体形状如同一个大挎包,包体柔软、宽大,可以放下一岁左右的婴幼儿,包带结实、长度齐腰,背孩子时以斜挎为主。怒族父母在劳作时,常把婴幼儿放在彼地袋内随身携带,袋子大小和长度的设计既可以让孩子贴在父母身上,又不至于太限制婴幼儿的手脚。袋子里常常会放一些小食品或小玩具,孩子可以自己取用,父母不用再腾出手来帮孩子拿东西。彼地袋看似随意、简陋,却是婴幼儿一个不错的安乐窝,他们在彼地袋里既能得到父母的照顾,又能安心地吃吃、睡睡、玩玩,从而很好地实现亲子互动。例如,为安抚和逗乐彼地袋的孩子,怒族父母常常一边劳作,一边给孩子哼唱童谣、民歌或讲故事,也常会有节奏地摆动身体与孩子一起"跳舞"。可以说,彼地袋为增进亲子的互动和交流提供了条件。

养育者、孩子与彼地袋之间构成了一个小小的教育生境,彼地袋里的孩子既得到身体的护佑,又感受和体验了本民族的文化,习得了本民族的文化符号,这实际上已是文化的濡化过程,是家长实施学前教育的过程。

图3 彼地袋

(2)亲子互动:娃娃背篓的"安"与"乐"

除七彩裹背和彼地袋外,背篓在怒族儿童的生活中也起到了重要的作用。背篓在怒语里称作"襄悠"(rang-rou,音译),是生命之舟的意思。怒族的娃娃背篓(如图4)是用竹子编织而成,长约70厘米,宽约40厘米,高约28厘米,四周用软棉布包边,底部放有大小合适的棉絮垫子,方便孩子睡觉。怒族娃娃背篓两端有系带子的扣,若穿上一根宽带子就可以作为背孩子用的背篓;若用绳子拴住两端扣子,挂在架子上就可以成为一个用来哄孩子睡觉的摇篮。娃娃背篓有着悠久的历史,是怒族古老先民广泛使用的育儿工具,即便到现在,娃娃背篓仍是怒族父母护佑婴幼儿的首选。究其原因,大概是娃娃背篓既可以背,又可以摇的使用功能,满足了怒族父母想要时刻护佑孩子身体和随时与孩子互动交流的双重愿望。

"哄"婴幼儿睡觉是养育习俗中一个重要内容,也是护佑工具的一项重要功能。怒族父母常会念一些简短的童谣"哄"孩子睡觉。如《咕嘀咕嘀金狗叫》和《星月》就是流行于贡山一带的阿怒童谣。

《咕嘀咕嘀金狗叫》的内容是:金狗,金狗,咕嘀咕嘀金狗叫,咬咬钩钩乱咬咬。

传授者:知子罗村 企扒措

《星月》的内容是:爷爷不给鸡蛋蛋,奶奶不给米砂砂。乖乖,乖乖,睡吧,睡吧。

传授者:老姆登村 窦桂生

这两首童谣流行于知子罗村和老姆登村一带,带有怒族"达比亚"音韵,一般是大人背着睡在裹背或竹背篓里的孩子时念唱的童谣。除此之外,当婴幼儿哭闹时,大人们也会诵念这两首童谣。

在老姆登村和茶腊村考察期间,笔者时常看到父母用娃娃背篓背着孩子去赶集或到田间地头劳作。在怒族父母的观念中,似乎一刻也不愿意与孩子分离,即便是赶集、劳作也要带上孩子。孩子若是睡了就把背篓背在身后,盖上被褥,让孩子安心睡觉;孩子若是醒着就把背篓背在身前,逗孩子玩乐。为了保证孩子能随时吃到奶,参加劳作的怒族妇女会用娃娃背篓把孩子直接背到田间地头,劳作之余既可以及时给孩子哺乳,又可以与孩子交流互动。可以说,娃娃背篓成为怒族孩子成长过程中不可缺少的安乐窝,也是怒族父母与孩子游戏互动的欢乐场。

图4 现在常用的娃娃背篓

怒族养育者们非常看重娃娃背篓的传承性,他们认为,一些身体健壮的孩子用过的娃娃背篓是幸运的、美妙的,越是传得久的摇篮就越珍贵。在孩子快要降临时,孩子的奶奶或母亲会委婉地向养过健康孩子的家庭"借"这种娃娃背篓,借背篓时不会直接说要给自家小孩用,按习俗会对这家人说:"摩英充要送我们家点儿东西,请把竹背篓借我们背一背。"这种不愿说出有婴儿出生的养育习俗,是一种保障婴儿安全的象征性防御文化。

在怒族社会,儿童养育是一件非常重要的社会实践活动。怒族父母沿袭着类似原始文化中亲子"亲密接触"的育儿方式。从孩子出生开始,怒族妇女的主要职责就是抚育孩子,除了为孩子提供充足的奶水,怒族妇女还非常注重与孩子身体的亲密接触,这一现象与著名生物人类学家莫利斯的发现非常相似,他在《亲密行为》一书中这样写道:"在大多数所谓原始文化中,在出生以后的几个月里,婴儿始终与妈妈亲密接触。母亲休息时紧紧抱着婴儿,或由另一人抱婴儿。母亲睡觉时,婴儿睡在母亲身边。母亲干活时、走路时,用背带把婴儿捆在身上。如此,她给婴儿提供片刻不停的身体接触,这是灵长目动物典型的行为模式。不过,现代母亲未必能够随时随地这样无微不至地照看婴儿。"

二、怒族婴幼儿护佑习俗的保育内涵分析

(一)成人的婴幼儿生命观——自然的赐予

生命观是人类对于自然界生命和自身生命的一种认识和态度。成人的婴幼儿生命观,是指在一定的社会文化背景下形成的社会群体对婴幼儿生命成长的内在需求和成长方向的认识和态度,是儿童观的重要组成部分。生命是教育的原点,人之所以受教育是生命成长的需要,生命的成长是教育活动发生的内在动力。因此,对婴幼儿生命的认识和态度,构成了社会群体养育婴幼儿态度和方式的哲学基础,它决定了一个社会群体婴幼儿"保育"与"教育"的价值取向和基本方式。

怒族社会的婴幼儿生命观需结合其"直过民族"这一社会现实背景来分析。1949年以前,怒族社会形态一直处在原始社会末期,直到20世纪50年代,政府颁布了一系列民族政策后,怒族社会才开始步入社会主义社会。新中国成立至今,在国家各项民族政策的扶持下,怒族人的生活虽大有改善,但由于居住地地处高山峡谷地带,交通不便,信息闭塞,导致整个社会的发育程度仍较低,如今一些怒族村落仍沿袭着传统的劳作方式,生产生活还残留着初民社会的特点,观念形态

也保留着大量的原始思维模式。

有学者研究认为,原始社会的生命观有两个特点。第一,未能将人与动、植物完全分开。在原始人类看来,人与其他异类的生命形式是没有什么差别的,有时反倒是动物更高明一些。由此而产生对动物的崇拜。第二,未能将人的个体生命与群体生命分开。人类的生命是以血缘为脐带的群体存在形式。因此,对生命的崇拜是对处于自然状态的生命现象的笼统崇拜。[①]这种对待生命的认识通常被称为万物有灵观。万物有灵观的基础是"万物有生"的观点,即将自然界的万物,包括非生物和自然现象都视为有相似生命活动和相似生命方式的东西。作为"直过民族"的怒族,整个社会的婴幼儿生命观受万物有灵观的影响,其核心观念就是把婴幼儿生命看作是大自然平等的赐予。

怒族养育习俗非常重视对婴幼儿生命的保护,无论是身体的护佑,还是灵魂的安顿,怒族先民都最大限度地发挥着想象力,并在长期的养育实践中形成了丰富的护佑经验和智慧。当然,由于混沌生命观的影响,怒族人始终将婴幼儿的生命与自然万物的生命相联系,认为自然生命的生长能给予婴幼儿生命成长的力量。婴幼儿的生命需要养育者精心呵护,需借助自然界的神奇力量护佑生命。

笔者在老姆登村和茶腊村考察时发现,怒族人房前屋后以及村落附近的山上都种植着许多竹子,翠绿浓荫的竹林成为怒族村落独特的自然景观。青青竹林环境的形成主要源于怒族养育习俗中的"插竹"习俗,即在孩子满月当天,家里的长辈要为孩子插一根竹子入土,寓意新生命在竹子的守护下健康成长,希望孩子能像竹子一样具有旺盛和长久的生命力。怒族为新生儿"插竹"的习俗意味着人类原始的生命力紧紧拥抱生活本身的景象,这种生命力源自人类对生活的眷恋和对生命发展的追求。"插竹"习俗蕴含着丰富的生命哲学,显示了怒族人对生命、生活的眷恋与深刻理解。概括而言,在怒族的养育习俗中处处表现出强烈的生命意识,成人的婴幼儿生命观主要体现在以下几方面。

其一,生命是神圣的。在怒族人的意识里,万物的生命都是天赐的,都具有天赐的灵性,这灵性使人类与共生的万物都能相通互融,从而达到某种生存的协调与契合。因此,对怒族人而言,所有生命都是神圣的,应该被敬畏,人们必须珍惜每一个生命,不能随意伤害它。这一敬畏生命的观念体现在怒族传统的自然

---

① 黄尧.生命的原义——云南少数民族生命观研究[M].昆明:云南人民出版社,1993:83.

崇拜中，他们常会把奇山、怪石、树木、各类动物视为神灵并加以崇拜。在怒族人的观念中，婴幼儿的生命同样是神圣的、需要敬畏的。怒族人认为，一个婴儿呱呱坠地，便已被赋予自然的灵性，婴儿的生命与自然界的生命是混沌没有明显边界的。婴儿的生命是大自然赐予的，大自然的精华在神灵的安排下寄居人类母体，孕育出人，每一个诞生的婴儿都被视为自然的子女。凡是诞生于母体的新生儿，都是神圣不可侵犯的，无论新生儿是男是女，是美是丑，抑或健康完整，还是羸弱、残疾，都不能随意杀害、抛弃。因此，怒族社会自古以来就鲜有杀婴、弃婴之事发生，甚至在一些习惯法里严禁堕胎，如孕妇由于自身疏忽导致流产，将被看作是触犯神灵的恶行。正是基于这样的生命观，怒族妇女一旦怀孕就会获得较高的社会地位，能得到整个族群的尊敬和无微不至的照顾。可以说，怒族贵生重命的观念意识，使他们对生命满怀敬畏，从而懂得应该珍惜降临于世的生命，重视婴幼儿生命的价值。

其二，生命是平等的。在怒族人的观念里，生命除了神圣不可侵犯，还具有平等性，他们会把一切存在物和客体、一切现象看成是浸透了一个不间断的并与他们在自己身上意识到的那种意志力相像的共同生命。家里的长辈为孩子插下"生命之竹"后，等孩子两三岁时，会告知他们竹子的生命与他们的生命是同在的，必须学会保护"生命之竹"。怒族村落儿童在成长过程中会经常受到一种教育，即山上的一草一木都是神灵赐予怒族人的，它们都受神灵庇护，不可触犯，否则将会受到神灵的惩罚。

有研究认为，中国古代社会普遍被大众接受的婴幼儿生命观是"小儿不为命"。一方面认为婴幼儿还不能算作已经成形的生命，另一方面也认为其生命的价值在某种程度上不能和成人相提并论。与这种所谓"正统"的婴幼儿生命观不同，怒族对生命敬畏的另一层含义是生命的平等观，这一平等观，一方面体现了怒族社会把婴幼儿的生命看作是与成人一样平等和宝贵的，婴幼儿的生命有着自身的价值，成人需懂得尊重；另一方面体现了怒族认为婴幼儿的生命与动植物的生命之间有亲缘关系，并且认为不少自然物对其生命有保护作用。因此，满月之日为孩子"插竹"，旨在把孩子拜寄给生命力旺盛的竹子，希望竹子能保佑孩子健康成长。怒族为孩子"插竹"的习俗表面上是自然崇拜，其行为本身包含着生态保护意识，造就了怒族地区人与自然的和谐统一。人与自然和谐统一的人文生境才是婴幼儿生命得以存在、健康成长的根本。

其三,生命是自然成长的。"插竹"习俗体现了怒族"以己度物"的泛生命意识。怒族人用竹子来护佑儿童生命,赋予竹子生命符号的象征,竹子与儿童从互不关联成为两个息息相关的存在物。怒族人为孩子插竹祈福,不仅仅是为了借助竹子的生命力量保佑孩子,还期望孩子长大成人后可用这些竹子建屋、做家具等。这里蕴含着人们对孩子成长的另一种希望,即期望孩子能成长为一个有用的人。怒族人不但认为儿童的生命与自然万物是平等的,还认为儿童的成长过程也如同自然万物一般。因此,种竹子的行为就是怒族人把儿童的成长和竹子进行了一个比拟,把孩子当作竹子一样进行培育,把他们放在野外,与大自然接触,给予成长的时间与空间,让他们自由生长,相信他们具有顽强的生命力。也许,在怒族人的生命观里,自由是生命存在的前提,也是生命成长的终极追求,儿童的成长过程与自然万物的生长如出一辙,有自身的节奏和规律。从某种意义上说,怒族看似朴素、原始的生命观正是无数哲学家、教育学家、文学家所推崇、歌颂的儿童观。有人认为,儿童的心灵世界本身就是一个自然世界,因而人们要像尊重自然规律一样尊重儿童的心灵世界;也有人认为,泥土是神创造人的原料,它又是神形成肉身的材料;还有人认为人(尤其是儿童)与自然具有同一与统一的辩证关系。可以说,这些对儿童的论断,都与怒族生命观中对儿童的看法相似,儿童是自然的造化,是与自然互动中的产物,儿童是自然之子,儿童成长的过程也应如同自然物一般,顺其自然。

(二)互渗律支配的保育观——"身""魂""物"的相感相生

怒族社会对婴幼儿生命的看法体现了列维-布留尔所说的人与物之间的"互渗",他把这个为"原始"思维所特有的支配这些表象的关联和前关联的原则称为"互渗律"。列维-布留尔认为,在原始人的思维的集体表象中,客体、存在物、现象能够以我们不可思议的方式同时是它们自身,又是其他什么东西。它们也以差不多同样不可思议的方式出发和接受那些在它们之外被感觉的、继续留在它们里面的神秘的力量、能力、性质、作用。[1]具体说来,"互渗律"就是支配集体表象间相互联系的原则。它包括人类情感意志向两个方面的投射:人向物的参与或渗透,人将自己的思想情感投射到对象世界,使对象物和人一样享受情感、灵

---

[1] 列维-布留尔.原始思维[M].丁由,译.北京:商务印书馆,1981:69.

性和德性。物向人的渗透,人将自己同化于对象之中,认为自己具有对象的某种特性。[1]怒族先民在这种"互渗律"的支配下,出于让婴幼儿存活的目的,通过一些类比、象征、模仿活动和想象中人格化的自然或超自然力量进行交感,祈求神秘力量的帮助,以驱赶威胁婴幼儿生命的邪恶,换得其健康平安。正是基于这种"物我认同"的独特感知方式,怒族先民克服了"自我"与外部世界的隔绝与对立,把婴幼儿的身体、灵魂和外界事物看作是相感相生的统一体,形成了身、心、物"和合"的保育观。

怒族的许多养育文化都体现了身、心、物"和合"的保育观。例如,"踩生"习俗就是让新生儿的自然性身体向社会性身体转化。又如,"洗礼"习俗是借助水的生命意向和文化功能护佑新生儿的生命。从怒族新生儿的护佑习俗来看,无论是祈福还是禳邪,都会用水洗沐新生儿的身体,为其祓除不洁、扫去邪魅、祈求福运。在这些仪式中,水是新生儿护佑习俗的关键性因素,也可以说是重要的文化符号,水似乎含有某种可增强新生儿生命活力的"魔力"。事实上,在中国很多民族先祖诞生的神话中,都有把人类最初的生命同水相关联的观念。有学者认为,初民社会的护佑习俗如此看重水,是因为在远古时代,原始先民发现妇女在生育时会先流出大量的羊水,尔后胎儿才能从妇女腹中分娩出来,并且在整个孕期,胎儿始终是在母亲腹中羊水里进行各种生命活动,从生命的胚胎,到胎儿成形具有个体生命,都是如此。所以,原始先民很自然地把水与母亲腹中跃动的胎儿生命联系在一起,水在他们眼中是生命的源泉和载体,因而水便成为一种具备神秘超常法力的物质。初民社会的先民把人的生命,尤其是婴儿诞生于水之间构成一种奇特的因果关系,体现原始先民万物相生相感的交感互渗思维。战国时的著作《管子》中云:"水者何也?万物之本原也。"正是由于对水与生命关系的这种认识,怒族社会的先民产生了对水的敬畏和对水功效的臆想,于是自然就利用水来祓恶保魂,避免新生儿的灵魂被邪恶之物诱走。此外,怒族非常注重对婴幼儿身心的保护,无论是包裹婴幼儿的用具、育儿方式和习俗都试图保护孩子以防世界的伤害。怒族父母利用裹背、彼地袋等保持孩子身体舒适、温暖,同时还重视孩子的自由活动。在考察期间,笔者常看到,许多怒族父母常把不会走路的孩子放在泥土地、粮食堆里自由玩耍,让孩子从小能与大自然亲密接触。在怒族人看

---

[1] 叶舒宪."原始思维"说及其现代批判[J].江苏社会科学,2003(4):130.

来,婴幼儿是身心和合的,对婴幼儿的护佑与养育也必须是身心一体的。婴幼儿的身体不但需要护佑,需要祝福,还要通过身体让婴幼儿"体认"外在世界。身体是联结婴幼儿的"魂"和外在"物"的重要媒介。

怒族人认为,身体好,能吃能睡的娃娃,长大人品也会好。养娃娃最重要的就是养好、护好娃娃的身,养身也就是养心。

(摘自田野调查日志,2013年4月25日)

怒族人对婴幼儿身体的关怀与爱护,除了护佑生命的目的之外,还希望通过养育身体来培育婴幼儿的德性。怒族这种养娃娃的观念蕴含了一定的身体道德元素的积累和整合的德性观,这种德性观认为婴幼儿身体的体验会形成道德发展的基础。母性在怒族文化中是一种至善的道德原则,新生儿脱离母体,即身体诞生之初就接受了来自自然赐予和家庭赐予的两种不同性质的恩德。关怀伦理学的先驱诺丁斯曾指出,(婴儿被成功地)生产,标志着一种爱的开始,这种爱伴随我们抚养和教导孩子的历程。我们在痛苦中诞生了新生命,新生命赋予我们这些作为父母和教师的人以新的力量。尽管婴幼儿还不能主观意识到父母对其身体健康与发展所付出的关心与爱护,但作为一种反射,亦作为一种身体道德记忆,这种在父母或家庭关怀中所体验到的身体舒适感,会成为存留在个体心中的身体、道德、感情上的记忆。

在怒族的保育活动中,互渗律不但存在于人与物、人与心之间,还存在于人与人之间。这种本质的共有和互渗也存在于婴儿与父亲之间、与母亲之间和与双亲之间。而且,一旦理解了这种互渗所由奠基的原则,它就变成了一个十分清楚地表现这种互渗的风俗。[1]在怒族人看来,成人的生命与婴幼儿的生命是一个不间断的连续整体,一代代的人形成了一个独一无二的不间断的链条。上一阶段的生命被新生命所保存。祖先的灵魂返老还童似的又显现在新生儿身上。现在、过去、将来彼此混成一团而没有任何明确的分界线。在各代人之间的界限也变得不确定了。因此,怒族人认为,成人的生命与婴幼儿的生命不是发展过程中两个独立的阶段,而是一个连续的整体,他们深信,有一种不可磨灭的生命一体

---

[1] 列维-布留尔.原始思维[M].丁由,译.北京:商务印书馆,1981:247.

化形式在沟通多种多样的个别生命形式。成人与婴幼儿生命的互渗思维投射在保育活动中,形成了相感相生的保育观:一是关爱、护佑母亲,便能护佑新生命;二是亲子互动是成人与婴幼儿生命共生的实践活动。如前面描述的"三朝礼"便体现了相感相生的保育观,仪式对于婴幼儿来说,既是一种身体保护的需要,又是一种爱和亲情的需要。又如满月的"插竹"仪式,它不仅具体再现了怒族社会对幼年阶段生命状态的文化性理解与建构,还表达了对婴幼儿的生命关怀,通过仪式展演完成了对生命成长历程的社会文化赋意。

(三)基于"安魂"的保育实践——弱小生命的防御性守护

在怒族身、心、物相感相生的保育观中,"魂"是核心,保育最重要的一件事就是要护佑好孩子的"魂"。

与许多原始先民一样,怒族先民对灵魂的认识,来自婴儿的降生和亲友的死亡,以及他们关于人世以外的存在观念,来自在生活中给他们带来欢乐和痛苦的人的追念。怒族先民自然不会使用"灵魂"一词,但在他们的原生性宗教信仰中却有着类似泰勒《原始文化》中所描述的"灵魂"之物。泰勒认为,灵魂是不可捉摸的虚幻的人的影像,按其本质来说,虚无得像蒸汽、薄雾或阴影;它是那赋予个体以生气的生命和思想之源;它能独立地支配着肉体所有者过去和现在的个人意识和意志;它能离开肉体并从一个地方迅速地转移到另一个地方,它大部分是摸不着看不到的,它同样地显示物质力量,尤其看起来好像醒着的或睡着的人,一个离开肉体但跟肉体相似的幽灵;它继续存在和生活在死后的人的肉体上。它能进入另一个人的肉体中去,能够进入动物内甚至物体内,支配它们,影响它们。在怒族的生命观中,婴幼儿是有灵魂的,新生命降临于世就被赋予一种不死的神秘力量,婴幼儿的生命是肉体与灵魂的统一。

怒族人认为,人有两个灵魂,一个是生魂叫作"卜拉",一个是亡魂叫作"阿细"。"卜拉"由善鬼或天神"南木拉"安排出生,其命运受"南木拉"掌管。"卜拉"与人同在,它的长相、身材、性情、品德和智愚都与人相同,人投射在地上的影子和水中的倒影就是"卜拉"存在的证据,但人睡觉时,"卜拉"就会离开人的身体四处游走,因此人就会做梦,人在梦中的行为就是"卜拉"在外活动的结果。由于小孩子的"卜拉"弱小无力,脱离躯体独自四处游玩时,常常会遭受一种名叫"卜朗"的恶鬼的攻击,甚至会被吃掉,所以"卜拉"就会生病或死亡,"卜拉"病孩子也会病,

"卜拉"死则孩子也会死。在原始社会阶段,由于缺乏科学的判断和归因,怒族先民常常会认为孩子的死亡是"卜拉"的死亡或离身导致的。因此,怒族人认为,养孩子就是要保护好孩子的"卜拉",使其安顿,不让其受恶鬼的惊扰。那么,如何才能让孩子的"卜拉"安于身体,受到护佑呢?怒族在长期的养育实践中形成了自己的方式及育儿观念——防御性守护。

防御性守护并不是让孩子与世隔绝,而是指养育活动中尽量减少外界对孩子生命的威胁与侵扰,它作为一种养育观念贯穿于怒族婴幼儿的养育实践中。在田野调查期间,笔者深切地感受到怒族父母对婴幼儿弱小生命的重视以及那种对新生命"小心翼翼"的情绪。为了不让孩子的"卜拉"死去、生病或离开,"安魂"成为怒族儿童保育活动的重要目标和内容。在保育活动中,怒族父母主要完成两个任务:一是不让孩子的"卜拉"被恶魔发现;二是如果"卜拉"从孩子的身体里离开,要把"卜拉"找回来。

怒族人认为要守护好孩子的"卜拉"就不能太"炫耀"孩子的存在,特别是不能让恶鬼知道孩子的存在,要以隐蔽性的方式"小心翼翼"护养孩子。在田野调查期间,笔者收集到许多怒族养育婴幼儿的独特禁忌,这些禁忌的目的都是掩护孩子,使其不受外界世界的干扰,使其能平安、健康地长大,这些禁忌体现了怒族婴幼儿护佑方式的防御性、保守性和节制性。

禁忌一:天黑后不能探望新生儿。在怒族村落,外人在天黑之后是不能到产妇家探望未满一个月的新生儿的,其主要原因是恶鬼喜欢在夜晚出来活动,外人进屋后,会把恶鬼带进来,威胁到孩子的健康和生命。虽然怒族先民原发性观念的养育习俗的生成原因缺乏科学依据,但就其功能来看却有一定的保育价值。夜晚外人不能探望新生儿,这样既保证了产妇和新生儿有充足的休息时间,也能让新生儿养成健康合理的睡眠习惯。此外,夜晚禁止外人入内,客观上减少了产妇和新生儿受寒或感染其他疾病的概率,这一习俗与现代妇幼保健知识一致,既有利于产妇恢复健康,也有利于新生儿健康成长,是一种原生态保育智慧的体现。

禁忌二:不能摇晃空的娃娃背篓。娃娃背篓是怒族传统的婴幼儿护佑工具,它结构简单、实用方便,不但是孩子休息的安乐窝,更是亲子互动的游戏场。在怒族养育习俗中,娃娃背篓除了是一种护佑工具之外,也是儿童生命符号的象征,背篓质量的好与坏,使用方式的对与错,都会间接影响到孩子的身体健康。

腊三益家有一个不满一岁的幼儿,每日,我都会与腊家父母、老人们一起聊天,逗孩子玩,在此期间体验和了解到了许多怒族的养育习俗。一日我在与腊家奶奶闲聊时,无意摇晃了放在床边的娃娃背篓,被腊家奶奶连忙制止,原来这样的行为触犯了怒族人"不能摇晃空背篓"的禁忌,腊家奶奶向我解释道:"娃娃背篓空着时,不能摇,摇了空背篓就会招来恶鬼,恶鬼一来就会悄悄地睡在空背篓里,娃娃就会生病。如果恶鬼肚子饿,吃掉娃娃的'卜拉',娃娃就会死掉呢。"说完,腊奶奶找了点肉放在空背篓里,说让恶鬼吃点肉赶快离开,不要伤害小孩。

(摘自田野调查日志,2013年4月12日)

禁忌三:不能夸耀孩子,忌讳孩子"太聪明"。怒族人认为,对于弱小的生命来说,活下来的最大挑战是无处不在的"恶魔的威胁",因此,养育者需要采取一些防御性的措施帮助孩子抵御危险。如此,在怒族社会,一种有意"贬损"婴儿的集体化的象征性防御策略孕育而生。其中,最有代表性的习俗便是孩子出生后,亲戚朋友要"故意"说一些"贬损"新生儿的语言,父母也要说自己的孩子长得不好,愚笨得很,禁止夸赞孩子漂亮、聪明。

我第一次去一个刚有新生儿的怒族村民家做客,看到出生不久的宝宝,本能地夸赞宝宝可爱、漂亮,却因不了解这样的禁忌,让主人家有些尴尬,随行的老姆登村村支书大哥向我解释道:"怒族人看到新生下来的娃娃都不能去夸赞,要说这个娃娃'丑丑呢',样子长得像'小猪'或'小狗',夸了娃娃漂亮、聪明就会引起恶鬼的注意,恶鬼一来就会把娃娃偷走或吃掉,所以,要说些娃娃的'坏话',主人家才会高兴,这才是对娃娃的'祝福'。"

(摘自田野调查日志,2013年4月14日)

此外,怒族长辈在给孩子起第一个名字(魂名)时,也运用了这样的防御性策略,他们常会给孩子取一个又"怪"又"丑"的魂名,其目的就是要用隐蔽、遮挡、伪装等方法防止鬼魂看见或知道婴儿,以此来守护孩子的生命。

怒族护佑婴幼儿的这些禁忌体现了相感相生的互渗思维,也体现了怒族人对弱小生命的重视和"小心翼翼"的防御性养育策略。怒族社会一般忌讳夸赞一个孩子漂亮、聪明,他们认为孩子过分聪明、太早成熟并不是什么好事,认为这样的孩子寿命不长。实际上,这一看似迷信的养育观,实则蕴含着一种关于儿童发展的"成熟"论观点。当代发展心理学认为,儿童的发展主要在于自身的成熟,对儿童过早教育、期望太高都是没必要的。在怒族人看来,养育孩子最重要的就是让孩子的"卜拉"安定,怒族父母通过亲力亲为的照料、尽可能多的陪伴,以及集体化的养育规则让孩子的"卜拉"能安于其所。所以,在怒族人看来,孩子"愚笨"一些不是坏事,没有必要让孩子过于优秀、聪明,孩子如同万物一般有自己的生长节奏,孩子的养育应是保守的、节制的。这样的养育观念在工具理性主义当道的今天仍然具有不小的意义。

第二章

共生之境：
怒族儿童养育生境及其教育意蕴

儿童养育习俗本质上是人类的教育文化现象。教育文化是由各种事件和各种实际存在物相互联系、相互作用、相互结合而形成的有机整体。教育文化的实质并不是那些被认为分解的基本单位和要素，而是由性质和关系所构成的动态的和开放的系统。可以说，作为一种文化现象的儿童养育习俗本身就是一种具有高度复杂性的生态系统，系统的运作围绕着主体（儿童）的文化过程展开。因此，研究儿童养育习俗应避免停留在平面式的线性研究范式上，要立体地看待整个养育习俗的图景，考察整体图景中的人、事、物，以及它们之间的关系，考察养育习俗的时间和空间，以及在特定时空中产生的具有复杂性的教育事件。怒族儿童养育习俗的研究应植根于怒族聚居区的自然生境、社会生境和文化生境中加以考察与分析。

人类学界对"生境"一词的理解，有一个发展的过程。早期的学者仅仅把生境理解为纯自然的生存空间，没有把生境作为各民族的文化特征加以研究。随着人类学研究的深入，人们逐步认识到，一个民族的外部环境并非纯客观的自然空间，而是经由人类加工改造的结果。人类加工改造环境需要凭借社会的力量，加工改造的结果自然带上社会性，于是，民族的生境就不再是纯客观的自然环境，而是社会模塑的有交流的人为体系了。一个民族的生境是物质与精神的组合，它既有自然属性，又有社会属性。同时，由于生境的社会性植根于民族的文化之中，是民族文化的组成部分，因此，当我们分析生境时必然要针对特定的文化而言，文化归属性是生境的一个显著特性。

一、理论阐述：生境与儿童发展

在生态学中，"生境"是生命涌现和存在的物质基础。在教育人类学中，"生境"是造就和滋养个体生命的文化资源环境，它比之常说的教育文化环境，带有一些"原生态"的意味，它是一个具有整体性、系统性和自组织性的文化生态系统。

生境的形成离不开一定的物质环境，但它不等同于物质环境。物质环境是每个个体存在的共同场域，而生境是环境中纳入主体的视野并能够被利用的部分，是适合一个个体的独特的生态龛。物质环境对人的影响，早已被中外学者论述或证明，这些研究统称为"环境决定论"。该理论认为人是环境的产物，环境决定和影响着人的发展，有什么样的环境就会有什么样的人。孟德斯鸠更是将地理环境对人发展的作用推上了"神殿"，提出了所谓的"地理环境决定论"。孟德斯鸠认为，由于一般的社会规则或法则必须在具体的不同环境下发挥作用，所以在不同的地方就产生了不同的体制。土地硗薄能使人勤勉持重，坚韧耐劳，勇敢善战，土地不肯给予人的东西，人必须自己取得。土地膏腴则安乐而使人怠惰，而且贪生畏死。因此，一个民族的性格、风俗、道德和精神风貌及其法律制度和政治制度主要取决于社会赖以存在的地理环境。之后，卢梭就环境与教育的关系提出了很多独到的见解，他在《爱弥儿》一书中深入分析了外部环境与儿童发展的关系，论述了自然环境对儿童发展的重要意义，认为理想的教育环境就是顺应儿童自然天性的环境。到了现代，西方行为主义心理学用S-R公式论证了人的行为是对环境刺激的反应，环境的质量决定了儿童发展的质量，由此，环境与儿童发展的关系被推向了极致。

上述这些"环境决定论"都过分夸大物质环境的作用，忽视了人的主观能动性，带有明显的机械唯物主义取向。而教育人类学视域里的"生境"，是一种适合个体在其间发展的教育环境，它以人（儿童）为核心，强调通过发挥人（儿童）的主体性，在与其他主体的平行互动中共同建构促进人（儿童）发展的生态龛。对于儿童个体来说，可以通过文化生境中的他人从事文化学习。这种情况正是维果茨基所说的，沿着认知发展的文化路径发生的个体发育的起源。维果茨基认为，婴儿并非一块"白板"，婴儿从出生时就是文化的生命体，他们通过与文化环境的互动，使自己始终处于变成群体文化中一员的过程。生命个体可以继承生境,就像他们继承基因一样。正如鱼儿注定要在水中活动,蚂蚁注定要在蚁丘中活动一样,人的活动也需要在一定的社会环境实现。这种环境就是我们所称的文化,是适合人类个体发展的生境。

教育人类学家坚持认为,不考虑文化背景及其渊源,便无法理解人类的教育活动。人创造了文化,并以其进行心灵的沟通。因此,人类的学习与思考都应置于文化情景之中,并且永远都需依赖社会与文化资源的使用。①正如布鲁纳指出的那样,教育不是一个孤岛,它本身就是文化的一部分。本研究所涉及的怒族儿童养育习俗正是一种产生于怒族自然生态和文化生态的本土教育,了解怒族的族源与源流,考察和分析怒族聚集区的文化生态环境是探讨怒族儿童养育习俗内涵与价值的前提,毕竟任何一种儿童养育习俗都无法脱离自身生成的"生境之网"。

二、生境之网:怒族儿童养育生境素描

在人类学的理论中,"生境"中各种要素形成的千丝万缕的联系被形象地比喻为"网"。格尔茨曾用"意义之网"来比喻文化,称人是悬挂在自己编织的意义之网上的动物;费孝通用"差序格局"来描述中国人的社会关系,即其犹如小石子投入水中形成的波纹;林耀华将中国社会的人际关系结构比喻成一个由竹竿和橡皮带组成的框架,任何时候任何一根竹竿或一个橡皮带的变化都可能令整个框架瓦解。这些观点无不透露出"网"所蕴含的核心理念是人类学的"整体观"视角。人类学的"意义之网"让教育研究者意识到教育是一种在社会文化环境中的过程,教育的日常运作以及发展变化都与所处的自然环境和社会文化情境息息相关。

(一)怒族聚居区(村落)生境概况

本研究将怒族聚居区(村落)看作是怒族儿童养育习俗发生与植根的"生境",考察了自然生境、社会生境和文化生境三个部分。

---

① 袁同凯.学校、社会与文化:教育人类学的情境观[J].西北民族研究,2008(3):100.

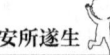

1. 自然生境

自然生境可以看作是族群赖以生存和发展的各种自然条件的总和。自然是人类赖以生存和发展的物质基础,为人类的生存与发展提供适宜的空间和各种资源。因此,怒族聚居区的自然生境成为怒族儿童养育习俗形成的物质基础。

怒族自古以来生活在怒江大峡谷境内,怒族大多居住在怒江两岸海拔1500—2000米的地方。怒族聚居区群山绵绵、山高谷深,整个地势由巍峨高耸的山脉与湍急的河流江河构成,其地貌特征可以概括为"四山并耸挺立,三江纵贯切割"。本研究所涉的田野调查点主要是福贡县匹河怒族乡老姆登村和丙中洛镇的茶腊村,这两个村都是典型的怒族聚居村落。

老姆登村是福贡县匹河怒族乡下属的行政村,地处乡东边。东以碧罗雪山山脊为界,与兰坪白米普米族自治县接壤,南接知子罗,北邻沙瓦。碧罗雪山与高黎贡山隔江相望,从江边到山巅海拔差达1000多米,属于亚热带,气候温和,四季不太分明。全村总面积45.21平方公里,坡度在25°以上的耕地占总耕地面积的一半以上,属于山高坡陡、贫瘠高寒山区。这里灌木丛、杂草丛较多,主要产玉米、稻谷、豆类、薯类,还产木香、香菌、黄连等。除粮食生产之外,老姆登村历来有种植茶叶的习惯,品种属于云南大叶茶,由于生长于碧罗雪山山腰海拔1400—2200米地带,大叶茶成为怒江大峡谷的稀有名茶。

丙中洛镇的茶腊村坐落于怒江东岸的台地上,地方习惯称为"江东"。茶腊村冬春干冷,夏秋季节降水较多,热量不足。粮食以玉米、小麦等温带作物为主,土豆、荞麦、青稞等耐寒作物为辅;经济作物有核桃、漆树、黄果、油桐等。茶腊村的怒族人大多在高山拥有土地、牧场和房屋,他们一般在夏秋季节将牛、羊等牲畜放养在高山,冬春季节赶回村子过冬。

人类个体或者群体不但可以从赖以生存的自然环境中获得基本的生活资料,还可以通过个体或集体的文化行为做出对环境的适应或反应,后者正是人类的生存方式。不同的环境造就不同的生存方式。怒江大峡谷的地理与气候环境决定了怒族人的经济生活、劳作方式和生活方式。由于高山峡谷阻隔,交通不便,怒族聚居区自然环境的封闭性十分突出,缺乏大规模的物资流动和地区之间的文化交流,使得怒族传统的儿童养育生态呈现出"内生"的特点,这种"内生"的儿童养育活动贯穿怒族个体的家庭和社会生活,通过家庭教育和社会教育,实现了怒族儿童的社会化。此外,怒族地区海拔落差大,人们劳作多以爬山为主,生存资源多从高山峡谷中获得,这样的自然生境也影响了怒族人的劳作方式及儿童生存技能教育的内容。

2. 社会生境

社会生境可以看作是与群体生活相关联的各种社会条件的总和。它包括该群体所构成的社会内部结构诸方面,和该群体与其他群体的交往、关系等外部环境诸方面的关系。由于居住偏僻,交通阻塞,社会封闭,1949年以前的怒族社会形态一直处在原始社会末期,直到20世纪50年代,政府颁布了一系列民族政策后,怒族社会才开始步入社会主义社会,怒族也因此成为云南省的"直过民族"之一。新中国成立至今,在国家各项民族政策的扶持下,怒族人的生活虽大有改善,但由于居住地地处高山峡谷地带,交通不便,信息闭塞,导致整个社会的发育程度较低,如今一些怒族村落仍沿袭着传统的劳作方式,以传统单一的山地农业为主。

(1)怒族的日常饮食

由于受诸多因素的制约,怒族的烹饪技术不是太发达,但在千百年的历史发展中,怒族还是创造了独具特色的饮食文化。生活在高山峡谷的怒族人常采集各种野菜和菌类(如木耳、香菌、鸡枞等)作为日常菜肴,也喜欢到怒江两岸的山林中猎捕竹鼠、獐子、箐鸡等,以此佐食。在日常生活中,怒族饮食一般有两大类:一类是苞谷糁稀饭或小麦、大麦颗粒稀饭;一类是用玉米细糁、荞米或大米用锅焖出来的焖锅饭或用甑子蒸的甑子饭。[①]此外,怒族具有代表性的食物还有琵琶肉、漆油茶、咕嘟饭、侠辣、石板粑粑等。

传统的怒族社会非常重视饮食礼仪。怒族人捕获猎物时,除头、四肢、皮毛留给主人外,其余部分都是见者有份,平均分配。在日常生活中,儿女总是争着给父母盛饭且用双手递送。吃饭时,不能发出声响,筷子不能插在饭上,碗不能倒扣在桌子上。孕妇不能吃怀孕的动物的肉,小孩子不能吃动物内脏。

(2)怒族的传统服饰

新中国成立之前,怒族的服饰多以麻布为原料。民国初期的史料曾对传统怒族服饰有过记载:"怒僳衣服,男子则穿衣裤,间有戴布小帽,穿一耳坠者;颈上常挂料珠,坠于胸前;手上多戴铜镯一二只,用董棕树叶之筋圆圈数十,饰于

---

① 李绍恩.中国怒族[M].银川:宁夏人民出版社,2011:38.

腿上……女子上身衣，下身裙。衣最短，裙无缝，长仅及膝，两耳皆坠环，大如手镯；头上则用料珠等，制为一圈，束之如勒；两手充戴铜镯，赤足如男子……"进入民国中期后，又有史料载道："男子……出外常佩带大刀，挟持弓弩。……女子……布裙或麻布裙……裙袖间缀以花线，或用颜色布镶边数道，又以白色银币，红绿料珠钉裙间。"①

在历史发展过程中，怒族服饰虽受到汉族、白族、傈僳族等民族服饰的影响，但从田野调查结果来看，当前怒族服饰的基本样式和民国时期无太大差别，只不过服饰的布料多从麻布改为棉布，女子头饰有所简化，较传统头饰更显简洁大方。

笔者通过田野调查发现，怒族人非常喜爱和欣赏自己的民族服饰，他们常会穿着民族服装参加村寨里举行的各种庆典活动或节日活动，一些年纪稍长的怒族人还会穿着怒族服装参加基督教礼拜，未入小学的怒族儿童平日里也常穿本民族的服装，特别是当家里来客人时，怒族儿童常常会换上民族服饰表示欢迎。笔者在入户调查时，一位4岁的怒族女孩看到家里来客人了，就兴奋地换上怒族服装给大家唱歌、跳舞。（如图1）

图1　笔者与怒族小女孩

（3）怒族的房屋结构

房子是人类居住的基本空间，也是家庭生活的基本空间。人类学家把人与其房子以及以后通常与（由房子提供的）空间的关系称为"居住"，并且用这个与（被无所依附地）"抛入"相对的概念来确切地描述人与空间的适当关系。"居住"不仅表示居留在某个空间，而且同时还表示人的某种内在的精神状态。人正是

---

① 陶天麟.怒族文化史[M].昆明：云南民族出版社，1997：179.

以这种精神状态对待其空间的。①鉴于此,房子不仅仅是一家人的栖身之所,更是家庭结构和关系的象征符号。人类的儿童养育活动大多数是在作为"家"的居住空间里实现的,居住格局和房屋构造共同构成了儿童成长的文化空间,它们是考察与分析儿童养育习俗不可忽略的社会生境。

怒族人建村立寨,往往会选择能够在附近开垦出较大面积,以便让牛犁地的地方,有的村寨坐落在溪河边,有的村寨散布于山坡上。村寨的大小、疏密与适宜开垦出固定耕地的土地面积有直接关系。传统的怒族村落大多以具有血缘关系的家庭组成。

清代余庆远的《维西见闻录》上有怒族"覆竹为屋,编竹为垣"的居民生活描述。有学者研究发现,怒族人的住房可以简单分为两类,一类是以木料为主体建筑材料的住房,另一类是以泥土为建材的住房。②其中,以木料为主的房屋是传统怒族村落中主要的住房类型。如按木料形状的不同,怒族村落的木质房屋又可分为两种:一种是用圆木垒成的木楞房,怒语称"雄兰吉木"(如图2);另一种是用竹编垣和木板垒起来的木板房,怒语称"达不兰吉木"(如图3)。

图2 木楞房　　　　　　　　　　图3 木板房

怒族人的建房工艺虽然简单,但建房前后的仪式较为复杂。如建房前主人和建房者要唱冗长的《建房歌》,歌词内容一方面希望建房过程顺利,另一方面也包含对房子主人的祝福。房子竣工之时,房子的主人要完成两个重要仪式:一是新火塘"生火"仪式;二是"亲子拴线"仪式。调查发现,怒族的建房仪式除了房子主人(父

---

① O·F·博尔诺夫.教育人类学[M].李其龙,等译.上海:华东师范大学出版社,1999:82.

② 何林.阿怒人同一屋檐下的不同宗教信仰[M].昆明:云南大学出版社,2008:31.

母)是主角之外,幼儿也是重要成员,建房仪式的许多内容都与儿童的养护习俗有关,建房仪式体现了怒族人丰富的家庭观和育儿观。

3. 文化生境

人作为一种文化的存在,一方面是文化的创造者,另一方面又是文化最主要的接受者和最伟大的产物。人的复杂性决定了文化的复杂性。一种文化是一套内部要素相互联系的价值母体,一套理解和组织人们活动的方式,强调一种文化中各要素之间的关联是人类学研究的基本立场。

儿童养育习俗作为一个文化整体,是特定民族在长期的生育和养育活动中,在适应环境的过程中,逐渐形成的抚养和教育下一代的经验和观念,它除了受自然生境和社会生境的影响之外,还受制于民族自己创造的文化生境。儿童养育的文化生境是特定民族或族群处理人与人之间、人与自然之间关系的结果,它包括自然崇拜、宗教信仰、节日庆典等,它是养育习俗生成的文化土壤,是养育制度传承与变迁的文化生态。为了在文化整体脉络中正确解读怒族儿童养育习俗的教育人类学意义,在对怒族儿童养育习俗正式讨论之前,笔者认为有必要大致描述一下怒族聚居区的文化生境。

(1)自然崇拜

怒族社会原始信仰表现为万物有灵的自然崇拜,它形成于原始社会时期。正如拉法格所说,对于原始先民来说,在生命中和在自然中都存在许多谜,这些谜常常占据着他们的大脑。他们尽其所能,并在他们的知识所允许的限度内去解答这些谜。然而他们的这些解答,许多都是错误的,但却又变成了无可争辩的真理,成了思想结构的基础。怒族的自然崇拜亦是如此。也许,对于怒族先民来说,神灵的最初暗示来自婴儿的降生和亲友的死亡,他们对于世界的观念,来自生活中受人喜爱或令人恐惧的人的追思。因此,怒族的自然崇拜似乎都与生命的降临和离去有关。例如,保留至今的丙中洛镇怒族人的"灵洞崇拜"和对动植物"化身"的鬼魂崇拜正是怒族先民在生命体验基础上形成的原始信仰。

怒族人的"灵洞崇拜"是远古洞居生活神圣化后,在民族心理上的一种深层积淀。怒族人的"灵洞崇拜"仪式还体现出了洞居作为母本的象征意义。贡山怒族的节日"乃仍节"的所有活动,均围绕灵洞展开。笔者在田野调查时也去参加了神圣的"灵洞崇拜"仪式。"乃仍节"(又称仙女节)这一天,怒族父母要带着家里所有的孩子(包括婴儿)进入洞中接象征阿茸(传说中的怒族女神)双乳的钟乳石滴水(怒族人奉其为"圣水"),以求"仙女"赐福平安。怒族人把钟乳石看作是女性的象征,奉为神圣之物,不可侵犯。

怒族的鬼魂崇拜表现出自然性,许多鬼魂都是植物或动物的"化身"。例如,怒苏支系普遍认为绿蜘蛛是人的灵魂的化身,而若柔支系的人则把红蜘蛛看成灵魂的化身,不能加以伤害。此外,怒族还对一些长相奇怪的植物、嶙峋怪石充满敬畏,将其奉为鬼灵的化身。例如,从怒族居住区前往西藏察瓦龙的路上,有一形状酷似张口青蛙的巨石,当地人对之充满敬畏,并禁止怀孕妇女及婴幼儿在大石块上休憩、玩耍,否则疾病会缠身。

(2)宗教信仰

在历史发展的过程中,怒族由早期原始信仰逐渐形成如今信奉多种宗教的格局。怒族聚居区的宗教信仰有藏传佛教、天主教、基督教等。

纵观世界文化格局,宗教冲突常是导致民族冲突、种族冲突的根源。然而,在怒族聚居区,信仰不同宗教的同一民族却能和谐共处,不同宗教文化在同一文化区域内呈现出相互尊重、和谐共生的局面。一些学者考察发现,在丙中洛镇,作为组织的喇嘛教寺、天主教会、基督教会没有也不存在任何形式的"合作"或交往,但作为一个生存共同体的怒族人,包括各种不同宗教的信徒之间,交往是亲密无间的。[1]笔者在茶腊村入户考察时发现,许多怒族家庭都存在着家庭成员分别信仰三种不同宗教的情况,孩子会在家长的影响下参加不同的宗教活动。可以说,宗教文化和谐共生成为怒族聚居区文化生境的一大特点,这样的文化生境对生活于其间的怒族儿童社会化产生了重要的影响。

(3)节日庆典

节日是人类文化的主要组成部分,节日的结构包括人与自然、人与人、人与神灵、人与"自我"这四对关系。有学者认为,节日有两大功能:一是调节上述四对对立关系,实现"和谐"的功能;二是教育社会成员学习如何调节这四对对立关系,也即具备教育的功能。[2]节日常常伴有庆典活动或仪式,这些活动包含了民

---

[1] 何林,张云辉.不同宗教信仰间的调适与共存——一个贡山怒族(阿怒)实例的文化解读[J].学术探索,2010(1):79.

[2] 廖冬梅.论纳西族节日的教育功能[J].教育评论,2007(2):99.

族的宗教、艺术、体育、技艺等民族文化符号,它是一个充满了民族性符号的"文化场"。同时,节日也是孩子与父母团聚,增进亲子感情的"教育场"。

怒族的节日活动丰富多彩,一年四季都有节日活动,其与怒族人的生活息息相关,构成了怒族儿童成长的文化生境,如年节、乃仍节、如密期等。

年节,是福贡县怒族最隆重的节日,每隔3年过一次,每次节期12天。年节最重要的活动便是全村男女老少聚集在一起吃年饭,饭后,老人带着大家在火塘边唱古老民歌,或弹起"达比亚"翩翩起舞,或拿起小弩弓射粑粑、肉块儿等,庆祝形式多样,内容不一,皆在表现怒族人快乐幸福的生活。

乃仍节,又称"仙女节",是丙中洛镇怒族的传统节日。乃仍节是怒族人为纪念传说中的女神阿茸的节日,每年农历三月十五日举行,节期3天。过节期间,怒族人会身穿节日盛装,扎上一束鲜花,带上粑粑、炒面、酒水等食物聚集在岩洞里举行祭祀活动。

如密期,又称"开春节",在怒语中是"洗寨子"的意思。在每年农历三月六日,以村寨为单位开展祭祀和娱乐活动。届时,全村寨居民会选出一位会祭祀而且有威望的祭师做献词表演,祭师杀一只公鸡,把血洒在树枝上,向神灵献词,祈求清洗和驱除全村寨里的邪气,以求来年顺利迎接春耕,消灾避祸,祈求神灵保佑,五谷丰登。在祭祀仪式结束后,全村男女老少欢聚一堂开展各种娱乐活动,如弹起"达比亚"唱《哦得得》、跳圆圈舞、举行射鸡脚比赛等。

(二)怒族儿童养育生境的共生性体验

养育生境作为一个生态系统,从组成成分上可以看作是自然生境、社会生境和文化生境的组合;从构成要素和功能关系上便是一个人与自然、人与人、文化与文化互动的教育系统。儿童养育生境是丰富且复杂的,要研究养育生境的育儿功能与价值,需进一步分析怒族儿童养育生境的构成要素,在结构的分析中寻求意义的解释,在解释中探寻形成要素的互动机制和规律。生境有一定的张力,规约与引导着儿童个体的成长。

人的发展总是在两个基本的维度上展开的:自然空间和社会文化空间。因此,儿童与自然、儿童与社会的相互关系如何,便内在地规定了儿童的发展方向和特征。《易经》中的"生生之谓易",指的是所有生命都有生存的机会,世界万物才能变化与发展。万物的共生,是单个生命生长的前提。最初进入怒族村落考察时,笔者就体验到了怒江大峡谷多元共生的"自然-人文"系统:丰富的植被、多个世居民族的和谐共处、多种宗教的相容共生犹如一幅描绘着"天人合一"的美丽画卷展现于世人面前,加之奇异险峻的高山峡谷阻隔或减慢了现代文明的"入侵",使得这里犹如"世外桃源"一般,令人向往和迷恋。

随着田野调查的深入,笔者越来越深刻地感受到怒族儿童的成长生境是一个在生态自组织机制作用下形成的"自然-人文"共生系统,这个系统中人与自然、人与人、文化与文化之间达到一种共生共荣、和谐共处的状态。怒族聚居区所处的自然与社会文化空间是传统养育习俗生成的土壤,在历史的演进历程中怒族人逐渐创造、积累了丰富的儿童养育知识,这些知识在其文化的传承过程得以筛选和凝练,保留至今最明显的一个特征便是共生性。

怒族的"共生"文化是怒族人在与怒江大峡谷独特自然生态环境的互动中形成的,它是怒族人培育的生存智慧与生态哲学,同时它犹如精神食粮反哺怒族儿童。可以说,"共生"文化内隐于怒族儿童养育实践之中,如同一双"看不见的手"引导着怒族儿童的濡化过程。"共生"既是怒族儿童生长的客观生境,又是怒族儿童养育与教育的终极追求。

今天是我进入丙中洛镇的第4天,在茶腊村的田野调查工作也逐渐步入正轨。来丙中洛镇之前,我查阅了许多关于丙中洛镇的资料,对那句赞誉它为"人神共居的地方"的宣传语印象深刻。虽然对丙中洛镇多元性、交融性、兼容性的文化形态早有耳闻,但在茶腊村生活的这几日还是让我真真切切感受到了共生文化的奇妙与精彩。其中,最有意思的是村民宗教信仰的多元共生性特征。在一个村、一个组,甚至一家人信仰不同宗教的情况普遍存在。当我问他们一家人信仰不同的宗教会不会有"冲突"或"合不来"时,他们都说完全不会发生这种情况。大家各有各的宗教信仰,互不干涉,互相尊重,周末各自念经,没有冲突。在丙中洛镇考察的这几日,我也明显感觉到宗教信仰不同,并不妨碍同村人、同组人和家人友好和睦相处。怒族村落呈现出了和睦、团结的氛围。谁家办事(婚、丧、嫁娶、盖房等)需要帮忙,无论什么信仰,大家都会不计报酬去帮忙。

怒族人性格友善,热情好客,每次入户调查时,主人家总会拿出最好的"侠辣"款待我,离开时一家人都会起身把我送到大门口。怒族村落的社会治安非常好,无论白天黑夜,不管是住宅还是远离村寨的粮食仓库,从来不需上锁,主人离开家时，只是用一个竹签插在门上以防大风。当地人告诉我，在村里绝不用担心会丢失东西，如果东西落在哪儿了，一定能找回来。我想，也许正是在这样多元和谐的社区和家庭文化中，怒族儿童才逐渐形成了质朴率真、友好和善、宽容温和的性格特质。

（摘自田野调查日志，2014年3月4日）

三、安心之所：怒族家屋及其儿童养育价值分析

基于"习俗"的发生机制与本质属性，本研究把儿童养育习俗看作是一种自发的社会秩序，其生成路径来源于本土的教育生活，甚至可以说养育习俗就是教育生活方式本身。因此，怒族儿童养育习俗不能看作是彼此割裂的单个养育行为的简单相加，而应看作是一个复杂的有机系统。这个系统是由一定时空中的因素相互作用而构成的，它们既具有客体物质的实在性，又具有主体意义的抽象性，这便是人类学家常说的生境。

家庭是儿童成长的首要生境。婴儿从呱呱坠地之时，便离不开母亲的乳汁、父亲的保护和家人的关爱与呵护。幼年、童年，直至青年、中年、老年，家庭都是个体生命的给养基地、学习成人的课堂、汲取力量的源泉和躲避风雨的暖巢。因此，基于生境考察养育习俗便不能回避家庭这一重要的场域。

人类学家在研究不同社会形态下的家庭文化、结构和制度的过程中逐渐生成了家屋这一个概念。在列维-斯特劳斯"家屋社会"模式的影响下，家屋成为人类学研究的经典主题，许多人类学家强调家屋是有生命的，且与人之间具有相互比拟的关系，从而开启通过空间象征来研究社会结构模式的进路。可见，人类学视域下的家屋是一个复合性概念，它既是人们居住的房子，也是一个反映人们家庭结构和关系的象征性符号。本研究所考察的怒族家屋亦是如此，它不仅是一个养育儿童的自然性物理空间，也是一个社会再生产的文化空间，其背后蕴藏着怒族家庭养育儿童的制度和法则。

（一）育儿文化场：作为"家"的房子

"场"这个概念最早出自物理学，是物质存在的一种基本形式，能传递实物间的相互作用，具有"场效应"。哲学家引入"场"的概念来表达事物之间的关

系。所谓"场"就是事物的相对相关性和此相对相关性所依据的根源所在。事物的相对相关性乃是事物的"存在本性"。心理学家认为,整体的完形是通过场的作用而发生的。在一个特定的时间和环境中,具体人的有效心理要素的总和就是他的生活空间或心理场。人和环境的相互作用会产生某种"向量"(心理力量),这种力量能够推动或约束人的行为。基于物理学、哲学和心理学对"场"的内涵界定,一些教育学者探讨了"场"的内涵与教育价值,认为"场",特别是"文化场"影响着人的价值取向、思维特征与行为方式,对个体的成长有规约与引导作用。具体来说,"文化场"的教育功能包括:一是对置身于其中的行动者的价值观和态度具有重要的暗示和指引作用;二是对置身于其中的行动者的认识的形成与发展具有重要的导向作用;三是根据一定的行为方式,将个体行为表现规范到场域中大多数人期望的方面来。可以说,在一个"文化场"中,人与人之间的交互作用,实则构成了教育活动,个体之间的情绪传递、交流,以一种不自觉的方式对置身于"文化场"中的儿童产生了教育影响。

由于怒江地区的峡谷地貌,使得两岸很难有大面积的平地用来发展聚落,直到1958年之后,怒江地区才有村落出现。因此,传统的怒族社会,着力经营的主要是以家庭为核心的小群体生活,以此家庭关系结构模式,形成了怒族人基本的思维结构和观念模式。在怒语中,"家"与"房子"是用同一个词语"吉牟"(ji-mou,音译)来表示的,具有等同的含义。怒族的房子,是一个具有一定功能的家庭住所,同时是一个反映怒族人家庭结构和关系符号的象征符号,并与他们以"家"为模式构建的宇宙空间相对应。

1. 家屋的内部结构

马林诺夫斯基强调,一家的文化特性与其屋内的物质设备是有密切的关联的。怒族的住房可以简单分为两类:一类是以木料为主体建筑材料的住房,另一类是以泥土为建材的住房。其中,木楞房与木板房由于结构的象征意义与怒族人的观念浑然一体,自然地承载了其传统的文化特质。木楞房与木板房为单体干栏式建筑,房顶用页岩石板铺成"人"字结构。怒族人把全家人生活及活动的中心称为主屋(吉牟),它同时具有厨房、会客室、老人的起居室等功能。在怒族人看来,房子像人一样不但有器官,还有灵魂。门是嘴巴,要朝南开,对着仓库,寓意着一家人衣食无忧;窗是眼睛,一扇朝北,迎接"上方"的客人和财富,一扇朝江,检视着江水里的恶鬼。

　　家屋内部主要分为三个区域(如图4),其中区域Ⅱ才是真正意义上的主屋。主屋中有两个显著的文化符号:火塘和中柱。火塘对于怒族人来说有着极其重要的作用和意义。怒族人吃饭、睡觉等居家生活都是以火塘为中心进行的。火塘是烹制食物、取暖和聚集家庭成员的场所,也是怒族人进行家庭仪式的重要文化场。在怒族人眼里,火塘是一个神圣地。主屋中另一文化符号是——中柱,它在怒语中称为"侬马"(音译),它是父亲神"雄木吉布"与母亲神"雄木尼姆"的合体。中柱既是主屋建筑结构的中心,也是怒族精神世界的支柱。

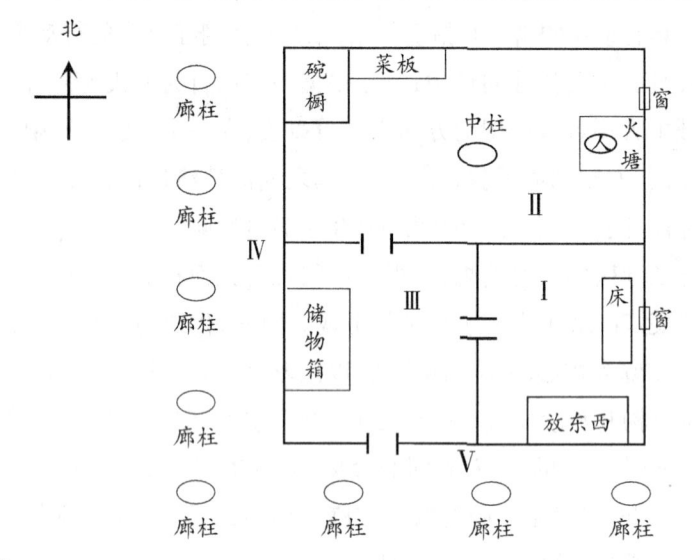

Ⅰ 卧室
Ⅱ 主屋
Ⅲ 过道
Ⅳ 走廊

图4　家屋内部空间布局图

2. 火塘和中柱构成的育儿文化场

　　人类学视野里的空间,不是抽象、同质的空间,而是必须观察人所能感受到的具体空间,人类实际生活在其中的空间。这种空间并不是如那种人为虚构的空间一样划一而无组织的,而是具有一定的内部结构。在人的具体空间,点和方向一样,也是不等值的,而是存在着一个优越的中心点,所有其他点均与之相关。这个中心点就是由作为世界中心的人给定的。[①]人类学探究个体生存的空间,不同于物理学上的几维,它更关心的是个体能真切感受到、人实际生活在其中的具体空间。从教育的观点来看,人类学所关心的是人存在的空间和人与空间之间的关系。幼小儿童具有吸收的心智,其所生活的物理空间成为心理吸收的对象,正如蒙台梭利所说:"我们为儿童预备了一个场所,在这里儿童可以直接从环境中吸收弥漫文化而无须任何直接教学。"基于此,在探究怒族家屋的育儿价值时,笔者重点观察和分析了以火塘为中心的文化场中,儿童与成人之间的教育交往活动。

怒族的祖先依赖火得以生存,孕育火种的火塘不但是生命存活的实在资源,也是寄托信仰的精神资源。人与火的关系贯穿怒族人的一生,但凡遇到节日、大事或出远门,怒族人必会祭祀火塘,在火塘的四个方向、三角铁架的位置洒上酒水、撒上玉米等,求神保佑事事顺意,出入平安。怒族人认为,火塘里的火终年不能熄灭,否则家屋必会遭遇天谴。因此,怒族儿童从小就被告知不能做让火塘熄灭的事,如泼水、撒尿、倒灰等。火在怒族儿童的眼里,并不是危险的象征,孩子也不会被大人警告要远离火塘。相反,在怒族家庭,孩子很小就掌握了生火、用火、保火的技能,四五岁的怒族儿童就能熟练地用吹火筒生火(如图5),晚上睡觉前也知道如何护好火种,不让火塘熄灭。

图5 用吹火筒生火的4岁女孩

家玉家有个家庭习惯,就是每天晚饭后一家人都要围坐在火塘边说说话、唱唱歌。今天是星期五,平时在匹河怒族乡住校的9岁的大女儿艳飞回到家

[①] O·F·博尔诺夫.教育人类学[M].李其龙,等译.上海:华东师范大学出版社,1999:77.

中,家玉的爷爷显得特别高兴,一吃完饭就把孙女叫到火塘边坐下,询问在校的生活和学习情况。艳飞汇报了一下在学校里的学习情况,把语文课本拿出来用普通话读了一段课文。5岁的家玉和4岁的家宝虽然没听懂,但似乎对姐姐在学校学到的"本领"很是佩服,拿着姐姐的课本煞有其事地翻看着。离家一周的艳飞,回到家中表现出了对妈妈特别的依恋,用怒语说晚上想和妈妈睡,艳飞的母亲听后打趣她是一只"吃奶的小鹿",但最终还是笑盈盈地接受艳飞的请求。

由于再过一周就要过如密期(老姆登村最隆重的节日,农历三月六日),爷爷给围坐火塘边的孩子们讲了"如密清"(怒族文化中神鸟的化身)传说,并交代孩子们要帮着妈妈准备送给"禹谷苏"(怒族,祭师)家的粮食和酒。传说中的神鸟"如密清"歌声动听、羽毛艳丽、舞姿优美,因此,节日当天全村的男女老少会弹起"达比亚",唱歌跳舞。按惯例,如密期那天,教堂会组织孩子们集体表演唱诗,也会让孩子自己独立表演节目。艳飞告诉大家,自己想带弟弟妹妹去教堂唱爸爸教给他们的怒族儿歌《呀姆嘞嘞》,在我的强烈要求下,三个小朋友决定让我"先听为快"。孩子们用怒语演唱这首古老的怒族童谣,我虽没听懂,但优美、朴实的旋律让人着迷,后来,我让上小学的艳飞给我翻译了歌词内容。

呀姆嘞嘞	妈妈呀,你在哪里
呀姆嘞,呀姆嘞嘞,	妈妈呀,妈妈呀,
捏喔嘞么,洽吧呢?	你在哪里?
么哼嘞,卡哼嘞,	太阳已经落山,妈妈没回家,
呀兹得嘞。	妈妈一早去干活,现在还没回。
呀姆嘞,呀姆嘞嘞!	妈妈呀,妈妈呀,你在哪里?

孩子们唱完《呀姆嘞嘞》后,又唱了一首《妈妈呀,你在哪里》。孩子们的母亲笑意盈盈地看着自己的孩子歌唱,时不时还附和一两句。这首唱给妈妈的怒族童谣,表达了孩子对辛勤劳作的母亲的感恩和关爱。三个孩子用朴实、清澈的嗓音演唱出来,让我这个外来的听众非常感动。与怒族人一家围坐温暖火塘边,听着孩子们为父母动情歌唱,看着老人对孩子谆谆教诲,时空交错,画面定格,那一刻,我似乎体悟到了怒族人养育儿童的真正智慧。

(摘自田野调查日志,2013年4月12日)

可以说,火塘是怒族家庭最为重要的育儿文化场,每天围绕着火塘的怒族孩子,逐渐实现了社会化。在怒族家屋,火塘如同一个磁场,吸引着家人围坐于此,大家聊天、说笑,甚至唱歌、跳舞,幼小的孩子在这温暖的火塘旁体验着"家"的意义和文化的真谛。小小的火塘边是孩子最熟悉、最信任的地方,是孩子每天都要经历的场所,这种特定的文化场,能使儿童产生强烈的熟悉感和归属感,在火塘边感受到的一切,如同流淌在儿童体内的血液一样,化育着儿童幼小的心灵。

火塘和中柱都是怒族家屋中的重要符号,围绕它们形成的一系列活动构成了怒族儿童习得本族文化的重要场域。一方面,在日常生活中,怒族儿童习得了许多用火的技能,还因常在火塘与长辈互动,从而学到许多怒族的童谣、民歌,听到许多怒族的神话传说,当然也会习得怒族社会基本的伦理道德和简单的劳作技能。另一方面,怒族儿童跟随大人围绕火塘、中柱开展的一系列宗教祭祀活动,使得儿童通过观察、模仿、与人交往逐渐形成对本族文化的认同,逐渐产生民族行为和民族感情。这些文化的习得又反过来完善着家屋的教育功能。正如博尔诺夫所言,居住空间完全成了居住者的一部分,人与其空间融合为一体,而空间反过来又给人的生活一段舒适宁静的时刻。[①]由火塘和中柱构成的意义空间,不仅让怒族儿童获得了安全的居所,还促进怒族儿童形成了一种"真正居住"的内在条件,这种内在条件便是获得一颗认同家园的安定心灵。

(二)双系抚育:有儿不离家

笔者在匹河怒族乡和丙中洛镇考察的日子里,与三个怒族家庭同吃、同住、同劳动了近两个月,通过每天与怒族父母聊天、观察怒族家长的养育行为,逐渐体会和理解到他们家屋养育习俗的深层内涵。在怒族人的观念中,夫妻能够生养子女是人生的一大幸事。在养育子女方面,父母是平等的,有着共同的责任,缺一不可。这样的儿童养育呈现出双系性的特点。

何为双系抚育?该概念由我国著名人类学家费孝通通过观察人类社会养育活动而提出。费孝通认为,人类社会为了维系社会运作、传承文化,必须繁殖和养育下一代,而与其他动物不同的是,人类的幼子要独立存活,除了在生理上

---

① O·F·博尔诺夫.教育人类学[M].李其龙,等译.上海:华东师范大学出版社,1999:82.

依赖母体之外,还需要一个相当长的社会化过程。人与许多哺乳动物不同,不能很早独立生存。在人类社会里一个健全的分子所需的资格很多。一个孩子要获得这些资格非得有长期的学习不成。在一个比较简单的社会里,生活上所需要的知识、技术、做人的态度,在家庭里都可以学得到。反过来说,至少得有一个家庭才能得到这些资格。少于一个家庭的,不但日常生活不易维持,而且男孩子不能在母亲那里获得他所需的全部生活方式,女孩子单跟父亲一样得不到完全的教育。全盘的生活教育只能得之于包含全盘生活的社会单位。这单位在简单的社会里是一男一女的合作团体,因之,抚育作用不能由一女一男单独负担,有了个母亲还得有个父亲。[①]基于此,人类社会逐渐形成了由母亲和父亲共同抚育下一代的养育制度,并以婚姻来保障双系抚育的实现。

　　双系抚育本是人类社会基于发展需要逐渐建构的一种社会制度,也是人类抚育下一代的原初模式,双亲的爱和抚育在儿童成长过程中具有基础性和重要性的作用。然而,在现代社会中,随着社会生活日趋复杂,有些儿童的养育逐渐失去其双系特性。如我国当下农村大量的留守儿童,以及家庭教育中父亲缺位等现象便是儿童双系抚育缺失的表现。随着社会经济的发展,许多农村儿童已摆脱了生活上的贫困,过上了衣食无忧的生活,却因其父母要外出务工,而无法得到完整的家庭生活体验。穿着漂亮衣服、玩着手机游戏、住着水泥房的留守儿童,因常年见不到父母,倍感孤独。从某些方面说,这些儿童成了社会急速发展的"受害者"。物质的丰足和亲情的缺失是当下中国社会儿童养育的一个吊诡现象,双系抚育制度的维持在当今的中国社会面临着巨大的挑战。

　　与上述情况不同的是,怒族村落几乎没有留守儿童,且父亲在儿童成长过程中扮演着重要的角色。笔者认为,无留守儿童现象与怒族家屋养育习俗有着密切关系。时至今日,怒族家屋养育习俗依旧保持着人类原初的双系抚育模式。怒族传统的慈幼文化与"有儿不离家"的本土养育制度,如同隐性的力量维系着怒族儿童家庭生活的完整,保证了怒族儿童养育过程中父母的共同在场。

1. 传统慈幼文化影响着怒族父母的养育行为

　　如前所述,怒族父母非常看重婴儿诞生,视婴儿生命为神灵的赐予。在怒族社会绝不会发生杀婴、弃婴等事情,就算一些孩子天生残疾,父母也不会抛弃

---

① 费孝通.生育制度[M].北京:北京联合出版公司,2021:70.

孩子,而是尽力去养育他。可以说,怒族社会有着明显的慈幼和护弱的文化倾向。怒族古曲歌谣《本曲》(ban-ju,怒语)的唱词反映了怒族"尊重、爱护幼儿"的朴素儿童观,也表达了父亲和母亲在养育子女过程中合二为一的教育观。《本曲》的开篇这样唱道:"……太阳就是我母亲,没有太阳就没有阿怒的金柱子……月亮没有两种月亮,父亲没有两种父亲,我们共有一个父亲叫月亮……"其歌词大意是天上的七颗星星(北斗星)是太阳与月亮的孩子,其他小星星是七星的孩子;人是父母亲的儿女,也是太阳和月亮的孩子。如同天上的太阳与月亮照看着星星孩子们一样,母亲与父亲是家庭的头,双双照顾自己的孩子,父母缺一不可。[①]

在考察期间,笔者听到了许多关于"救助和养育孤儿"这一主题的怒族民间故事,故事内容大多反映了怒族社会对幼小、弱势儿童的同情与关爱。"没有父母的娃娃是世上最可怜的人"是怒族阿妈常说的话。

> 老姆登村妇女丹干对我说:"小娃娃最需要的就是父母在身边照顾。当阿妈的把小小的娃丢在屋里(家里)出去打工赚钱,娃娃太可怜了。钱多少不说,娃娃没有阿妈、阿爸在家照顾,长不大也长不好。上次我去泸水办事,去了三天,想娃娃得很。我是绝对不愿意丢着娃娃出去打工呢。"
>
> (摘自田野调查日志,2014年4月2日)

可以说,在怒族文化生境中生成的慈幼文化,强调了父母在儿童成长过程中的重要性,强调了父母对儿童养育的责任,这一意识形态如同血液般流淌在怒族父母的身体中,深刻影响着家庭的育儿行为。

2."有儿不离家"的养育制度保证了幼童养育过程中父母的共同在场

在怒族传统的养育习俗中有一个不成文的规定,便是"有儿不离家",即在孩子10岁以前,父母均不能长期离家、离开孩子,父母必须共同承担抚育孩子的责任。在怒族社会,"有儿不离家"已成为整个族群认同的一种养育制度,无论出于何种理由,父母都应履行照顾下一代的责任,若不能照顾和教育孩子,父母便会受到整个族群的谴责、鄙视,甚至是惩罚。可以说,"有儿不离家"是一种

[①] 何林.太阳和月亮的孩子[J].科学大观园,2007(16):20.

最低限度的养育制度,这一制度从某种程度上说,对怒族父母的养育行为有一定的监督作用。

"有儿不离家"的观念最初也许是怒族先民为了在恶劣的自然条件下保证婴儿存活,延续族群生命的一种策略,但它逐渐成为怒族社会的一种养育制度。笔者在访谈中发现,许多幼儿的父母表示,在怒族社会,如果生了娃娃不好好养,村里人会看不起这样的父母,他们自己也觉得这样是很不道德的行为。社会制度一旦形成,它就被赋予了做出习惯性决定、解决习惯性问题,以及代表个体成员做出许多惯常思考的能力。社会制度影响,甚至是决定了社会成员的行为。这种父母必须双系抚育的强制性通过族群力量、家屋仪式、家屋制度的迢迢相续,形成了怒族父母对这一养育制度的认同与服从。例如,家屋建成仪式就是一种强化父母养育责任、内化"有儿不离家"制度的社会仪式。

除火塘之外,怒族主屋里还有一个极具特色的建筑文化符号——中柱。中柱一方面是怒族家屋建筑建构的核心支撑力,另一方面是怒族双系抚育制度的象征性符号。围绕中柱开展的家屋建成仪式,强化了怒族父母对双系抚育制度的认同与服从。在怒族家屋建筑文化中,中柱是整个家庭的象征中心,它代表父亲和母亲共同承载象征怒族人家庭的"吉木"(房子)。[1]怒族房屋竣工之日,主理木匠会主持一个仪式,仪式一般包括两个过程:一是主理木匠把钱和七彩棉线置入中柱与横梁的连接处;二是由女主人的兄弟带领一家人围着中柱喊"运气",之后把七彩棉线拴在房子主人的孩子手上。这里钱是男主人(父亲)的代表,七彩棉线是女主人(母亲)的代表,把这两样东西置入中柱寓意着一家人丰衣足食、夫妻恩爱和睦。喊"运气"结束后,将七彩棉线拴在孩子手上,寓意着母亲之神用身体和爱温暖和保护着幼小的孩子,使其不受病魔和死神的侵扰,健康平安地长大。可以说,家屋建成仪式反映了怒族传统的家庭观和儿童养育观,仪式过程强化了父母在儿童抚育过程中的分工与责任。

怒族家屋制度除了要求父母双方共同承担抚育下一代的责任之外,还对父母在子女养育过程中的任务做了区分。4岁之前的幼儿,父母会共同照顾,母亲并不是唯一的照顾者,父亲会参与很多保育工作。这一现象与许多社会不同,尤其在现代的社会中,"带孩子"被看作是母亲单方面的工作,父亲对于幼儿保育的事完全不关心,或者顶多站在一旁当个"配角"。意大利学者鲁格·肇嘉在

---

[1] 何林,赵美.阿怒人世界观在传统建筑中的表述[J].民族艺术研究,2006(5):52.

《父性》一书中描述了现代社会中"父性枯竭"的现象,鲁格·肇嘉认为:"随着欧洲文明的发展,父亲似乎也征服了整个世界。但是,他常常缺席,这种情形多得令人吃惊……父亲正在成为奢侈品。他传统的心理机能变得越来越弱。一些实际的工作都交给了母亲或某些专门机构。随着父亲这一心理意象被日益侵蚀,父亲的身影也逐渐从家庭中消失了。"[①]但在怒族社会中,婴儿一出生,父亲就会亲自参与婴儿的保育和产妇的照顾工作,怒族父亲非常耐心、温和,也能"吃苦耐劳",无论是给婴儿洗澡、哄孩子睡觉,还是下厨为产妇准备食物都是一把好手。等孩子长大一些后,父亲会成为他们的游戏伙伴,与他们娱乐嬉戏、为他们制作小玩具,还会教孩子许多生活技能和劳动技能。在考察期间,笔者常看到怒族父亲带着孩子一起玩耍和劳作,不会走路的孩子就用彼地袋或娃娃背篓背着,会走路的就带在身边让他们自己玩。为了逗娃娃开心,怒族父亲常给他们唱儿歌或童谣,有时也会用树叶和竹片给孩子吹小调。当孩子长到5岁以后,父母亲对男孩、女孩的教育会有所分工,父亲主要负责男孩,母亲主要负责女孩。孩子5岁以后,父亲主要负责教会男孩使用小弩弓、射箭、割猪草、收玉米等劳作技能;母亲主要负责教会女孩做饭、绕线、织布等劳作技能。

在怒族《本曲》的传承教育中,父母承担了不同的责任。一般来说,父亲承担教儿子唱曲的责任,母亲则负责教女儿。怒族《本曲》蕴含着劳动教育和责任教育的内容,父母边唱《本曲》边给儿子或女儿分配劳动工具,并对他们进行早期的社会角色启蒙教育。按弗洛伊德的人格发展理论,幼儿结束"性蕾期"后,会进入"潜伏期"(6—12岁),这一时期的儿童开始乐于与同性伙伴和同性父母玩耍、交往,开始从同性父母那里学习一些生活技能,通过模仿同性父母的生活方式、语言习惯等,为将来逐渐形成性别上的心理认同与成熟奠定基础。可以说,怒族父母根据性别特征,对5岁以后的儿童有所区别的养育习俗,对怒族儿童在"潜伏期"能形成初步的性别意识和性别认同具有重要的价值和意义。

父亲唱给儿子的:哟……(大儿)你要哟,好好地学习本领……父亲帮你,教你木工,你要搞好木工,都是为了你好哟,你要承担父亲一样的责任,使全家扭成一股绳子。我月亮的儿子啊,我用月亮做了一把弩弓给你,你要认真学习

[①] 鲁格·肇嘉.父性[M].张敏,王锦霞,米卫文,译.北京:世界图书出版公司北京公司,2015:245.

射箭……

母亲唱给女儿的:哟……九姑娘们,希望你长大嫁去的地方都是平地(怒江稍平坦的地方都被认为是好地方),太阳可怜的女儿,阿妈给你一把"档格"(绕线用的一种工具),你用它去纺麻线,给你一个簸箕、一个木碗,学习好好过日子……

(《本曲》节选)

(三)手足照顾:大孩带着小孩"玩儿"

怒族作为我国人口较少的民族之一,其大多是多子同屋的家庭结构,几乎没有独生子女家庭。在考察期间,笔者走访了36个怒族有孩家庭,其中有三个孩子的怒族家庭比例占到家庭总数的97.3%,三个孩子之间的年龄间隔平均是2.7岁。在怒族村落,一家三个孩子普遍的年龄间隔为2—3岁,这说明大多数怒族人是有计划地生育第二、第三胎的。怒族妇女间隔2—3年才生育第二、第三胎的主要原因是她们给幼儿断奶的时间比较晚,一般会哺乳孩子到两岁多。较长的哺乳自然推迟了怒族妇女再次受孕的时间。儿童养育习俗是极具整体性的社会文化现象,各因素之间必会相互作用与影响。2—3年的哺乳期自然而然地形成了手足之间3岁左右的年龄间隔,也自然促成了怒族家屋"大带小"养育模式的生成。

针对是否照顾过自己的弟弟妹妹这一问题,有96%的怒族儿童表示他们照顾过。在入住怒族家庭期间,笔者常常看到大孩子带小孩子玩的现象。从四五岁开始,怒族儿童就常常承担起照顾婴儿或学步儿的任务。当父母忙于劳作没法照顾幼小的弟弟妹妹时,他们就会把弟弟妹妹背在背上或放在膝上。如果幼小的弟弟妹妹正值学步期,那么哥哥姐姐的主要任务就是帮助弟弟妹妹练习走路。笔者通过观察发现,大孩子们都会表现出超乎想象的耐心和细心,不但不厌其烦地陪着弟弟妹妹"走来走去",还会有意保护弟弟妹妹的安全,不让他们摔倒或受伤。让笔者感到意外的是,一个五六岁的怒族儿童在照顾弟弟妹妹这件事上似乎懂得很多,可称得上"有经验"的照顾者,还掌握了许多育儿的方法。例如,他能根据哭闹的方式判断弟弟妹妹是饿了还是困了;也能较熟练地给学步儿喂饭、喂水、把屎把尿。为了"哄乖"自己的弟弟妹妹,哥哥姐姐们总有很多办法,如念童谣、讲故事、做游戏等,有时还会用草和竹子做个小玩具逗弟弟妹妹。

总之,从照顾的对象和任务来看,怒族家庭中大孩带小孩的方式大概可以分为三种:一是背不会走路的婴儿,其目的是哄婴儿睡觉或不让婴儿哭闹;二是照看学步儿,其目的是帮助学步儿练习走路并避开危险;三是陪弟弟妹妹玩耍和说话,其目的是逗幼小的弟弟妹妹开心,并让他们学习一些简单的母语。

当然,怒族家庭手足照顾的所有形式中,最突出便是大孩带着小孩"玩儿"。可以说,对于大孩子来说,陪弟弟妹妹玩儿是首要任务。"过来陪阿弟(阿妹)玩玩儿""唱个儿歌哄哄阿弟(阿妹)"是怒族父母最常对哥哥姐姐们的"交代"。对于大孩子来说,他们也并非把照看弟弟妹妹当作是一个麻烦的任务,相反,他们觉得"逗"弟弟妹妹是件有意思的事情。对于大孩子来说,"教育"弟弟妹妹的过程正好显示自己作为哥哥或姐姐的权威。在孩子的照顾活动中,照看任务其实是不同年龄孩子在一起共同玩耍,是一种联合游戏,是游戏活动支配着儿童的世界。事实上,无论对于大孩子还是小孩子来说,这种兄弟姐妹之间的玩乐对其发展是非常有价值和意义的,具体表现在以下两个方面。

一方面,家庭中年龄较小的幼儿,出于对哥哥姐姐的"崇拜"之情和想要追上哥哥姐姐的生长内驱力,通过模仿学习,掌握了吃饭、穿衣、尿尿、排便等生存技能,以及一些简单的家庭劳作技能,如拾豆子、洗菜等。对于低龄幼儿来说,跟着大孩子玩耍自然能获得较好的认知发展,这种发展的动因源于大孩子与小孩子之间因认知水平差异所引起的认知冲突。不论儿童的年龄几何,当儿童在不同的理解水平上互动时,认知冲突就会出现,即当一个儿童与认知成熟水平不同的儿童互动时,他会产生认知冲突。理想的认知冲突通过向参与者提出挑战可以刺激认知的发展,这种挑战要求参与者去同化和顺应因理解不同而展现的新信息。[1]怒族家庭"大带小"的首要任务就是"玩",在玩乐中,低龄幼儿逐渐从哥哥姐姐那里习得了游戏方法和策略,在认知冲突机制的作用下实现了认知的发展。

另一方面,大孩子在承担照顾弟弟妹妹的活动中,逐渐适应了集体生活中的角色,养成了责任感和互助能力,同时也学会了处理冲突和妥协的方法。笔者在考察期间常看到,在玩一些竞赛类游戏时,弟弟妹妹因缺乏游戏策略或技巧而失败时,哥哥姐姐们都会"耐心讲解",甚至有时还会故意退让,让弟弟妹妹

---

[1] 王晓芬.国外幼儿混龄教育研究概述[J].幼儿教育(教育科学版),2006(3):36.

赢得比赛。这样的游戏交往培养了大孩子关爱、理解和谦让他人的品质。可以说，怒族家屋养育实践中的手足照顾习俗，使儿童有机会参与年龄不同，但有关联性的儿童群体中，这为他们提供了一个学习如何与他人产生关联的组织。罗格夫的研究认为，混龄团体中因年龄产生的文化差异，使参与其中的所有儿童对社会关系有了进一步的理解。可以说，怒族家屋"大带小"的手足照顾习俗，创造了一个积极的、低矛盾和支持性的手足关系和家庭养育生境，如此教育生境内的主体呈现出了和谐共生的状态，即幼儿在大孩子的照顾下发展了生存技能，提高了认知水平；大孩子在照顾幼儿的过程养成了良好德性。

四、公养公育：怒族村落儿童养育的原生范式

在教育人类学的视域里，村落通常被认为是本土儿童养育的一个基本单位，是儿童成长过程中除家庭之外最重要的文化空间场域。如前所述，怒族村落有独特的共生文化生境，这样的生境浸润着怒族儿童的生活，化育着怒族儿童的心灵。共生文化生境是怒族先民在与怒江大峡谷长期的交往中逐渐形成的，在它的作用下怒族村落形成了共生的儿童养育形态和制度，同时它也在反哺怒族儿童，成为促进怒族儿童社会性发展的隐性教育力量。

我国民族学者调查发现，新中国成立之前，贡山一带民族聚居区的社会性质处于原始社会末期，正逐步向半部落半封建社会过渡的过渡形态。那时，怒族人多居住在怒江两岸海拔1500—2000米的地方，平地极其稀少，土地贫瘠，生存资源缺乏。由于地处偏远，交通不便，怒族人几乎处于一种与世隔绝的状态。当时的怒族农业生产方式以刀耕火种、轮歇耕作为主，传统的犁耕农业比重很小，采集和狩猎仍是获取生活资料的重要补充手段。怒族人住在一起，共同耕作，衣食都出自共同的储蓄，共同占有剩余产品。时至今日，怒族社会仍然存在着根深蒂固的公有制观念，虽然现在每一户（即个体家庭）是一个独立的经济单位，但在整个亲属网络、村落中仍然具有某些公有的特点。

由于怒族人的居住地山高地险，气温变化极大，新中国成立之前的怒族社会，儿童坠崖、坠江、被落石砸死、被猛兽袭击或冻死的情况时有发生。怒族儿童的存活率较低，一家人生十多个孩子，能存活长大成人的顶多两三个。可以说，怒族父母独自养育幼儿并非易事，因此，原始公社制孕育出的儿童公养公育

制度便成为当时怒族社会最主要的幼儿养育形式。

新中国成立至今,虽然国家一直重视发展"直过民族"聚居区的基础教育,特别在"国十条""三年行动计划"的推动下,怒族聚居区的现代幼儿园数量明显增多,但怒族传统的儿童公养公育制度并未完全消亡,现在的一些幼儿养育形式还保留着原始公社制的残余,它们或以显性的儿童教育场所存留于世,或以隐性的公育文化渗透怒族社会的儿童养育实践中。时至今日,怒族村落的儿童公养公育制度和形态仍具有强大的生命力,对怒族学龄前儿童的养育和教育产生了重要影响。

(一)显性的儿童公育场所——"哦吒"与"自发的社区教育"

在传统的怒族社会,怒族儿童在三四岁时便开始通过各种途径学习基本的生存技能和社会道德规范,等长到十岁左右还要离开父母,到一个专门的教育场所——"哦吒"里寄宿。关于"哦吒"的来历,有学者认为是父母为儿子盖的,或是寡妇或孤儿的住房,或是主人远行或去世留下的,总之,在古代的怒族社会村村都有"哦吒"。

如今的怒族村落已不存在"哦吒"这一专门的教育场所,由于传统社区教育活动的盛行和学校教育的植入,"哦吒"已失去它生存的文化土壤,但笔者在田野调查时发现,如今的怒族村落里有一些"哦吒"的残留,只不过它不再是特定的教育场所,而是发生在家庭中的公育形式。

怒族人崇尚"母性文化",年长的妇女在族群中有着较高的地位和权威,她们不但是一个家族的"主心骨",也是养育下一代的重要力量。在怒族村落考察时,笔者常在族群年长、有威信的老年妇女家中遇到许多前来"学本领"的儿童,这些孩子以学龄前儿童为主,到了周末,还会有从学校回来的小学生们。孩子们尊称这些年长妇女为"阿策嘎卜"(A-tsigob,怒语,意为老祖母)。去阿策嘎卜家听故事、学唱歌、做手工是很多怒族儿童周末生活的一部分。在社会文化变迁的过程中,本土古老的"哦吒"与社区文化活动逐渐交融,对当前怒族地区本土学前儿童教育产生了一定程度的影响。(如图6)

图6 阿策嘎卜教孩子们唱歌

(二)隐性的儿童公育文化——"怒族的娃娃一起养"

儿童是一种生命存在,生命存在要"生长",必须通过自我再生产才能实现。一种生命存在要实现自我再生产,它就必须同外部生存环境进行能量交换。在这种意义上,生命存在的自我再生产活动具体表现为生命存在从外部环境的资源中获取能量从而不断生长发展的过程。[1]儿童养育的过程可以看作是促进儿童生命成长的过程,它总是在一定社会生活中进行的,一切共同的社会生活都是儿童成长的土壤。此外,如果我们从人类学事实的角度来理解儿童养育现象,就可看到儿童的养育与儿童的生活是直接同一的,养育的本来面貌就是丰富多彩的社会生活。因此,研究怒族养孩子与教孩子的习俗,不可脱离怒族儿童生活的文化环境和内隐于日常生活中的养育文化。

如前所述,怒族社会在长期的历史发展过程逐渐生成了"自然-人文"的共生文化和儿童公养公育制度。共生文化如同流淌在怒族人身体里的血液,悄无声息地滋养着怒族儿童的生命。儿童公养公育制度内隐于怒族儿童养育实践之中,它如同一双"看不见的手",调控着怒族社会对儿童"养与教"的态度和行为,影响着怒族儿童的社会化过程。

---

[1] 项贤明.泛教育论[M].太原:山西教育出版社,2000:114.

在考察期间，笔者深切地感受到怒族社会在共生文化影响下形成的慈幼观和养育观，以及从原始社会传承至今的"共同抚育"的养育习俗。在怒族村落，照顾和教育幼儿是整个村落和族群的责任，这种责任属于任何一个村落里的成人或有能力照看婴幼儿的年长儿童。对于怒族人来说，孩子是属于整个族群的，即便不是孩子的亲生父母或家庭成员，仍有关爱和教导孩子的责任和义务，儿童的养育活动是从家庭延伸到村落的。例如，在孩子喂养方面，怒族社会便呈现出"多级喂养"的特点，一个妇女可能喂过好几个不是自己生的孩子，一个孩子也可能吃过好几个妇女的奶水。有时，一个婴儿的母亲如果临时有事或生病，就会把孩子寄放在同村正在哺乳期妇女的家里。当孩子长大时，母亲会告诉他们要感谢和尊敬那位给他（她）喂过奶的"阿秋母"（A-chjum，怒语，阿姨、婶婶一辈的称呼）。每逢传统节日——乃仍节，这些孩子会接一瓶仙人洞里的"乳汁"（清凉的圣水）给阿秋母家送去。这样的"多级喂养"体现了怒族村落生境中儿童养育的互助性，它实则是族人之间形成的强烈的亲情伦理关系，这样的关系对怒族儿童族群认同的形成有着重要的价值和意义。

在怒族村落，"多级喂养"文化的另一个表现是怒族儿童日常养育的公共性。在怒族人的意识里，孩子是神灵所赐，生命无比珍贵，养育和守护好幼小的孩子才是顺应了"神意"。因此，怒族人有非常强烈的慈幼意识和共同抚育的责任感。在他们的观念中，孩子是族群共有的"财产"，是族群的未来，关爱和守护每一个怒族孩子是族群所有人的责任。笔者考察发现，在怒族村落里，怒族儿童如果离开自家和小伙伴们玩耍、串门，可以到村里任何一家吃饭，甚至过夜。平日里，孩子们在村里到处玩闹，在谁家附近玩儿就在谁家吃饭，到吃饭的时间，怒族阿妈就会招呼在自家或旁边玩儿的孩子一起吃饭。天黑不想回家在玩伴家中睡下也未尝不可。对于怒族儿童来说，村落如同一个"大家庭"，熟悉的自然与文化生境让他们生活得自如自在，游走在"熟人社会"中让他们感到安全和温暖。

进入老姆登村后，我一直住在郁伍林大哥家，郁大哥家有三个孩子，两个男孩分别是11岁和7岁，都已去乡中心校上学，因寄宿于学校，只有周末才回家；一个女孩5岁，小名阿星，没上幼儿园，平日里就和村里年龄相仿的小伙伴们一起玩耍。阿星性格活泼开朗，很乐意和我这个"外来人"交朋友。她每天都会自告奋勇地给我表演"节目",唱歌和跳舞都是她的拿手好戏。有一天,阿星出去和同村的小朋友玩耍后没有回家吃饭,晚上也没回来睡觉,家里人也不知她跑去哪儿了。我着急地问阿星妈妈要不要去找,她却说:"不怕的,反正就在村里,可能在谁家玩累睡着了,明天她自己会回来的。这个娃娃就是爱到处跑!"阿星妈妈的回答真是让我吃了一惊,因为对于我这个城里来的妈妈来说,这么小的孩子不知去处,那可是天塌地陷的事儿,但阿星一家人似乎并不担心阿星的安危,他们对这样的事儿早已习以为常,认为孩子在村里不会饿着、冻着,在谁家睡都没问题,也绝不会遇到什么危险。事实果真如阿星妈妈所说,第二天孩子毫发无损地回家了。之后几天,阿星常到别人家吃吃睡睡,当然其他小伙伴也常来她家。

(摘自田野调查日志,2013年11月20日)

与一般的村落相比,怒族村落因同族人共同聚居,加之原始社会公养公育制度的延续,使得怒族父母和儿童都有一种强烈的"社区归属感",他们彼此信任,共同营造了一种物质和精神安全的氛围。

安全、和谐的村落文化生境对早期儿童的人格形成有着重要的教育意义。早在20世纪60年代,美国学者研究发现,能够自由在周围环境中活动的7岁以下儿童,相较于那些被父母禁锢在家的儿童更具有独立性。另有学者指出,如果有家庭成员以外的慈爱的成年人帮助儿童以循序渐进的方式掌握技能、养成正确的人生态度,儿童会表现出更强的认知能力和运用策略解决问题的能力。但是在现今社会,特别是在许多所谓"发展"得好的城市或农村地区,陌生的邻里关系,不安全的社会环境使得家长已不敢让孩子自由地在家庭之外的场域里玩耍。对于生活在"现代文明"下的儿童来说,陌生、不安全的社区生境让孩子失去了很多自由探索树林、小溪和街巷的机会,这表面上是一种教育资源的浪费,实则是对儿童生命的禁锢。

怒族人崇尚的"共同抚育"内涵有两个层面:一是对孩子身体的关爱;二是对孩子道德品质和生活技能的培养。也就是说,大人们关爱所有怒族孩子的同时,也承担着教育他们的责任。在考察期间,笔者常看到大人们会对调皮捣蛋、不听管束的孩子进行批评教育,有时还会通过让孩子干些农活(如割猪草、拾柴火)的方式来惩罚和教育他们。就算批评、惩罚的是别人家的小孩,也绝不引起这些孩子父母的不满,这些父母反而会很感谢这个"教训"自家孩子的人。

在怒族的养育观念中,儿童的生命是神圣的,但又是脆弱的,弱小的孩子需要整个族群的关爱和守护,特别是那些天生残疾、孤儿或体弱多病的孩子,会被给予更多的关爱。在丙中洛镇的怒族村落,笔者入户调查的几户人家都有收养过本村,甚至外村的孤儿的情况。另外,如果某个孩子是残疾儿童,大家不但不会歧视他,他还会常常得到大人的特殊照顾。怒族人对儿童和弱势群体的关爱可以看作是一种"慈幼文化"的体现,这种文化也体现在怒族许多民间故事中。例如,《甜甜的鹿乳》讲述了一个名叫七若左的孤儿被神鹿救活并养大的故事;《蝴蝶姑娘》讲述了蝴蝶姑娘从恶人手中救出孤儿的故事;《梦中的仙姑》讲的是一个孤儿追求幸福生活的故事。这些民间故事中的主人翁有一共同特点,即他们都是身世可怜的孤儿。故事内容大多是这些孤儿如何在族群和富有神性的动物、植物的帮助下,脱离悲惨命运,过上幸福生活的。可以说,怒族传统的"孤儿类"民间故事反映了怒族人对弱势儿童的慈善之心,也起到了劝喻他人关怀弱小儿童的教化功能。

五、隐性规约:怒族儿童养育生境对幼儿入园率的影响

如前所述,笔者在最初进入怒族聚居区考察时发现,怒族学前儿童入园率不到2%,一些怒族村落幼儿入园率为零。由于经济因素无法解释怒族聚居区学前儿童低入园率的情况,笔者试图通过分析怒族儿童养育文化生境,来探究导致怒族学前儿童低入园率的原因。之所以从文化生境的角度来探讨此问题,是因为在不同的文化生境,有着特定的文化类型与文化传统,不仅为教育提供内容与形式的支持,更是在深层次规约着教育观念的形成和教育的价值取向。

为探究怒族儿童养育文化生境对现代怒族儿童入园率的影响,笔者在匹河怒族乡和丙中洛镇考察期间,重点访谈了78名怒族幼家长、13名乡镇中心幼儿园学前班教师和7名地方官员,到6个乡镇中心幼儿园观察保教活动31次,并对匹河怒族乡和丙中洛镇3—6岁怒族幼儿入园情况进行了统计(见表1)。

表1 匹河怒族乡与丙中洛镇3—6岁怒族幼儿入园率统计表

年龄	男孩 入园人数	男孩 总人数	男孩 入园百分率(%)	女孩 入园人数	女孩 总人数	女孩 入园百分率(%)	不同类型幼儿园的入园人数 民办幼儿园	不同类型幼儿园的入园人数 中心幼儿园	不同类型幼儿园的入园人数 中心校学前班	入园幼儿人数 入园人数	入园幼儿人数 总人数	入园幼儿人数 入园百分率(%)
3岁	1	167	0.60	2	147	1.36	3	0	3	314	0.96
4岁	4	155	2.58	2	169	1.18	0	6	0	6	324	1.85
5岁	5	165	3.03	6	185	3.24	2	5	4	11	350	3.14
6岁	13	189	6.88	5	167	2.99	0	4	14	18	356	5.06

通过对田野调查日志的整理分析,基于上述的分析框架,笔者从宏观生境、中观生境和微观生境三个层面阐释怒族儿童养育文化生境对现代幼儿园发展造成的隐性制约。本研究将重点放在阐释不同层次的"社会-文化"生境对怒族幼儿入园的影响,并在此基础上对当前国家发展民族地区幼儿园教育政策进行反思。

(一)宏观生境:较低的社会发育程度致使怒族人对学前教育的需求不强

近年来,我国农村居民对学前教育的需求不断增长。一方面,随着农村经济的发展,家长逐渐意识到学前教育的重要性和奠基性;另一方面,随着城市化进程的加速,农村进城务工人数增加,留守儿童增多,亟须制度化的学前教育来弥补家庭教育的缺失,改善留守儿童的生存状态。然而,在怒族聚居区,由于社会发育程度较低和人口流动较少,怒族人似乎对制度化的学前教育需求不强。

人类学家英克尔斯认为,在现代社会,获得工作对一个人来说是非常重要的,学校教育的首要任务就是使儿童变成将来的劳动者。可以说,通过学校教育获得一份薪水优厚的工作,是现代人成功的标志,努力学习获得好工作成为孩子读书的主要动力。然而,对于怒族人来说,较低的社会发展程度致使他们还不能跟上国家快速发展的节奏,族群还没有形成自觉、主动的发展意识。怒族人似乎很乐于在自己的"小天地"重复着自给自足的生产方式,对改变生活现状、融入现代社会的积极性并不高。

福贡县政府的一名官员向我反映了这样的情况：与其他民族相比，怒族人多数不愿离家外出务工。政府试图通过政策扶持、经费补贴等方式，帮助怒族人提升现代社会所需的劳动技能，引导他们外出就业改善生活，然而，这些举措并未得到怒族人的积极响应，一些怒族老人甚至认为"出门打工受骗受累，不如在家带娃种地"。

(摘自田野调查日志，2013年4月12日)

怒族人排斥现代生产生活方式和想要延续当前传统农业生产方式的思想，导致怒族人产生了"读书无用"的思想。怒族人普遍认为"上学读书"除了能识几个字，并不能学到日常劳作所需的本领，即便孩子能走出村寨去读书，学校教育也不能改变他们的命运。调查发现，结束九年制义务教育后，怒族儿童大多回家务农，不再升学。可以说，怒族儿童很难通过学校教育实现向上的社会流动，这一现实严重影响了怒族人送孩子"入园读书"的积极性。

奥格布在研究美国类卡斯特体系少数民族学生学业失败时发现，类卡斯特体系少数民族学业失败的原因不是语言与文化的差异，而是与白人相比，这些少数民族学生即便进了学校也很难在就业、社会地位等方面得到较好的教育回报，他们认为努力学习也并不能改变族群较低的社会和经济地位，这种思想自然会造成类卡斯特体系少数民族学生的学业失败。与该研究结论相似，由于怒族社会发展水平与国家整体发展水平差距较大，怒族人在主流社会成功的概率较小，导致他们对通过学校(幼儿园)教育改变命运的期望值不高；加之怒族人几乎不外出务工，在家务农的传统生产方式就能保证幼儿家庭教育的完整性，这就导致怒族社会对幼儿园教育的需求性和依附性不强，从而造成怒族聚居区幼儿入园率低的现象。

(二)中观生境：内生的儿童教育生态相对完整与稳定，外植的现代幼儿园教育被排斥

在幼儿园教育出现之前，怒族社会的学前教育主要依赖于传统养育习俗。传统养育习俗可以看作是一个自成一体的原生教育生态系统。儿童教育生态系统是复杂适应性系统，称其复杂是因为它们由众多联系紧密的部分组成；称其具有适应性是因为它们面对不断变化的环境具有能够做出调整的反馈结构。

教育生态系统的形成是人、自然环境和社会文化互动的结果。人是自然之子,同时又缔造了社会文化,社会文化要实现演化又需以环境感应作为动力。因此,儿童教育生态必会烙下地域自然环境和社会历史的印记。怒族自古以来生活在怒江大峡谷,其聚居区群山绵绵、山高谷深,整个地势由巍峨高耸的山脉与湍急的河流江河构成,地貌特征可以概括为"四山并耸挺立,三江纵贯切割"。由于高山峡谷阻隔,交通不便,怒族聚居区的封闭性十分突出,缺乏大规模的物质流动和地区之间的文化交流,使得怒族儿童教育生态呈现出"内生"的特点,这种"内生"的儿童养育活动贯穿于怒族个体的家庭和社会生活之中,通过家庭教育和社会教育,实现怒族儿童的社会化。与之不同的是,幼儿园教育是大工业生产的产物,它的发展与城市化和现代化相伴,教育过程带有强烈的"模式化"倾向,对于怒族而言,它是一种"外植式"的教育。

笔者通过田野调查发现,怒族内生的儿童教育生态系统由传承怒族文化为旨归的日常生活教育和受当地传统文化影响产生的自发的社区教育两部分组成。日常生活教育是一种随境式教育,其教育内容源自儿童的生活需求,教育方式贯穿于儿童的生活实践,教育目的实现了儿童基本生存技能和社会文化的习得。在怒族聚居区,自发的社区教育课程内容包括手语舞、识字、简单计算等。在长期的社会发展过程中,怒族村落随境式的生活教育和自发的社区教育相互作用,共同构建了一个完整、稳定的学前教育生态系统。

从完整性来看,怒族学前教育场域既有以家庭为主的私人教育空间,又有以村落社区为主的公共教育空间,后者实施的社区教育具备了一些专门化的教育要素(如教师、学生、课程、教学方式等),履行着公共学前教育的某些职责。以说,在幼儿园出现之前,怒族地区私人教育空间和公共教育空间共同构建了完整的儿童教育生态系统,实现了儿童三重生命(自然生命、精神生命、社会生命)的共同成长。

从稳定性来看,怒族地区儿童教育生态系统在长期的自组织运行中形成了一股强大的社区力量维持着整个系统的运行。怒族家长、村落族长等组成了一个较为稳定的儿童教育群体,刘易斯·托马斯指出,一个结构有序的群体就是一个相互作用的磁场。由于相互作用,群体变成一个能够独立思考、统一谋划的"有机活物",他们拥有自己的儿童教育智慧和方式。这些教育群体通过协调各类教育组织形态,实现了共生,从而保持了整个教育生态系统的平衡。如果教育生态系统内部或外部缺乏足够打破平衡的力量,那么这一教育生态可能会较长时间处于稳定状态。笔者通过田野调查发现,怒族村落内部儿童教育群体(怒族家长、村落族长等)对"外植式"的幼儿园教育抱有怀疑、不满甚至抵制的态度。

综上,由于自然和历史原因,怒族社会新陈代谢过慢,怒族内生的儿童教育生态系统呈现出稳定平衡的态势,外植的幼儿园受到传统的社区力量遏制,很难顺利嵌入传统教育生态系统,也很难与其他内生的儿童教育组织共生共荣,这些原因都造成了当下怒族聚居区幼儿入园率不高的现状。

(三)微观生境:现代幼儿园教育时空与怒族本土时空意识的疏离

如果说怒族聚居区幼儿入园率低的外在原因是家长、族群长者等集结而成的传统社区力量对现代制度化教育的排斥,那么,幼儿园作为一种现代意义上的教育机构,自身所秉持的现代时空意识与怒族本土时空意识的疏离,可能是造成低入园率的一个内在原因。

"文化-生态"理论非常重视环境在个体发展中的作用。"文化-生态"理论所强调的环境不仅指自然环境,也指社会文化环境,以及人们在日常生活中所形成的关系网络。日常生活始终是遵循着文化时空的框架或轨道而运行的。看似抽象和纯粹的时间和空间,其实从来都是"文化的",都被文化所形塑;人们对于时间和空间的感知、编制和配置、运用,向来就是生活文化的基本脉络和秩序。可以说,不同的时空关系构成了不同的文化生态系统,置身于其中的主体也因此形成了不同的时空意识。那么,怒族本土的时空意识有何特点呢?

其一,从时间维度来看,怒江大峡谷相对封闭的自然生态环境和较低的社会发育程度,使得怒族聚居区至今仍保留着传统农业的生产生活方式。在传统的农业社会,社会活动围绕农作物展开,人们的时间安排多是以农作物的生长规律为根据,这种时间系统被称为"生物时间"。怒族社会的生物时间意识表现出模糊性与随意性,即他们对具体的钟表时间不太关注,时间的紧迫感不强,基本根据太阳的位置来安排一天的饮食起居与劳作。怒族儿童的日常生活教育正是基于生物的生长规律和日月星辰的变化展开的,如三月开春后,6岁以上的男孩就要跟着爸爸学习狩猎;夏天雨水过后,四五岁的孩子就要和大人一起上山采集鸡枞、木耳、菌子等;秋天砍伐竹子后,女孩们就会跟着妈妈学习编竹篓等。平日里怒族幼儿根据太阳的位置从容不迫地安排每天的起居、玩耍与劳作,他们不需要按照钟表时间安排一日作息,也不需要按照钟表时间完成学习任务。在怒族儿童的世界里,钟表时间虽有意义却没有约束力,他们的时间感并不急迫。

其二,从空间维度来看,生活在传统农业社会里的怒族居民与生活在现代化城市里的人对空间的感知是不一样的,怒族社会生活的空间维度仍残留着前现代社会的特点。安东尼·吉登斯曾这样描述过前现代社会的空间:在前现代社会,空间和地点总是一致的,因为对于大多数人来说,在大多数情况下,社会生活的空间维度都是受"在场"(presence)的支配,即地域性活动的支配的。怒族儿童的日常生活正是一种"在场""不离土"的教育实践,教育内容和空间就是本土生活的一部分,教育空间是"情境化"的,教育主体就在情境当中,外在的空间不是需要主体加以认知的客观对象,而是主体融在其间体验与感受的,不再以主客二分为前提。笔者通过田野调查发现,怒族许多传统文化资源都是儿童日常教育的素材,如,儿歌《阿姆嘟嘟》《出太阳》《痒痒啰》《咕嘀咕嘀金狗叫》;舞蹈《逗趣》《儿童打核桃》《乌鸦喝水》《猴子打架》;神话故事《乌鸦与咕益》《青蛙与老虎》等。这些孩子们耳熟能详的儿歌、舞蹈和神话故事作为教育内容处处体现了"情境化"的特点:一方面体现怒族儿童真实的生活世界,另一方面体现教育主体对赖以生存的自然生命的敬畏之情。怒族本土的教育实践没有把自然看作是一个抽象的、客观的世界,而是体现了人与自然和谐统一的情景化空间意识。

基于自然环境和传统的生产生活方式,怒族社会形成了以"生物时间"和"情境化空间"为特点的时空意识,怒族儿童在日常生活教育中也自然习得了这样的时空意识。然而,作为工业文明产物的幼儿园所秉持的现代时空意识及其知识体系与怒族的本土时空意识截然不同。现代幼儿园的时间并非"生物时间"而是"钟表时间",幼儿园的一日生活作息时间表都按统一标准制定,时间表按照几点几分的格式规定了入园、离园、吃饭、睡觉以及每节课(活动)的时间。对于怒族儿童来说,钟表时间是抽象的,时间不再是可以看到"日出日落""四季更替",而是被"上课、下课""上学、放学"的更替所取代。教师在遵循这些时间规则时,也构成了怒族儿童紧迫、环环相扣的生活节奏。此外,现代幼儿园的教育空间也体现了"抽象化""离土化"的特点。有学者认为,以现代性建构为旨归的学校教育,其空间的情境化及各种意义不再凸显,取而代之的是各种象征标志、专家系统、信任机制。在现代空间中,空间的"在场性""实体性""稳定性"特征消失了,取而代之的是人们与空间更为抽象的"功能性"和"流动性"关系。学习、工作、生活因其不同的功能需要而分属不同空间,人们在不同空间反复移动。同样,怒族聚居区的幼儿园空间设计也不可避免地走向了"抽象化"和"离土化"。

第一,幼儿园教育环境创设与怒族的传统文化相疏离。怒族地区幼儿园采取标准化建设,建筑风格与小学基本一致,环境创设几乎没有体现地方文化特色。幼儿园的墙面装饰要么是一些流行的卡通形象,要么就贴上几张鼓励孩子好好学习的"名人名言"。教师的服饰、语言、课程内容都与怒族文化毫无关系。幼儿园教育不再置身于本土情境,抽象化的幼儿园空间让怒族儿童感到陌生和焦虑。一些怒族家长表示,他们放弃送孩子去幼儿园的原因是孩子适应困难,很多怒族孩子入园一两个月后还经常哭闹,无法很好地适应幼儿园的学习与生活。

第二,政府创办的乡镇中心幼儿园远离怒族村落,寄宿制度与怒族传统养育习俗相矛盾。乡镇中心幼儿园的"离土化"表现为空间上实实在在的距离。以匹河怒族乡为例,乡镇中心幼儿园离最近的一个怒族村落有4公里,离最远的村落有20公里。为了扩大中心幼儿园的辐射面,2012年开始,匹河怒族乡中心幼儿园为路远的家庭提供了寄宿制服务,并免去寄宿幼儿的相关费用。然而,这一"好心"的举措并没有明显提升怒族幼儿的入园率,究其原因是怒族"养儿不离家"的传统习俗与寄宿制管理之间存在着矛盾。怒族的传统养育习俗反对父母与孩子分开,怒族青年一旦成家有了孩子就不会随便离家。考察发现,怒族聚居的村落里几乎没有留守儿童,个别村落(如老姆登村)的留守儿童比例为零。访谈中,几名曾经在外打工的怒族青年都表示,有了孩子后他们便不会再外出务工,更不会把孩子送到很远的地方去,也绝不愿意让孩子去幼儿园寄宿。可以说,怒族聚居区幼儿园空间上的"离土化"是导致幼儿入园率低的一个重要原因。

综上可见,怒族社会的发育程度、传统儿童养育生态及其本土时空意识都是影响怒族幼儿入园率的重要因素。基于对怒族聚居区文化生态系统中隐性力量的考察与阐释,我们意识到,政府盖好的"现代"幼儿园因受社区力量的遏制,没能很好地融入本土教育生态系统;政府看似对症下药的学前教育发展实践,因简单化的单方面政策导致了另外一些更为复杂的深层次问题,这些问题恰恰与政策制定者的初衷背道而驰。可以说,怒族地区的幼儿园并没能如政府期望的那样成为促进大多数幼儿发展的重要场所,过低的入园率使这些"现代"幼儿园陷入了功能失效的"窘境",仅仅成为村落里的一个"漂亮摆设"。因此,为了使幼儿园教育融入本土养育文化生态,使其成为怒族幼儿获得教育公平的有效途径,政策制定和实施者应综合考虑怒族传统的养育习俗及养育生态系统,从整体性和内源性发展两方面来思考怒族地区学前教育的发展问题。

第三章

心与物游：
节日仪式与民间游戏中的儿童成长

儿童养育习俗是广大劳动人民在长期的儿童养育与教育活动中形成的观念形态与实践形态，它一方面涉及儿童的喂养与照料，另一方面涉及儿童的教育。作为一种教育活动，儿童养育最本质的规定性就在于它是以影响儿童的身心发展为首要和直接目的。民间儿童养育的形态尽管十分复杂，但其根本目的是明确的，那就是"让孩子成长"。

儿童的成长不是抽象的臆想，而是在具体的交往性事件中实现的。对于怒族儿童来说，日常生活世界是他们成长的土壤。自然、同伴和成人是生活世界里的三大要素。三大要素要实现对怒族儿童的教育影响，必须通过交往实践活动来实现。可以说，怒族儿童的日常交往实践活动构成了怒族儿童的生活世界。因此，要探究怒族教育儿童的观念与方式，应回到怒族儿童的日常生活世界，考察怒族儿童是如何在交往性事件中实现成长的。

一、"接圣水"仪式中的儿童德性生长

长期以来，仪式这个概念在西方社会学界主要在消极意义上被使用，许多社会学家（如福柯）激烈地批判过集权系统里的仪式如何对人进行规训和压制，仪式的过程使人一体化、同质化，并在此过程中巧妙地掩盖了权力关系。可以说，20世纪中外教育学界对仪式的认识比较片面，认为仪式是一种限制儿童个体发展的刻板、不真实的行为形式，这种应对民主政治而形成的仪式理念，显然忽视

了仪式的复杂性。21世纪初,由德国教育人类学家乌尔夫带领的"柏林仪式研究"小组向人们揭示了仪式的另一面,他们发现对于社区和社会、集体和个人而言,仪式的含义要比仅局限于仪式批判广得多;仪式组成了社会,没有仪式就没有社会;仪式具有建设性,仪式和仪式化对于个体发展和集体产生、维持及改变有着非常重要的作用。

教育学界长期对仪式的忽视或有误解是不应该的。事实上,教育与仪式之间存在着许多天然的亲密关系。英国人类学大师维克多·特纳认为,世界上大多数较为简单的社会和许多"文明"社会都有许多典礼或仪式,标志着个人从生命或社会地位的一个阶段过渡到另一个阶段。人类学家用大量的事例证明,仪式对人与社会不全是消极、无情的规训与压抑,而更多是促进人际互动、实现社会凝聚、传承族群文化、发展个体情感与认知的一种社会文化实践活动。

教育,作为一种深深根植于社会文化的实践活动,与仪式之间存在着诸多共通之处。一方面,仪式的过程实质上是一种事实与关联在象征性活动中的表达与处理,它巧妙地融合了人、自然以及他人之间的多元互动关系。这种互动关系恰似教育过程中教育主体间的交互作用。另一方面,教育过程本质上是一个文化传承的动态过程。教育的根本目的就在于维护和弘扬文化的价值,并按照这些价值来精心培育下一代,确保文化的生生不息、绵延不绝。而仪式,正是教育实现这一文化传承目标的重要载体。仪式所蕴含的象征性符号,不仅是一个族群文化的鲜明体现,更是族群文化的集中表达。在仪式中,人们(儿童)会经历文化的"表达—接收—解释"这一过程,从而丰富其生活经验,深化对文化的理解和认同。

(一)乃仍节"接圣水"仪式

在怒族儿童的成长过程中,要体验和经历无数的仪式活动,这些仪式有的发生在家庭文化场,有的发生在社区文化场。仪式涵盖着各式各样的文化活动,因此衍生出诸多不同类型:有的仪式伴随着生命的重要时刻,如婴儿诞生、儿童成长、成年礼、青春期的转折、婚礼以及生命的终结,这些均属于过渡性仪式;此外,还有那些在节日、宗教庆典和纪念日等举行的周期性仪式;再有便是为庆贺新居落成、祈求健康长寿等而举行的加强性仪式。很多时候,这三种仪式类型是相互交织在一起的。其中,有两个仪式活动需要怒族儿童全程参与:

一是每年农历三月十五的乃仍节的"接圣水"仪式;二是新屋建成的"亲子拴线"仪式。怒族儿童在这两个仪式的过程中,需亲自完成某些演示和任务,学习和掌握一些仪式知识。

乃仍节是怒族人最隆重的节日,"接圣水"是其中一项重要仪式。乃仍节当天,怒族男女老少穿上节日盛装,带上早已准备好的祭品和野餐所需的各种食物,手捧鲜花,纷纷汇聚到村寨附近被当地人称为"仙人洞"的溶洞边,在喇嘛和怒族祭师"纳姆萨"的主持下举行祭拜"仙人洞"的祭祀祈祷仪式。祈祷结束后,怒族父母会带着年幼的孩子一起进洞向传说中的女神阿茸献花和粮食种子。之后,孩子们会拿上水瓶汲取钟乳石上滴落的"圣水"带回家。

"圣水"被怒族人誉为"仙奶",带回家洒入田里,以祈求来年的粮食获得丰收;倒入醋或酒中饮用,以求得身体安康无恙。

笔者在丙中洛镇考察期间,与怒族村民一同参加了2014年农历三月十五的乃仍节,并运用民族志记录了怒族儿童"接圣水"仪式的过程。在怒语里,"乃"是指神仙洞的意思,"仍"是"接圣水"的意思,"乃仍"的本意就是"到神仙洞里接圣水"。因此,"接圣水"可谓是乃仍节最重要的仪式活动,也是最能体现怒族集体精神意识的文化活动。"接圣水"仪式中儿童参与的主要活动有以下三个部分。

1. 摘花与净瓶

"接圣水"仪式必须在溶(岩)洞[①]里完成,洞中钟乳石的形状似女性乳房,因此接圣水又被称为"接乳汁",有人类学者认为这是怒族先民女性崇拜的遗存。大人们听完诵经之后,会带着孩子们去山上采摘新鲜的杜鹃花,有时会直接把摘花的任务交给孩子们来完成。三月的丙中洛镇,鲜花盛开、风光如画,断续温和的小雨涤净尘埃,孩子们成群结队地上山摘花,一路上玩闹嬉戏、欢声笑语。

[①] 怒族人将祭拜的溶(岩)洞称为"仙人洞",它们是乃仍节进行祭祀的主要场所。乃仍节流传的区域一共有四个著名的"仙人洞","吉木斗""信迴乃""帕姆乃"和"登雀乃"。笔者考察的丙中洛镇怒族主要祭拜的是帕姆乃洞。帕姆乃洞坐落于丙中洛镇,洞口朝东,宽15米、进深约20米、高3—5米。洞中的钟乳石从上而下呈倒垂状,人们可以接到水的钟乳石约有10个,洞中间的一块最大,滴水也是最多的。这块最大的钟乳石旁搭建了一个两层的石桌,上层用来摆杜鹃花和松枝,下层用来摆放香油、玉米等祭品,离地1米的洞壁上贴着喇嘛写的经文。

六七岁的孩子是这项任务的主力军,对于他们来说,这样的"任务"充满乐趣,更像是小伙伴们相约踏春出游。当然,作为祭祀仪式的一部分,摘花环节也会带有一些"神秘"感和隐性规定,例如,摘到的花不能随意丢在地上,也不要摘得太多,一人一束即可。献花之前要用草绳捆成小束,否则就是对神灵不敬。此外,孩子们要负责把各种瓶子清洗干净,以示对神灵的敬重。完成这一环节后,大人带着孩子们一起进洞摆放鲜花和祭品,孩子们摘来的鲜花要插在三个地方:一是插在"仙人洞"的祭台上;二是插在家中;三是插在进洞的亲朋好友和年幼的孩子身上。笔者跟着村民施文福一家进"仙人洞"插鲜花,当他遇到亲戚朋友和小孩时,就会取一枝手里的杜鹃花献给他们,并要说一句:"平安、健康、幸福。"成人献花的举动,必会影响孩子,手捧鲜花的怒族孩子,如见到自己的同邻人或老人也会为其献上一枝花。

2. 朝拜"乳石"

敬献鲜花之后,仪式进入到朝拜环节。朝拜的过程又分为三个步骤:献祭、磕头、祈祷。朝拜的对象是"仙人洞"里的"乳石",隐藏于"乳石"里的神灵是怒族人原始宗教里最崇拜的女神——阿茸。阿茸主管这一带人口的兴衰、农业的丰歉和畜牧的增减,还护佑着妇女的生育、儿童的健康与成长。因此,为了表达对她的敬畏、爱戴,也为了得到她的庇护,怒族人会把最好的食物、鲜花献给她。据了解,在物质缺乏的年代,如果没有肉类食物,人们会用面食替代。

"乳石"是女神阿茸的化身,是整个"接圣水"仪式的主角,它使阿茸这一神灵的存在对象化和具体化了。在许多民族的祭祀活动中,常常禁止妇女和儿童参与,而在怒族社会,女性和儿童往往是仪式活动的主要参与者。笔者观察到,村落里几乎所有的怒族儿童都会参与朝拜"乳石"的仪式,进洞朝拜的儿童大的有十多岁,小的还尚在襁褓,他们被妈妈或年长妇女背在身后一起"经历"整个朝拜的过程。两三岁以上的孩子通过模仿大人认真地完成了仪式的动作与语言,大多数六七岁的孩子能自己完成朝拜"乳石"的仪式。

阿旺把扎好的一束杜鹃花插在祭台上,然后在祭台的下层放了两节玉米棒,并帮着妈妈在祭台的油灯中倒上自家带来的香油,随后在祭台前磕了三个头。磕头之后,阿旺跟在他父母身后与一同朝拜的人围成一个圈,他模仿大人的样子,双手合十在胸前,开始跟着大家围着洞里最大的"乳石"顺时针转圈,转圈时嘴里还用怒语念着"女神阿茸啊,请来看看、尝尝我们送来的好吃的,请您保佑我们明年的玉米又大又多,猪儿又壮又肥,家人平平安安,娃娃像竹子一样快快长高……请神仙开恩,保佑我们。"大家边念边转九圈后,朝拜结束。当我看到一个六岁的孩子在朝拜过程中如此认真、虔诚,并对朝拜过程非常熟悉,还是有些小小的震撼。阿旺告诉我,只有他好好给女神献花、念词,待会儿才能从乳石上接到一大瓶"圣水",他想把"圣水"带回给生病的奶奶喝,希望奶奶的病快点好起来。

(摘自田野调查日志,2014年4月14日)

3. 接满"圣水"

祭拜"乳石"之后最重要的仪式活动就是"接圣水"。从客位的角度来看,圣水是溶洞中滴下来的水,溶洞中的钟乳石是水和二氧化碳的缓慢侵蚀而创造出来的杰作。碳酸钙经过沉淀千百万年而形成的钟乳石,每逢多雨季节就会从洞顶往下一直滴水,因钟乳石长得像女性乳房,所以怒族人也会把"圣水"称作"乳汁"。从主位的角度来看,由于阿茸的传说或岩石崇拜使得这些普通的水滴具有了神圣的意义。传说中的阿茸在溶洞中遇害,最后变成了钟乳石。人们之所以要接洞中的滴水喝,是一种对神圣崇拜的物化表现:一方面是对阿茸的尊敬,另一方面是想得到仙人的保佑。[1]

在参与仪式时,笔者发现了一个有趣的现象:在帕姆乃洞接圣水的人中,儿童占了很大的比例,并以学龄前的儿童居多[2]。一些刚刚会走路的幼儿也煞有介事地拿着水瓶"接圣水",当然能够高效、顺利完成任务的还是那些六七岁的儿童。

如前所述,怒族人把钟乳石上滴下的"圣水"看作是女神的"乳汁",而"乳

---

[1] 张跃.仙女节[M].北京:光明日报出版社,2012:72.

[2] 笔者田野调查期间发现,怒族村落很多文化活动或庆典仪式参与的儿童以学龄前儿童为主,多方访谈后得知,2001年实施国家"撤点并校"政策后,村里的适龄小学生都到乡镇中心寄宿学校就读,孩子周末才能回家,少数孩子因家离得太远,一个月才回家一次,因此,近年来参与怒族村落文化活动和教堂儿童主日学的儿童群体以学龄前儿童为主。

汁"是用来哺育幼儿的,所以怒族父母认为接到的第一瓶"乳汁"应该先让孩子喝一口,如果孩子能自己亲自接"乳汁",那么女神阿茸会更高兴,他们也会得到女神更多的庇佑与祝福。在"互渗律"观念的影响下,怒族父母会让自家的孩子拿着洁净的水瓶亲自接"圣水"。(如图1)

图1 "接圣水"的孩子们

(二)"接圣水"仪式中的教育发生

教育,作为"把一切事物教给一切人"的实践伴随人类的历史绵延至今,持续而从未间断地发生着。并且,教育的发生将继续伴随人类的存在而存在。由于教育的发生,人类的认识才得以世代传承和发展,才有今天人类文明高度发达的社会生活。教育自身也在这个历史的过程中发展出它对于人类社会生活具有根本意义的文化形态。教育发生作为这样一种社会生活的文化形态,如此普遍而永恒地存在着。[1]可以说,"教育发生"是教育的个体(心理)发生与教育的历史(社会)发生的统一。[2]"接圣水"仪式作为一种古老的节日文化活动,其本身蕴含的文化符号及符号之间的运作符合教育发生的机制。

1. 仪式"混沌的直观"是儿童认识与教育发生的原初动力

黑格尔在《精神现象学》中最早论述了个体与人类精神发生史的一致性,他认为,个体精神的发生史与人类精神的发生史是一致的,个体精神的发生是人

---

[1] 宁虹.教育的发生:结构与形态——发生现象学的教育启示[J].教育研究,2014(1):20.
[2] 董标.教育发生过程的基本特点[J].华南师范大学学报(社会科学版),1994(3):41.

类的精神发生的简约化了的重演。从人类思维的发展来看,人的思维起始于感性的具体,然后通过比较、分析从具体中揭示出抽象的规定,最后通过综合为主的过程,达到思维中的具体。从人类社会的发展来看,人类文明的进步始终伴随着对各类对象认识的不断深化。这一认识过程起始于一种"混沌的直观"状态,即人类对事物缺乏清晰、系统的理解;随后,随着认识的深入,人类开始能够分析并识别出对象的"抽象的要素",即事物的本质特征和属性;最终,人类能够将这些要素进行"有机组合",从而构建起完整、系统的知识体系。无论是泰勒还是列维-布留尔,都在各自的著作中将原始人与现代文明中的儿童进行类比,更有如霍尔、格塞尔、皮亚杰等心理学家直接断定儿童的思维发展与原始人的思维发展经历着类似的过程,儿童心理发展的历史重演了人类认识发展的历史。如前所述,作为"直过民族"的怒族,其生活方式和传统文化仍保留着某些原生性的特点,"接圣水"仪式正好是一个融合了原始崇拜、原始生产、人神交往的古老仪式文化。从文化人类学的视角来看,它是初民社会时期怒族人主观精神的外在化和客观化。献花、朝拜和钟乳石的象征性想象都体现了怒族人原始社会阶段"混沌直观"的思维状态;仪式中的文化符号和仪式的过程都是人、自然和神灵的统一体。可以说,仪式中所体现的物我相和、万物统一与幼小儿童的认知状态高度吻合。

古老的仪式积淀着怒族的历史传统,对怒族儿童来说具有原初的意义。儿童参与仪式的过程就是原初意义不断被激活和唤醒的过程,这一过程使儿童的认知进入"意义的流传增值"[①],从而经历教育的发生。直观性、表演性正是仪式的两大特性。在怒族儿童亲身参与并细致观察"接圣水"仪式的每一个环节时,仪式的各种文化符号便直观地展现在他们眼前。通过这些符号,怒族儿童在整体统觉中深刻感知着生态、道德等知识的内涵及其原初的意义。他们不仅能理解这些知识本身,更能领悟到这些知识之间的内在联系。这一过程构成了怒族儿童认知体系的形成与发展,也标志着教育的自然发生。在仪式中,怒族儿童不仅学习了传统文化,更在亲身实践中获得了对世界的深刻理解,这种教育方

---

① 意义的流传增值是认识构成物如何在不断发展中达成理念客观性而不改变其原初意义的明证的机制。这个机制的基本构成在于意义是建立在意义之上的,较早的意义就在有效性方面将某种东西传给较后的意义,它甚至以某种方式进入到较后的意义。

式既生动又深刻,对怒族儿童的成长具有不可替代的作用。

2.仪式过程中符号的相互作用促成了教育发生

德国哲学家卡西尔把人是"理性动物"的概念扩展为人是"符号的动物",睿智且有气魄地构建了一个庞大的人类文化哲学体系。在卡西尔眼里,人就是符号,就是文化——作为活动的主体,人就是"符号活动""符号功能";作为这种活动的实现就是"文化""文化世界"。人通过符号化活动创造了文化世界,可以说,人类文化的全部发展都依赖于符号化的思维和符号化的行为。而仪式的本质就是符号性的,仪式是各种符号的集合,仪式的过程正是各种符号要素之间活动的过程。

在"接圣水"仪式中一方面是由仪式起源的神话故事(精神符号)、钟乳石、滴水和水瓶(物质符号)、祈福或朝拜之词(语言符号)等构成的意义(知识)之网;另一方面是由成人与儿童组成的教育主体之网。在仪式过程中,两个"网"中的符号相互作用,构成了成人与儿童、儿童与儿童、儿童与他人(神灵)的交往实践。通过符号间的深度交互,自然之文得以内化为文化之理,进而孕育出一个民族相对稳定的文化精髓与知识体系。这些符号所创造的知识,旨在"维护"与"保全"群体的存续、命运及其救赎历程。它们不仅促使群体形成对某种"具有压倒性优势且神圣"的实在之认知关系,更将这种关系视作最高的善和"万物之源"的实存基础来尊崇。这种认知关系,是群体共有的、经久不衰的、关乎生命延续的迫切需求。

符号的相互作用一方面创生了知识,另一方面传承了知识。无论是知识创生还是传承,其落脚点都是在完成对儿童的化育,最终实现对儿童潜移默化的深层影响,从而提高儿童的生命境界。这一过程便是文化的过程、教育的过程。只不过与制度化的学校(幼儿园)教育相比,这种在仪式活动中的教育是以一种极为朴素的形式、融于所在民族社会的一切活动之中。教育内容丰富多彩、教育方法灵活机智,教育场所适机而变。[①]可以说,怒族儿童通过参与"接圣水"仪式的整个过程,体验到了怒族传统的共生文化,感受到了来自族群成人的认同与庇护,掌握了本民族的文化符号、建构了初步的价值观。对于怒族儿童来说,这一过程是现实的教育因素与可能的教育因素自发联结而成的学习过程。

---

① 么加利.西南民族地区校内外教育系统功能研究[J].西南大学学报(社会科学版),2007,33(3):60.

(三)"接圣水"仪式的儿童德育价值阐释

"接圣水"作为怒族儿童普遍参与的节日活动,它体现了仪式最根本的两个特征:一是对神圣事物的敬畏之心;二是手段与目标关系的符号性。可以说,"接圣水"仪式的整个过程蕴含着丰富的怒族文化符号,这些文化符号表达了怒族社会(族群)共同的价值关怀。那么,这样的一种文化仪式,其符号和过程对儿童来说是否具有教育价值呢?要回答这个问题,首先得分析价值与教育价值的判据。

"价值"是一个哲学概念,是对主客体相互关系的一种主体性描述,它代表着客体主体化过程的性质和程度,即客体的存在、属性和合乎规律的变化与主体尺度相一致、相符合或相接近的性质和程度。这一定义体现了人是价值的主体的观点。万物的价值不是世界本身所固有的,物的价值因人而异。当人们判断一个事物有价值时,意味着客体或价值对象与主体生存、发展和完善需要统一,意味着客体的外在尺度和主体的内在尺度统一。因此,这里所阐释的仪式的教育价值或意义就是主体赋予的。正如有学者所说的那样,行为本身并非一开始就贴有什么"教育"的标签。所谓教育行为只是由于我们对教育的关注或是以教育观点看待它才能存在。仪式作为一种文化活动,它的价值实现必定与人的发展相统一。如果一种仪式的符号或过程有利于主体(儿童)生成、发展和完善,特别是有利于主体(儿童)的文化和"人化",那么,从某种意义上来说,这种仪式文化活动具备了一定的教育价值。

基于价值的内涵来看,我们说某种文化活动具有儿童教育价值,那是因为这种文化活动蕴含了人们关于"儿童"的理想状态和价值标准。长期以来,在教育学家眼中,仪式是消极的,他们认为仪式活动削减了参与者的主体性,他们只看到了仪式对儿童的规训,而忽视了仪式作为一种社会文化组织形态与儿童社会性发展的内在联系,忽视了仪式在儿童个体发展和社会共同体建构过程中的建设性作用。从某种意义上说,从原始社会传承至今的"接圣水"仪式可谓是人类的"教育原型"[①]。

[①] 叶澜教授认为,在教育学语境中,能够成为教育原型的事物必须包含教育的基本要素,而且要素间具有内在联系。从这样一个思考问题的方式出发,在原始社会人类的活动中能成为教育活动的就是人类相互非物质性的交往活动。

"接圣水"仪式过程不但有交往的双方和交往的内容,交往的结果还对怒族儿童产生了情感、认识、行为或意志的影响,只不过这种影响更多地体现在对儿童的德性教化方面。所谓德性教化就是通过教育与文化熏陶,在潜移默化中不断提升心灵境界,增强道德能力,最终使人获得道德精神生命的自由。真正的教化就是让儿童在身心和谐的对话中,在集体道德叙事和个体道德叙事和谐的对话中,启蒙德性,实现儿童精神的自由创造和德性的生长,使其真正享受真实和幸福的生活,形成德性生活的品质。①那么,为什么说"接圣水"仪式对怒族儿童有德性教化的功能呢?其过程对参与的儿童有着怎样的教育意义呢?这就是接下来所要分析的问题。

1. 仪式以"母爱"为德性发生的内在原点,唤醒了儿童的德性欲望

德性欲望,如同认知欲、创造欲,解决的是人为何需要德性或德性化生存。儿童的德性欲望是指儿童德性产生和发展的"原目的"力量,即儿童本性本身的条件性显现,它属于儿童的生命意志、生命强力、原生性情感和存在性心灵渴望范畴,是儿童心理的无意识部分。②儿童的生命存在本性是儿童一切生存行为和伦理行为的原点,是德性生长和发展的原点。那么,这个内在的原点是什么呢?德国哲学家马克思·舍勒基于现象学的研究发现,"爱"是人类心灵的第一规定,"爱"依据自身的逻辑在人类心灵之中形成了价值及其秩序的先验事实,它普遍适用于任何个体,是人类安身立命的根本。③在舍勒看来,"爱"是人类所有行为的原始动力,是精神和理性之"母",所以舍勒给了"爱"另一称呼是"原行为"。对人而言,"爱"成了最初的、具有本体论性质的东西,在"爱"的基础上,构造出了人的价值、精神和完整的人。美国哲学家弗洛姆也认为,爱是一股把人类、部落、家庭和社会结合在一起的力量。没有爱,人类一天也不可能生存。可以说,爱的本质是主动的,是人们在道德生活中积极主动的源泉。

对于儿童来说,"爱"特别是"母爱"是他们自身的原初生命欲求,德性的生长、幸福的感受是以爱的原始情感为前提的。有学者发现,母亲的照料之爱为

---

① 王乃正,郑蓓,虞永平.德性与幼儿教育[M].合肥:安徽少年儿童出版社,2011:7.
② 孙晓轲.儿童德性论[M].济南:山东人民出版社,2011:120.
③ 蒋曦.位格·爱·价值——从舍勒现象学的基本要素看其现象学的独特性[J].复旦学报(社会科学版),2007(5):51.

儿童创造了一个值得信赖的、可靠的、纯洁的空间。儿童所获得的将是依附的、有意义的、熟悉的、亲近的和易于交往的品格。可见,儿童如果得到母亲的呵护,长大后很容易与他人之间建立信任关系,形成一种亲社会的人格特质,母爱将成为儿童道德生长的原点。

"接圣水"仪式的所有议程都围绕着一个"原型"——女神阿茸来展开,这个"原型"就是人类学家常说的"原始意象"。荣格曾在一次演讲中解释道,原始意象或原型是一种形象,或为妖魔,或为人,或为某种活动,它们在历史过程中不断重现,呈现为一种神话的形象。每一个意象中都凝聚着一些人类心理或人类命运的因素,渗透着人类祖先历史中大致按照同样的方式无数次重复产生的欢乐与悲伤的残留物。每当这一种神话的情境再出现之际,总伴随着特别的情感强度,就好像人类心中未曾发过声响的琴弦被拨动,或者有如人类未察觉到的力量顿然爆发。[①]怒族先民母系氏族公社时期形成的"崇尚母性"的集体意识蕴含在"接圣水"仪式活动的各个方面,无论是女神阿茸拯救怒族人的神话,还是具有"母亲"象征意义的"钟乳石""乳汁"都表明"女神阿茸"是"接圣水"仪式的原型。仪式活动发生的根源是为了纪念"女神阿茸"的救世之举,她在怒族文化中被符号化为"众生之母",她的"乳汁"不但哺育了怒族的祖先,还将永远泽被后世。

几乎所有的怒族孩子都知道有关阿茸的神话故事,他们从小就被长辈告知"女神阿茸"是所有怒族人的"母亲",要像对自己的妈妈一样尊敬和爱戴女神阿茸。考察发现,对于年龄尚小的幼儿,妈妈会全程陪同孩子完成仪式,无论是摘花、朝拜还是接"乳汁",孩子们都是在母亲的引导下或与母亲的互动中完成的。当孩子拿着水瓶面对形似母亲乳房的钟乳石接水时,其内心对母亲的依恋和爱的原初情感会被唤醒,从而成为儿童德性生长的原动力。可以说,整个"接圣水"仪式充满了浓浓的"母爱"之情。一方面仪式的所有符号都传递着"爱母、敬母"的母性崇拜观;另一方面仪式过程中母亲与孩子的互动也容易唤起孩子对母亲的感谢,从而成为德性养成的原动力。

为什么说"接圣水"仪式能唤起儿童的德性欲望呢? 那是因为,对幼小儿童来说,"母爱"是最为原始的感情,是他们的一种自然欲望,是道德生成的原点。

[①] 孙丽丽,屈博."表演"观照下的仪式教育——以中国古代释奠礼的表演性因素分析为例[J].基础教育,2014,11(3):20.

事实上，裴斯泰洛齐、卢梭等教育家都曾论述过"母爱"在儿童德性发展中的重要作用。裴斯泰洛齐更是鲜明地指出，儿童对母亲的爱是儿童道德发生的原点。裴斯泰洛齐认为儿童道德教育的第一个阶段是唤起道德感情，通过母亲的爱满足孩子的各种需求，而这种道德情感不是随便产生的，是通过儿童与最亲近人之间互动产生的。在裴斯泰洛齐看来，母亲的爱被认为是道德教育最基本的要素，母亲通过哺育、抚养孩子和满足孩子日常生活的需求来建立亲子之间的健康关系。母亲给予孩子爱，孩子也认识到了爱，从而在自己内心埋下爱的种子，并逐渐形成对母亲的感激之情。裴斯泰洛齐还指出，道德情感的发展过程是以母亲为起点，从而爱家庭其他成员、爱邻居、爱一切人、爱人类。对于怒族儿童来说，"接圣水"仪式的文化场及其文化符号让他们沉浸在一个以"母爱"为主题的文化空间中，仪式的过程又帮助他们把日常生活中母爱的情感进行了整合，以母爱为原点，唤醒了他们"爱"的情感，从爱母亲，逐渐发展成为爱他人、爱自然，这是一个推己及物，由近及远的道德实践过程，也是儿童道德迁移的过程。每个孩子的内心都是善良的，在得到他人的帮助和关心时，他们也会希望自己能够帮助别人。"接圣水"仪式以"母爱"为原点，唤起了孩子关爱他人的道德情感，也促成了孩子其他道德品质的发展。

主持仪式的喇嘛宣布开始"接圣水"时，孩子们就拿起大大小小的矿泉水瓶走到他们认为"乳汁"多的钟乳石下面接水。由于钟乳石上的水是一滴一滴地滴下来，接满一瓶250毫升的矿泉水瓶需要20分钟左右，如要接满500毫升的一瓶，花费的时间更长。我想，对于活泼好动的孩子来说，要老老实实地站着或蹲在那儿完成这个任务并非易事，但让我惊讶的是，所有"接圣水"的孩子都耐心、认真地完成了这个神圣的仪式。"接圣水"的过程中，没有一个孩子吵闹、抱怨，也没有一个孩子中途放弃或转投他事，所有孩子都自始至终接满一瓶水，有的孩子还连续接了好几瓶。

我观察"接圣水"时的孩子，发现他们都安分守己、目光虔诚，专注地注视着滴入瓶中的水滴，仿佛每一滴"圣水"都是家人幸福、安康的希望。我一直关注的小男孩阿旺接好了第一瓶"圣水"后，小心翼翼地倒在瓶盖里，喂给了蹲在他身旁的妹妹，嘴里还轻轻地说道："女神的乳汁保佑你，健康平安。"我想，作为哥哥的阿旺虽然年纪不大，但已经有了守护妹妹、守护家人的责任心。等待"圣水"滴满瓶的过程似乎有点漫长,但怒族孩子们在这神圣仪式中表现出的坚持与耐心,温和与护幼的美德让我感动与赞赏。一瓶瓶清透的"圣水"不但像母亲的乳汁一样滋养着孩子们的身体、守护着他们的安康,还像美德的清泉涤净着孩子们的心灵。对于孩子们来说,神圣、美好的"接圣水"仪式正是一个美德化育心灵的过程。

(摘自田野调查日志,2014年4月14日)

可见,以女神阿茸为原型的"接圣水"仪式让儿童能感性直观地体会母子之情,以"母爱"为原点唤醒了儿童心灵之中的先验情感,从而促进儿童关怀他人德性的生长。这一过程对儿童德性的养成有着重要的意义。内尔·诺丁斯在《学会关心——教育的另一种模式》一书中写道,关心和被关心是人类的基本需要。我们需要被他人关心。当一个人处于婴幼儿时期,或者病痛和衰老来临之际,这种需要显得尤为迫切和普遍。我们接受关心,生活在关心所营造的一种氛围之中。没有这种关心,我们就无法生存下去,成为一个完整的人。在人生的每一阶段,我们都需要被人关心,随时需要被理解,被接受,被认同。怒族古老的"接圣水"仪式对儿童的德性教化是以"体验母爱"为原点的,以"关怀他人"为伦理规范,重视人与人、人与自然生命伦理的建构,注重培养孩子的关心和责任心,这样的儿童道德教育对我们反思当下幼儿园德育活动低效问题有重要的启示价值。

2. 仪式以"尊敬"为德性发展的外在动力,实现了对儿童生命伦理的教育

皮亚杰的研究发现,影响儿童道德生活的情感是非常复杂的混合情感,是由爱和恐惧组合而成的,道德学家们称之为尊敬的情感。皮亚杰认为,对有些人来说,尊敬构成了一种衍生的类型上独特的情感状态,就像爱和恨一样,它得有其他的人作为对象,但它直接依附这些人所体现出来的道德价值或规则。尊重一个人,转为尊重他本人表现的道德规则,或者他所代表和使用的纪律。[1]依据皮亚杰的研究可知,儿童在很小的年龄就对某些行为产生了具有朴素道德意义的认识,儿童在与外部道德主体的相互作用过程中,因尊敬或敬畏道德主体而逐渐养成了德性。因此,儿童是可以在与外部世界的互动中习得某些伦理并初步奠

---

[1] 皮亚杰.皮亚杰教育论著选[M].卢濬,译.北京:人民教育出版社,2015:96.

定良好德性的。考察发现,怒族"接圣水"仪式正是一个以"尊敬"为儿童德性发展的外在动力,对儿童进行生命伦理教育的过程。

梁漱溟曾说,伦理就是人与人之间的各种关系,包括家庭关系、师徒关系、朋友、乡邻等种种关系。人生实存于各种关系之上,此种种关系即种种伦理。怒族先民在处理人与人、人与自然关系时也形成了自己的生命伦理,其内涵主要包括两方面:一是自然界所有生命都是有价值的,甚至是有神性的,人与自然界的所有生命体相融共生才能存活下来,人不能破坏自然界的其他生命和它们生存的生态系统;二是所有生命都是平等的,人与"他生命"的交往要遵循互惠原则,人从大自然汲取了生命的养分与资源,从神灵那里得福避祸,是需要回馈和感恩的。笔者通过田野调查发现,怒族人的生命伦理在"接圣水"仪式中得到了很好体现,怒族儿童体验和参与仪式的过程便是习得生命伦理的过程,仪式蕴含的生命共生伦理观耐人寻味。

一方面,通过人与自然的共生,儿童因敬畏自然(神灵)而生成德性。"接圣水"仪式在"仙人洞"里举行,其物理场是一个溶(岩)洞,但它在仪式的情境中具有象征性意义。

> 静谧、幽深的溶洞是女神阿茸的居所,形似乳房的岩石是大自然哺育众生的神物,岩石上缓缓滴下的清水是女神的"乳汁"。据说,孩童喝到"乳汁"得以平安成长,老人喝到"乳汁"得以健康长寿,庄稼田地喝到"乳汁"得以果实谷丰。在听了阿茸的传说,了解了仪式中的象征性文化符号化后,我和几个怒族老乡一起走进了这神秘的溶(岩)洞,当看到一个个形似乳房的"钟乳石",听到滴滴答答的水滴声时,顿时对深居在此的溶洞主人——阿茸产生了一种敬畏之情。
>
> (摘自田野调查日志,2014年4月14日)

在参与仪式的过程中,怒族儿童被告知献给女神的鲜花不能摘太多,也不能随便扔在路边;清凉的"乳汁"是女神的恩赐,不能随便泼洒,要珍惜大自然的馈赠,这样的禁忌使得怒族儿童从小就建立了保护自然、尊重自然的意识。从摘花、朝拜到接圣水,处处体现出了怒族人敬畏自然、感恩自然、保护自然的和谐生态价值观。

另一方面,通过人与人的共生,儿童因学习到尊敬和关爱他人而生成德性。

"接圣水"仪式是一个全民都可以参与的仪式活动,除了有威望的喇嘛和族长外,妇女、儿童、老人都是该仪式活动的主要参与者,这反映了怒族人在处理人与人关系上的共生思想。在怒族传统文化中,所有人都是平等的,妇女、儿童和老人等弱势群体更是应该得到尊重和关爱。

基于教育人类学视角考察和分析"接圣水"仪式的整个过程,笔者发现,如果把"接圣水"仪式看作是一个教育活动,那么仪式包含着儿童与自然、儿童与他人的两大共生教育关系。儿童参与仪式的过程就是与自然、与他人交往的过程,通过交往实践实现了儿童与自然、儿童与他人的两大教育关系的协调共生。一般来说,儿童是通过和他人的互动才发现文化之为物以及文化如何理解世界。在制度化的学校(幼儿园)教育里,人们会有意识地脱离知识使用的情境,开展专门的知识教学活动,但在怒族社会,成人对儿童的教导很多时候是通过"仪式的表演与参与"来完成的,具体表现在以下几方面。

其一,怒族儿童通过朝拜钟乳石、"接圣水"建立了初步的自然生态观。孩子们体认到"我"的成长依赖于自然的馈赠,一滴一滴接圣水的过程,让孩子体会到"乳汁"的可贵。因此,敬畏自然、保护自然、与自然之物共生的理念便埋入怒族儿童幼小的心灵里。

其二,仪式中的交往互动,连接了儿童与他人,构建了儿童与他人的共生教育。仪式目的是为家人祈福,这里的家既包括了小家里的父母、兄弟姊妹,也包括了整个族群。无论是摘花、朝拜还是接水,都需要儿童与他人共同完成,在此过程中怒族儿童会逐渐形成对族群及其文化的认同感,慢慢成长为族群的一员。虽然,"圣水护佑"的事情不会发生,但"接圣水"仪式本身不是无意义的,因为它在内容和功能上充分体现了自然与人文和谐共生的理念。可以说,"接圣水"仪式为怒族儿童的成长创设了一个能让他们真切体会到的儿童与自然、儿童与他人的共生文化场域。通过参与仪式,怒族儿童习得了关于人与自然、人与他人和谐共处、相融共生的知识,虽然这些知识在内容上缺乏连贯性,在层次上还比较混乱,在结构上也不成体系,但在功能上实现了教育的目的,影响着怒族儿童的行为习惯和思维方式。

其三,"摘花—朝拜—接水"的三个流程让孩子体验了万物生命的交往伦理。怒族古老的生命伦理不但认可所有生命存在的意义,还蕴含着各种生命交往的原则——"索取与馈赠"的互惠原则。人从"他生命"那里汲取了养分与资源，从神灵那里得福避祸，就需要以自身的美德和象征性的"礼物"①回馈与感恩"他生命"。对于怒族人来说，这是一种人与人、人与自然、人与神的交往伦理。"接圣水"仪式的三个流程蕴含着怒族古老的生命交往伦理。

钟乳石上滴下来的清水具有"乳汁"的象征性意义，孩子们接满一瓶一瓶的清水如同得到女神恩赐的"乳汁"，"乳汁"不但能哺育身体，还能安顿心灵，它是自然和神灵的馈赠，获取它之前必须精心准备交换和感恩的"礼物"。因此，仪式的第一个流程便是上山摘新鲜的杜鹃花做成漂亮的"礼物"敬献自然之神；第二个流程是在喇嘛的主持下朝拜"乳石"，这时孩子们跟着大人一起围着"乳石"转圈祈祷，祷词的内容除了祈福之外，还包含对女神阿茸的歌颂与崇敬；完成这两个流程之后，孩子们才可以拿着洗干净的水瓶"接圣水"。

一个七岁的怒族女孩对我说："大人们说直接取水是不得（礼貌）的，阿茸会不高兴的。要先谢谢阿茸去年保佑我们家之后，才能接水，要先送花后才能接水。"

（摘自田野调查日志，2014年4月14日）

孩子的行为传递了怒族人朴素的生命交往伦理观：无论是自然生命，还是神的生命都是值得敬畏的，人们应感恩自然赐予的一切，人与万物交往过程中不能只知索取，不知付出。在怒族人的观念中，天地混沌不分，人依附于其他生命，人们通过"礼尚往来"与自然和神灵交往，这样的交往表面上是一种未开化的和无经验的理性和幻想，却恰恰符合了生命互动的法则和运作规律。通过参与仪式，怒族儿童知道了什么是"交往之礼"，体验到了"得到应当感恩""索取必当回报"的朴素道德观。对于怒族儿童来说，这些亲自体验到的道德观会内化为一种道德行为，引导他们在人伦关系中正当合理（"礼"）地生活。怒族儿童体验和参与"接圣水"仪式的过程便是心灵秩序建立的过程，心灵秩序的构建终将生成德性。

---

① 人类学里的"礼物"一词有着特殊的含义，它是一种符号体系。通过礼物交换，有助于人们在交往互动中与他人关系的维系、创造与转化，最终使得社会运作更为有效。阎云翔认为，"礼物"不只是物质的礼品，它承载着文化的规则（礼节）并牵涉到仪式；基于礼物交换的情景可将其分为仪式化的礼物和非仪式化的礼物两类。

在科学理性主义当道的今天,也许怒族这种基于自然之"附魅"的儿童生命伦理教育会被许多人耻笑与不屑,然而,这种融于日常生活中的风俗却恰恰构成了怒族儿童德性养成的基础。"接圣水"仪式蕴含着怒族人与自然相处的精髓和生命智慧,仪式让孩子学会了与自然、与他人的共生共荣,知道对自然万物要保持一颗感恩之心、谦卑之心和敬畏之心。在朴素共生观念的影响下,怒族儿童从小就被教导山是灵魂的庇护所,不能肆意砍伐,要崇敬以对。可以说,怒族儿童的生命教育是以对自然生命的信仰为基点的。时至今日,怒族聚居区仍维持着令人羡慕的自然生态环境和多元共生的人文生态环境,不得不说这与怒族人从小对儿童进行的生命伦理教育不无关系。

3. 仪式以参与实践的方式,成就了儿童德性的生长

从人类学的观点出发,仪式是一种社会实践形式,它一方面履行着传承人类文化的功能,塑造社会的机构和组织;另一方面它以象征性的方式反映社会,以独特的方式表现事物。仪式发挥其社会作用主要在于,它是由象征性解释伴随的社会行动。仪式是传承知识的载体与途径,但其自身也可成为知识。仪式知识是一种可以帮助人们处理问题的隐性知识,是一种实践知识。实践知识是一种通过模仿过程获得的身体知识,它是重复操作、不断发展的条件性知识。[1] 有研究发现,仪式活动中常常表达出社会情景,这些社会情景能够体现一种文化最重要的价值。在仪式进程里,仪式参与者或者观众彼此"近似"。人们在整个过程里所获得的不是推理式认知,而是通过对仪式行动的模仿产生了感受和情感。这些情感不仅仅由个体感受,而是被集体体验,对于仪式活动的效果起决定作用。从这个意义上讲,儿童参与仪式操演的过程,正是儿童习得集体道德情感,传承道德文化,最终融入族群,使族群的道德文化获得建构与巩固。例如,怒族儿童出生以后,每年都会参加乃仍节里的"接圣水"仪式,婴儿是妈妈背在背上观察和体会仪式的过程,三岁以上的孩子就会自己拿着水瓶"接圣水"。在年复一年的亲身体验与参与中,怒族孩子从长辈或同伴那里获得了仪式知识(实践性知识),等他们长大后又通过仪式把这些知识传递给下一代。

"接圣水"仪式的一个最大特点就是实践体验性,即怒族儿童可以亲自参与整个仪式的过程。怒族人认为,儿童生命与自然万物的生命是共生共荣的,儿

---

[1] 张志坤. 仪式教育审视: 教育人类学仪式研究视角[J]. 中国教育学刊, 2011(12): 25.

童必须亲自参与到敬仰自然神灵的仪式中,才能得到自然神灵的庇护。在"互渗律"思维影响下,怒族先民把儿童纳入仪式活动中,促成了儿童与自然、儿童与他人交往活动的发生,这类交往活动的发生构成了德性教化的事实。在田野调查中,笔者感受到了"接圣水"仪式产生的物质和文化环境。参与仪式的儿童,借助自身观察、模仿、参与、表现等方式,在现场气氛的影响下,获得了强烈的在场感和内在满足感,从而获得了不同的生命体验,得到成长发展的养分和支持。

在仪式之前,几乎所有的怒族孩子都知道女神阿茸的传说,有些孩子是听喇嘛讲述的,有些孩子是听家里的长辈讲的;在静听祷词的过程中,怒族孩子形成了对自己民族的文化认同;在接圣水的过程中,平日活泼好动的孩子们,也能安静、虔诚且耐心地完成任务,因为他们心里有一颗关爱他们的美德之种在暗暗生长。可以说,"接圣水"仪式尊重了怒族儿童主体生命性的参与,参与仪式的过程使孩子们体验和体认到了传统的道德知识,仪式通过体悟、形象和共情等方式使儿童获得爱与善的德性教化。

儿童德性的培养需要经历一个外部影响不断内化和内在观念逐渐外显的复杂过程,它需要儿童作为主体的参与和介入才可能实现。儿童的德性和社会性源于他们对生活的认识、体验和感悟,儿童的现实生活对其德性的形成和社会性发展具有特殊的价值。"接圣水"仪式蕴含的伦理符号及本身所具备的"教育原型"特质,都使得怒族儿童通过身体、生命的参与自然而然地习得了道德知识、发展了道德认知,建构了道德情感,最终成就了儿童德性的生长。

二、怒族民间游戏中的儿童成长

游戏是人和动物共有的天性,甚至可以说,在人类产生之前,或者说,人类文化产生之前,游戏就已经在动物世界中广泛存在。因为,游戏最根本的冲动是出自动物对外部刺激的反应。因此,对于生物学家和生理学家来说,游戏就是生物和人的本能,不管出自什么样的目的,游戏的产生首先源自"刺激—反应"的心理机制。然而,人类是有理智的动物,远远超越了其他动物。人类的文化是一切生物界绝无仅有的创造物。因此,将游戏仅仅归于生物学根源完全不能概括游戏的本质。专事于文化研究的人类学者认为,游戏形态赋予社会生活以超越于生物本能的形式,这一点强调出游戏的价值。正是通过游戏,人类社会表达出它对生命和世界的阐释。可以说,儿童习得文化的过程,从一开始就处在游戏当中,通过游戏,儿童模仿了成年人的行为模式和思维观念,在游戏中儿童被反复塑模成符合社会标准化行为规则的人。因此,研究作为文化现象的儿童养育习俗不应回避游戏,事实上,很多时候儿童的养育实践是以游戏的形式展现出来的。

一直以来,文化人类学者对游戏的概念争论纷纷,莫衷一是。民俗学家乌丙安认为,民间游戏是指流传于广大人民生活中的嬉戏娱乐活动,俗语称"玩耍"。游戏是游艺民俗中最常见的、最普通的、最有趣味的娱乐活动。民间游戏种类数不胜数,粗略划分可有五类:室内生活游戏、庭院活动游戏、智能游戏、助兴游戏、各类博戏。钟敬文在其主编的《民俗学概论》中指出,民间游戏是指流传于民间,以嬉戏、消遣为主的娱乐活动。从空间活动形态分为室内游戏、庭院游戏,从游戏性质上分为智能游戏、体能游戏以及智能体能结合的游戏。这些定义将游戏看成一种文化风俗,并未对游戏的内涵和人类学意义进行阐述。而荷兰学者赫伊津哈在"理性的人""制造的人"等思考人的本质的严肃路径之外提出"游戏的人",并对游戏作为文化现象、作为社会建构机制给予经典阐释。就游戏与文化的联结而言,游戏就是一种给定的重要存在,从文化最早的起点一直延伸到我们目前生活其中的文明阶段,游戏伴随着文化又渗透着文化。就游戏与社会的联结而言,游戏成其为游戏,要求参与者个人的自主、自由与参与者之间的平等,这就造成了一个超越一切社会差异的游戏世界,一种"我们"意识或共同体意识。不管游戏能够带来什么或者不能带来什么,它都带来愉悦,这愉悦在本质上是与人为伴才发生的,所以游戏让个人因为对于愉悦的渴求而具有对于他人的需要。很长时间,游戏以及类似的玩耍活动被看作是正经事之外的小打小闹,但是赫伊津哈的理论使人们有机会把它们看作一个共同体的社会建构的基本和文化丰富性的指标。同时,赫伊津哈对不同文化背景中的游戏做了词源学分析,阐释了游戏的内涵,游戏是在某一固定时空中进行的自愿活动或事业,依照自觉接受并完全遵从的规则,有其自身的目标,并伴以紧张、愉悦的感受和有别于"平常生活"的意识。赫伊津哈界定的游戏概念让我们看到了游戏与人的关系,看到了游戏的教育性。人们用游戏表达价值观的喜恶与审美情趣,也用游戏规则复制社会规则。游戏教育了人类的下一代儿童,游戏也包含了神圣的宗教情感和仪式的庄严肃穆。从这个意义上来说,阐释怒族儿童的民间游戏,需要结合怒族民间游戏本身的文化观和儿童观。

(一)怒族民间儿童游戏的形式与玩法

在怒族的语言文化中,没有"游戏"一词,怒语中"裹嘢(guo-ye,音译)"就是玩的意思。怒族孩子约同伴一起玩耍或游戏时常说:"啼裘裹嘢(di-qiu-guo-ye,音译)。"在怒语中,"裹嘢"一词既包括了儿童随意的玩耍活动,也包括了有组织的游戏活动。

对于怒族儿童来说,玩耍也好,游戏也好,如同他们的生命一般重要。怒族儿童因不愿离家太远去上幼儿园,所以他们每天最重要的事情就是玩耍和游戏。与城里的儿童相比,怒族儿童有着大把的时间去玩耍和游戏,对玩耍和游戏的热情似乎永远不会磨灭,玩到忘我时,不知天之将黑,日之将坠。孩子们早上一醒来在被窝里就开始玩了,晚上钻进被窝还继续玩,甚至开始盘算着明天要怎么玩。"玩"成了他们的本分,是他们的天职。玩耍和游戏中的儿童,是那么专心致志,心无杂念。这时,儿童与游戏,浑然一体,浑然天成。怒族儿童与同伴的友谊也是在玩耍中建立起来的,小时候的"玩伴"会成为一辈子的朋友。他们童年期间因玩耍和游戏所形成的情结会维系一生。孩子们在玩耍和游戏中用自己的心灵作为手段与尺度去衡量、体会他人,从而实现儿童与儿童之间心灵的沟通。

通过田野调查和访谈,笔者收集和整理了以下几种怒族地区常见的儿童游戏形式及其玩法。

1. 亲子游戏:"痒痒啰"

"痒痒啰"是流传于老姆登村、知子罗村一带的亲子游戏。游戏的玩法是:一开始,大人用食指对食指,同时边对手指边念儿歌。

> 毛虫两条、三条掉下来,
> 鸡蛋两个、三个掉下来,
> 格哩哩、格哩哩。(格哩哩是象声词,挠痒痒的意思)

传授者:知子罗村 乃洁

当说到"格哩哩"时,父母就用两根手指头在婴儿胳肢窝下面挠痒痒,这时大人和孩子都会略略大笑。当这种形式玩过几次后,大人会握着婴儿小手,拿两个食指玩这个游戏。

2. 户外投掷类游戏:"打核桃"与"甩石头"

"打核桃"是怒族儿童最喜欢玩的一种户外投掷类游戏活动,这种游戏需要多人参加,共有两种玩法。

第一种玩法:先在平地挖个小坑,在坑外画好投掷的位置,然后划拳排出投掷人的先后次序,开始投掷。如能准确投入坑内,不输不赢;投不到坑内,投掷方输一个核桃。如此轮番进行,最后以各自投入坑里的核桃数量来定输赢,按核桃投进的多少来排名次。

第二种玩法:先在平地上画个大圆圈,参与游戏的孩子每人凑出相等的核桃放入圈内,挑选出一个通用的大核桃用于投掷,然后划拳排出投掷人的先后次序,开始轮流用选出的大核桃击打圈内的核桃,打出圈内的核桃归打的人,得到核桃多的人获胜。

笔者在田野调查时发现,怒族儿童非常喜欢玩投掷类游戏,除"打核桃"之外,孩子们还喜欢一起玩"甩石头"游戏。"甩石头"游戏可随时随地进行,游戏材料需要选好宜于抛甩的数块扇(圆)形石块,比赛时大家一块一块地向同一方向投出去,石头要从肩上投出,以投掷得最远者为胜。"甩石头"游戏既可以从高处向低处甩,又可以从低处向高处甩,还可以从江河的此岸向彼岸甩。与"打核桃"游戏不同,参与这一游戏的儿童年龄从两岁至七八岁都有,年龄小的孩子会找小一点的石头进行投掷。怒族儿童聚在一起经常会玩这个游戏,有时分成小组进行比赛,输的那一组要给赢的那一组割一背篓猪草。也许是经常玩投掷类游戏,怒族儿童有着非常好的投掷能力,手臂力量也比较大。在一次游戏中,笔者专门给孩子们当了一次"裁判",测量了一下怒族儿童"甩石头"的距离,发现6岁左右的幼儿几乎都能投出6米远的距离。可以说,经常玩"打核桃""甩石头"的怒族儿童,手臂、手腕力量较强,其目测能力、动作的准确性也得到了很好发展。

3. 身体互助性游戏:"哽噔嘞"

怒族儿童聚在一起时,也很喜欢玩一种身体向后倒的游戏。严格地说,这个游戏没有名字,但游戏时孩子们会一起念一首结语是"哽噔嘞"的童谣。"哽噔嘞"

这一游戏没有具体的规则,游戏场所也比较随机,只要有多个孩子围坐一起时,他们就会搂肩搭背地一齐往后倒下,倒下之前大家会齐声念童谣。

<blockquote>
阿甲、甲、甲,
没有吃蛋口福、福、福,
没有吃肉口福、福、福,
肚子扁扁的空在着。
哽噔嘞!
</blockquote>

传授者:格甲登村 吴卫林

"哽噔嘞"是怒语,没有具体的含义,是一个儿童游戏时的戏耍叹词。孩子们说出"哽噔嘞"后就一齐往后倒,大家嘻嘻哈哈笑成一片。在观察怒族儿童玩"哽噔嘞"游戏时,笔者感受到孩子们在游戏中非常快乐和兴奋,这种看似无聊、无目的的身体游戏其实是一种有趣的身体体验。游戏中呈现出的儿童身体状态是放松、愉快且又是相互依靠与信任的,游戏通过身体互动体验,让孩子们感受、理解了游戏之乐和人际关系。

4. 身体运动类游戏:爬树、双手倒立比赛

怒族儿童的日常户外游戏活动很多,爬树、打秋千、双手倒立比赛等都是他们喜欢的户外游戏活动。如前所述,共生、和谐的社区文化生境,使得怒族儿童从来不缺玩伴,和同伴们在一起游戏、玩乐成为他们每天生活的主要内容。在考察期间,笔者发现怒族孩子非常喜欢爬到树上玩耍。上树摘果、掏鸟蛋、躲猫猫都是他们常干的事儿,有时小伙伴在一起非常喜欢进行爬树比赛。怒族儿童有着极好的身体协调能力和平衡能力,四五岁的怒族孩子无论男孩还是女孩,都能灵活而快速地爬到树上。笔者用秒表记录了15个5—6岁怒族儿童爬树的成绩,其平均值为73秒,且男孩、女孩的

图2 玩爬树比赛的怒族儿童

爬树速度没有太大差异。怒族儿童的爬树本领不是大人刻意训练的,而是通过同伴之间的模仿、学习获得的。两三岁的幼儿就时常跟着大孩子学习爬树的本领,为了能和大孩子一起上树玩耍,他们总是认真观察、模仿和练习爬树的本领,当然,在此过程中,离不开哥哥姐姐们的鼓励和帮助。爬树比赛游戏,能很好地激发儿童爬树的兴趣,为了获胜,孩子们总是琢磨如何能爬得快,但又不会掉下来,很多五六岁的孩子爬树时总能够创造性地探索出一些又快又稳的爬树技能。(如图2,如图3)

怒族儿童还喜欢玩双手倒立比赛,这是一项难度较高的运动类游戏。考察发现,这种游戏有两种玩法:一是比倒立的时间,由于手臂力量有限,四五岁的怒族儿童玩这个游戏主要比双手撑地倒立时间的长短,先落地的为败方,反之是胜方;二是比双手走路的速度,一般7岁左右的孩子玩这个游戏会增加难度,双手撑地倒立后,要求头离开地面,靠双手臂力和平衡力在地上行走,先到达终点且脚不落地者为胜方,反之为败方。(如图4)

图3 爬树的5岁怒族女孩　　　　图4 玩双手倒立比赛的怒族儿童

5. 身体对抗性游戏:"偷鸟蛋"

"偷鸟蛋"是怒族儿童非常喜欢的一种身体对抗性游戏活动,游戏的组织形式是一人对多人的防守与进攻,具体玩法如下。

孩子们通过划拳决出负者为"守蛋人",其余人为"偷蛋人"。游戏开始时先在地上画个大圆圈,圈内置放三个拳头大小的石头,石头代表"鸟蛋"。接下来,"守蛋人"进入圈内,弓起身体,四肢着地,将"鸟蛋"放在胸腹下,"偷蛋人"开始轮流伸手去偷"守蛋人"腹下的"鸟蛋"。"偷蛋人"一伸手,"守蛋人"便使用脚踢"偷蛋人",如此循环往复地进行比赛。"守蛋人"踢到"偷蛋人"躯体的任何部位,"偷蛋人"便被判为输,"守蛋人"赢;反之,"偷蛋人"偷着鸟蛋,而"守蛋人"踢不到"偷蛋人",则"守蛋人"输。

6. 假装游戏:"讨南瓜"与"卜郎鬼捉人"

假装游戏是一种儿童通过扮演来体验情绪的游戏活动,其内容源于儿童的现实生活,但又充满了戏剧性色彩,具有替代性和假定性的特征。假装游戏的形式主要有两种:一种是剧情型,另一种是角色型。当然剧情型和角色型是紧密相关的,但仍有必要区分这两种形式,因为有些游戏没有明确的社会角色,而有些游戏中的故事的作用很小,主要依赖所采用的角色。与许多民族一样,怒族传统民间游戏中有许多这类假装游戏活动,孩子们通过扮演生活中或神话中的角色创造性地体验社会生活,实现社会化。笔者通过田野调查发现,怒族聚居区的儿童非常喜欢玩"讨南瓜"和"卜郎鬼捉人"这两个假装游戏。如按假装游戏的分类来看,"讨南瓜"属于剧情型假装游戏,而"卜郎鬼捉人"属于角色型假装游戏。

(1)"讨南瓜"游戏的玩法与生成背景

"讨南瓜"游戏是群体性的假装游戏,游戏有一定的情节设置。一般来说,参与游戏的儿童被分为两组:一组是乞讨者,一组是主人家。扮演乞讨者的儿童会用树枝做一个草帽戴在头上,手里拿着"假"碗,假装跟跟跄跄地去主人家讨南瓜。乞讨者敲门之后,会对主人家说自己从外地来,途中遇到的不幸之事(这里可以自由发挥说自己途中遭遇),好长时间没有吃东西了,希望主人家给他们吃点美味的南瓜,救救他们的命。这时,有几个小朋友会假扮成小猫、小狗、鹅、鸡等阻止乞讨者,假扮的小动物还会"撵"乞讨者走。被"撵"几次后,主人家会出来询问乞讨者的情况,一番问答(有时会对歌)之后,主人家都会十分慷慨地送给乞讨者许多南瓜和一些礼物,乞讨者得到东西后就满意地走了。

(摘自田野调查日志,2014年4月13日)

在田野调查期间,笔者多次看到怒族儿童玩类似的假装游戏,虽然有些情节略有不同,但内容基本相似,即一些孩子去讨要东西,一番互动后,最终都会从"主人家"得到东西。这一主题的假装游戏在其他文化区并不多见,为什么怒族聚居区会产生这类型的游戏并传承至今呢？要回答这个问题，需要结合怒族的历史文化来分析。如前所述，游戏是"背景中的文本"，是一套可描述的、自然发生的动作，这些动作与其发生的更大社会背景是有联系的。如果不了解游戏发生的社会背景——广义层面上和具体层面上的，我们就无法解读游戏文本。因此，解读"讨南瓜"游戏的发生与内涵，需结合游戏所处的文化生境。

怒族自古以来生活的怒江地区山川险恶，自然条件恶劣，坡地较多，不易精耕细作，导致了粮食产量较低。据说之前，每家每年所得粮食只有280斤左右，除少数人家可以自给外，多数人家不够吃，如果再遇到自然灾害，饿肚子的人就比较多。在当时的社会背景下，怒族社会就形成了一种互助的社会制度，对吃不饱饭的家庭进行救助，无论谁吃不饱饭，都可以到村寨任何一家去"讨吃"，而被"讨吃"的主人家都会慷慨解囊，拿出粮食与族人分享，对幼儿和弱势群体还会格外照顾，形成了一种"慈幼护弱"的社会文化制度。游戏作为社会文化的产物，其内容很大程度是现实生活的映照，假装游戏虽然带有"假定"性和虚饰性，但其内容也同样来源于生活、取材于生活现实。怒族先民互助、慈幼护弱的生活行为成为怒族儿童观察和模仿的对象，成为"讨南瓜"游戏建构的基础。可以说，"讨南瓜"这一假装游戏主题来源于怒族先民日常生活的情况，并在儿童的建构中逐渐发展成一种有一定稳定情节的角色扮演游戏。

(2)"卜郎鬼捉人"游戏的玩法与生成背景

儿童带入和同辈文化世界的许多象征文化元素，来自神话和传说。例如，圣诞老人、牙仙与复活节兔子等神话人物，他们在童年文化与知识图谱中占有重要位置。父母把这些神话人物引介给儿童，并通过庄重的仪式将其融入孩子们的童年。[①]儿童游戏作为文化的载体，其生成与建构的过程必会受到神话与传说的影响，游戏的内容与规则也会以满足儿童生理与心理的需求为开端。怒族儿童常玩的"卜郎鬼捉人"游戏正是怒族原生神话中恶鬼"卜郎"的形象在儿童游戏中的投射，其游戏的生成是成人借助"卜郎"对儿童进行社会化教育的结果。

在怒族的原始信仰体系中有两个"鬼"，一个是善鬼"卜拉"，一个是恶鬼"卜郎"。恶鬼"卜郎"总是想吃掉人、动物、庄稼等的生魂而使人或动物生病或死

---

① 科萨罗.童年社会学[M].程福财,等译.上海：上海社会科学院出版社,2014:121.

亡,庄稼减产。怒族人眼中的恶鬼"卜郎"也像人一样,有着喜怒哀乐,好恶作剧,容易被激怒。神话中的恶鬼"卜郎"喜欢偷袭、殴打和吃小孩。怒族儿童从小就从成人那里听说"卜郎"的种种恶行,知道如果被"卜郎"抓到就不会有好下场,所以总是要避免与"卜郎"相遇。而"狡猾"的怒族父母也喜欢利用"卜郎"的权威间接消解孩子的苦恼或劝阻孩子的不良行为。例如,怒族儿童听过"卜郎"的神话后,成年人常会在规范儿童行为时呼唤"卜郎"出现。

幼儿贪玩不好好吃饭时,怒族母亲常常会说:"卜郎快来哦,把不吃饭的小娃娃抓走吧。"家里的其他人,包括哥哥姐姐们也会顺势帮腔:"快点吃哦,卜郎要来了哦。"幼儿听到这样的呼唤,淘气的行为便会有所收敛,马上乖乖完成大人的指令。

(摘自田野调查日志,2014年4月8日)

当然,随着年龄的增长,怒族儿童对恶鬼"卜郎"的认识会有所改变,因为他们发现被呼唤的"卜郎"并不会每次都出现,但是,它还是可能会来的。在"大带小"养育模式的影响下,四岁左右的怒族儿童通常会在哥哥姐姐的带领下到户外与其他不同年龄的孩子一起玩耍。这时候,年龄小的儿童总是紧跟在大孩子身后,有时大孩子就会插一些树枝在头上,装扮成恶鬼"卜郎",然后和孩子们一起玩。

文化人类学家研究发现,在许多文化中都有类似于"卜郎鬼捉人"的游戏,这类游戏几乎都遵循了儿童辨别、靠近和躲避危险性人物或怪物的游戏逻辑,也有学者将这种游戏称为"靠近—躲避"游戏。"靠近—躲避"游戏是学前儿童同辈文化中的一种非语言性假扮游戏。怒族儿童玩的"卜郎鬼捉人"游戏的规则与"靠近—躲避"游戏非常接近。

五六个怒族儿童在一起玩耍,他们是一组混龄的游戏同伴。一个年龄最大的男孩决定扮演恶鬼"卜郎"和大家一起玩"卜郎鬼捉人"的游戏。扮演"卜郎"的孩子手里捧着十多颗小石子,并假装闭眼睡觉,其余孩子蹑手蹑脚地向"卜郎"走去。走向"卜郎"的孩子需要"冒险"从"卜郎"手中偷到一颗小石子,并迅速逃开,"卜郎"从游戏开始时就会倒数10个数,数完后就会立马去抓偷石子的人,如果没有"偷"到石子,或偷到石子后又被"卜郎"逮到,那么这些人便都被判为输家,第二轮由输家划拳决定谁来扮演"卜郎"。

(摘自田野调查日志,2014年4月8日)

(二)怒族民间儿童游戏的教育功能

1. 亲子游戏中"戏耍语音现象"的教育功能

研究发现,婴儿最迷人的行为,是他们戏耍语言的倾向。这里戏耍的语言不是别的,正是语音。儿童到两岁的时候,就已经懂得了母语中所允许的声音组合,他们用自己所想到的各种方式去并置辅音与元音,从而发明了恰当的和不恰当的声音组合,这就是"戏耍语音现象"。

怒族传统游戏"痒痒啰",是一个典型的成人与婴儿互动的亲子游戏,这一游戏最大的特点是动作与语言的整合。玩"痒痒啰"游戏时成年人必须唱《痒痒啰》这首童谣,否则游戏无法开展。从内容来看,《痒痒啰》这首童谣句式简短、节奏明快、韵律和谐,能很好地激发婴儿对母语语音模仿与学习的兴趣,特别是成人说"咯哩哩"时,牙牙学语的婴儿会很喜欢重复"哩哩"这一语音词。有时候,婴儿还会在"哩哩"的基础上,发出"呢呢呢""咯咯"等其他的叠词语音。在玩游戏的过程中,这种自然的语音变化就形成了"戏耍语音现象"。

语言发展互动理论流派早已证明在成人照看者的帮助下,婴儿和学步儿有一个警醒语言学习的内在能力。如维果茨基所言,语言一定是在社会环境中才能学习的,语言在人类的社会文化历史中处于中心地位,儿童作为群体中的一员是通过与本群体成员的交流来学习语言的。"痒痒啰"游戏里出现的婴幼儿"戏耍语音现象"是婴儿在观察、模仿成人语言行为的基础上产生的,这一现象的发生离不开成人与婴儿的交往互动。一方面,婴儿通过感知、模仿童谣的声律与发音,重复甚至创造出叠词语言,完成语言能力的训练;另一方面,成人通过为婴儿提供语音范本,创设轻松、愉快的语言习得氛围,并在与婴儿的游戏互动中不断地强化和鼓励婴儿的"戏耍语音"行为。正是由于"痒痒啰"游戏是以亲子互动的形式进行,所以它对婴儿语言能力发展的意义更为凸显。在这样的语言游戏的世界中,婴儿很容易从成人那里习得语音节奏,感知语言符号的意义。

"痒痒啰"游戏的另一重要教育功能在于增进亲子之间的情感交流,促进幼儿良好社会性的发展。在游戏的接触与交往过程中，怒族父母与孩子之间实现了良好的亲子互动。游戏中成人有趣的表情、逗趣的语音，成为连接亲子之间最好的纽带。怒族父母与婴儿之间的游戏活动能够深深地吸引婴儿，调动他们注意认知的兴趣。婴儿通过观察、模仿成人手指对点的动作，实现了手眼协调能力和注意力的发展。

2. 户外身体运动类游戏的教育功能

怒族民间儿童游戏里有大量的户外运动类游戏活动，如"打核桃"、"甩石头"、爬树、双手倒立比赛、"偷鸟蛋"等都是怒族儿童常玩的身体运动类游戏。

（1）户外自由游戏有助于怒族儿童动作创造能力和社会认知能力的发展

有学者曾对幼儿园孩子在参加体育活动时发生的动作和在设施条件好的游戏场地中进行的自由游戏时发生的动作进行对比，他们发现，自由游戏中发生的动作要明显多于有组织的幼儿园体育活动中发生的动作。从游戏的组织形式来看，怒族儿童的户外运动类游戏多是以自然设施为主的自由游戏，游戏以同伴之间的模仿、比赛为主，很少有成年人的参与。考察发现，怒族儿童在户外自由游戏中不但表现出较强的身体运动能力，还表现出较强的动作创造能力。例如，在游戏过程中，怒族儿童会根据游戏竞赛的难易程度，增加或减少一些动作技能。笔者在田野调查时发现，怒族儿童在玩爬树比赛时，如果大家速度都差不多，很难决出胜负时，孩子们就增加"双手挂树""单手抱树"等动作来增加比赛难度。有时，孩子们会把"达比亚"舞蹈中模仿动物的动作与身体运动类游戏结合起来，例如"乌鸦喝水"的动作常会被孩子运用到倒立比赛中。怒族儿童之所以善于在游戏中创编动作，一方面是因为较好的身体运动能力，另一方面是因为自由游戏能让怒族儿童拥有完整意义上的与同伴交往机会，在游戏交往中孩子们的游戏智慧能得到交流、碰撞和创生。

此外，怒族儿童的户外游戏以混龄群体为主，在混合年龄的活动中，儿童间的相互作用能促进各自认知能力的提高。年龄较小的孩子如果经常在游戏中输，就会引起他的认知冲突，他们自然会通过模仿、学习大孩子的游戏策略来获得成功，这个过程必会导致智力结构的改变，促进其认知的发展。例如，怒族儿童在玩"打核桃"游戏时就需要学习和掌握"打"的技能。核桃既要"打"得远，又要"打"得准。"打"得远需要手臂的爆发力，"打"得准则需要较好的手眼协调能力。为了赢得比赛,一些年龄较小或打得不好的孩子就会向同伴学习"打"的策略和技能。在游戏结束时,大家要计算自己"打"到的核桃有多少,这一过程有利于提高儿童的计算能力。

(2)爬树与双手倒立比赛有助于怒族儿童身体协调能力和平衡能力的发展

平衡能力是一种最基本的活动能力,人的身体总是要保持平衡才能完成各项任务。人体的位觉器官在感受人体在空间小的体位变化以及保持人体平衡起着重要作用。人的位觉感受器在内耳,称为前庭器。如果前庭器的功能强,就不容易产生机能失调性反应——眩晕、呕吐等。[1]而幼儿阶段是训练平衡能力的关键期,通过翻滚、倒立、原地旋转等训练都能很好地提高前庭器的功能。从儿童发展的角度来看,爬树比赛、双手倒立比赛等游戏活动大大促进了他们运动性动作技能[2]的发展。考察发现,与城市同龄儿童相比,怒族儿童的大肌肉动作能力是非常强的。两岁左右的怒族儿童可以做双臂悬垂动作;四岁左右的怒族儿童就能玩倒立动作;五六岁的怒族儿童就掌握了爬树的技巧,且大多数都具备了双手倒立行走的能力。可以说,爬树不但锻炼了儿童四肢肌肉的力量,还很好地锻炼了身体的协调和平衡能力。双手倒立比赛更是极大地促进了怒族儿童平衡能力的发展。

(3)"偷鸟蛋"游戏有助于怒族儿童身体协调能力的发展和健康生态观的养成

其一,"偷鸟蛋"游戏有助于怒族儿童身体协调能力的发展。从促进儿童运动技能发展来看,"偷鸟蛋"游戏使儿童四肢肌肉得到了锻炼。当"守蛋人"身体成为弓形,四肢撑地时,儿童肌肉的耐力、心肺功能、持久性和身体平衡能力均能得到较好的锻炼。"偷蛋人"和"守蛋人"之间的进攻与防守,能很好地锻炼儿童身体的协调性和敏捷性。由于自古以来怒族人都居住在高山峡谷中,依山而生,所以上山采摘、捕猎、躲避危险都是怒族儿童从小就要掌握的生存技能,而"偷鸟蛋"游戏就很好地训练了孩子的反应力和判断力。

其二,"偷鸟蛋"游戏蕴含着人与自然共生的生态观,有助于怒族儿童健康生态观的养成。从促进儿童的社会性发展来看,"偷鸟蛋"游戏蕴含了怒族人与自然和谐共生的价值观,游戏活动过程是对儿童进行共生教育的过程。游戏不

---

[1] 许卓娅.学前儿童体育[M].南京:南京师范大学出版社,2003:152.
[2] 运动性动作技能指的是能让儿童以某种特定的形式进行的活动,如跳、单脚跳、跑和爬等。

仅仅是反映经验,游戏还应该塑造经验。据了解,"偷鸟蛋"游戏规则的制定隐藏着一个人与鸟相互帮助、相互守护的神话传说。

传说怒族先民刚刚到怒江生活的时候,经常被大峡谷里住着的山妖欺负,山妖常常来村子里偷食物和小孩吃。这一切被怒族女孩娅美知道了,她决定帮助怒族人打败山妖,获得自由。谁知在与山妖的搏斗中,娅美不小心中了山妖的毒,变成了一只鸟。变成小鸟的娅美用尖尖的鸟嘴啄瞎了山妖的眼睛,解救了怒族人,但她永远也不能再变回人了。为了纪念娅美,怒族人把鸟看作是神的化身,不能随意杀害,更不能随意掏鸟蛋。

介绍者:老姆登村 窦桂生

"偷鸟蛋"这一游戏正是神话故事的演化。代表勇敢、牺牲精神的神鸟成为怒族人心中的原始崇拜对象,保护鸟蛋便保护了怒族人心目中的英雄,也保护了自然其他生物生存的权利,当然也实现了人与自然的和谐共生。可以说,神话故事蕴含的共生价值观投射到"偷鸟蛋"游戏中,变成了保护鸟蛋的游戏规则。它向儿童传递了敬畏自然、尊重自然其他生命的生态观:自然万物孕育着怒族人的生命,怒族人也应该守护自然万物的生命。

此外,"偷鸟蛋"游戏表现出的强大教化功能是模塑怒族人共同价值和共同历史记忆的文化力量。怒族儿童在这样的游戏中,学会了群体认同的道德准则、公共秩序和宗教信仰,懂得了为人处世的行为方式,实现了文化在族群内部的代际传递。"偷鸟蛋"游戏在怒族共生文化的传承与发展中具有教育功能,游戏让怒族儿童体验到人与自然和谐共生的关系,人的生命延续得益于自然万物的守护,因而人也应敬畏和保护自然。

3. 原生性假装游戏的教育功能

考察发现,"讨南瓜""卜郎鬼捉人"等怒族传统游戏都蕴含着怒族先民的生命观和宗教观,这些传统的游戏文化形态依然保留着怒族人最原始、最朴素的意识形态,这些游戏有促进怒族儿童和谐人格养成的教育功能。

(1)有助于培养怒族儿童关爱他人的品德

假装游戏——"讨南瓜"有助于培养怒族儿童关爱他人的品德。虽然当今的怒族人不再为吃饱肚子发愁,孩子们也无须再"讨吃"百家饭长大,但"讨南瓜"游戏中蕴含的"慈幼护弱"的伦理观在当代依然具有教育价值。愉快的游戏和严肃的道德似乎是毫不相干且对立的,但在赫伊津哈眼里它们有着令人迷惑的关系。他在《游戏的人》一书中写道:"我们逐渐确信文明植根于高贵的游戏当中,如果文明具有尊严和风范,它就不能忽视游戏因素。"也许长期以来,人们认为游戏在道德范畴之外,就其自身而言,它既非善亦非恶。但是,如果我们必须辨别受意志驱使的行为究竟是严肃的职责还是合法的游戏,道德良心就会立即竖起标尺。可见,在赫伊津哈的观念中,游戏不全是娱乐,它有时还蕴含着一个社会的道德伦理,儿童玩游戏的过程是习得本民族道德伦理的过程。"讨南瓜"游戏中"乞讨者"与"主人家"的互动,是怒族先民生活的一个缩影,游戏向儿童传递了帮助弱者、乐于助人的道德观。游戏中"乞讨者"与小猫、小狗的互动既是真实生活的反映,也是游戏娱乐性的表现。在真实生活中,来了外人家里的动物必会有所反应,由孩子们扮演的小猫、小狗与"乞讨者"之间的一问一答,让游戏变得有趣且充满智慧。如果"乞讨者"能很好地回答小猫、小狗的问题,那么自然也会很快地得到"主人家"送来的美味南瓜。无论游戏过程如何,其最终的结果都会让"乞讨者"得到"主人家"馈赠的美食。这个游戏向儿童呈现了一个美好、和善的人际社会,让儿童亲身体验到帮助"他人"后的乐趣与满足。可以说,怒族传统的"讨南瓜"假装游戏既符合儿童的天性,又促进了儿童德性的生长,具有良好的儿童社会教育功能。

(2)有助于平衡怒族儿童情感的内外冲突

"卜郎鬼捉人"是角色扮演和"靠近—躲避"游戏的综合游戏活动,孩子们通过扮演平时害怕的"卜郎",在游戏中消除对鬼怪恐惧的情感紧张状态,游戏过程有助于平衡儿童情感的内外冲突。如前所述,怒族儿童从小就从父母那里听说过"卜郎"的厉害,"卜郎"也常常是成人对儿童行使权威的中介。而在这个游戏中"卜郎"被拟人化为儿童身边的玩伴,恐怖的鬼怪由身边的玩伴来扮演,使儿童在游戏中逐渐排出和平衡了对"卜郎"的情感张力。弗洛伊德认为,儿童通过在游戏中重复其体验来对待使他不愉快的事情。而埃里克森更进一步强调指出,游戏具有一种净化功能,至少还具有一种消除无法克服的张力的功能。换句话说,处理情感紧张状态,可以通过游戏者在游戏中从消极状态转变为积极状态来进行。怒族儿童扮演"卜郎"的游戏,使恐怖的鬼怪成为孩子们可控制和演绎的玩伴,祛魅后的"卜郎"被儿童纳入同辈文化的常规活动中,形成了一种共享性游戏,游戏的过程使儿童体验到了对自己生活控制和挑战成人权威的乐趣与满足,对平衡儿童情感的内外冲突有一定的价值。

(3)有助于怒族儿童在同辈文化中获得安全感

"卜郎鬼捉人"游戏还有助于怒族儿童在同辈文化中获得安全感。"卜郎鬼捉人"游戏的结构蕴含着紧张和兴奋的制造与释放。从游戏过程来看,一开始闭着眼睛的"卜郎"是轻松的,当同伴过来"偷石子"时紧张即时产生,游戏双方为了不输要尽量让身体灵活、跑步速度加快,扮演"卜郎"的儿童还需使用一些假动作的游戏策略来欺骗对方,游戏过程很好地促进了儿童身体素质的发展。在这类游戏中,儿童会将许许多多的恐惧和危险(包括如怪物和鬼魂这样的危险性人物和火灾、洪水、丢失等危险事件)主动纳入他们的同辈文化中,从而使儿童能更好地应对关于邪恶和恐惧的社会论述,更好地在他们的同辈文化中获得安全感。

(三)怒族民间儿童游戏的总体特征与意义阐释

怒族儿童游戏是一种民间游戏,它同时也从属于民间文化范畴。有学者认为,民俗学和教育人类学各自关注与强调了儿童民间游戏的一部分,即传承性儿童民间游戏(民俗学)和即时性儿童民间游戏(教育人类学)。结合民间文化的内涵来看,民间游戏的特点应包括传承性与即时性、地域性与普遍性、自然性与教育性、集体性与个体性等。笔者通过田野调查发现,怒族民间儿童游戏的内容丰富,形式多样,与其他地区或民族的民间游戏相比,怒族民间儿童游戏从游戏的组织形式和内容来看,体现出了以下几方面的特征。

1. 身体性

我国学者曾研究发现,中国传统儿童游戏比较注重发展儿童的智慧,而不太重视身体运动能力的锻炼。在传统儿童游戏中,训练儿童智慧、陶冶儿童性情的游戏十分丰富,而锻炼儿童力度、耐力、抗击力、速度等体力因素的运动类游戏并不发达。然而,这一研究结论无法涵盖怒族民间儿童游戏。

笔者通过田野调查发现,怒族民间儿童游戏中身体运动类游戏较多,几乎占到怒族儿童日常游戏的一半以上。民间游戏作为一种文化形态,其发生与传承都离不开特定的文化生境,怒族身体运动类游戏的普遍存在有两方面的原因：一是由于怒族聚居区自然生境复杂多变，需要孩子从小具有良好的身体素质，在游戏中锻炼儿童身体，促进身体运动能力的发展是怒族儿童面对未来生活的需要；二是在怒族父母的养育观中有一种朴素的身体观，即认为"身体的动"能让儿童感受到乐趣。考察发现，在怒族家庭，出生四五个月的婴儿在与父母的互动中，就常常能感受到动作，以及动作所带来的变化的感觉。自婴儿能坐稳后，怒族父母就常与孩子玩身体互动类游戏，如把婴儿放在膝盖上上下颠动，或把婴儿举高又轻轻放下。

除上述一些身体运动类游戏之外，怒族儿童平日聚在一起时还会玩许多地区常见的民间游戏，如老鹰捉小鸡、跷跷板、打秋千、跳老虎背[①]等，这些游戏虽名称各异，但内容和游戏规则却大同小异，都需要儿童身体的积极参与。

无论是在亲子游戏，还是在同伴游戏中，身体运动类游戏的普遍存在成为怒族儿童游戏的一个特点，换句话说，怒族儿童民间游戏为儿童提供了丰富的身体接触与体验的机会，这样的身体运动类游戏对儿童的发展有着重要的意义。

其一，游戏中的身体接触是一种伪装的亲密行为，延续了亲子之间的亲密关系。

婴儿与母亲亲密关系的建立主要依赖于亲子之间的身体接触，哺乳、搂抱、摇晃婴儿、亲密互动等都是建立母婴强大依恋的纽带。正如莫利斯所言，产生依恋关系最重要的因素是与母亲温柔肉体的亲密接触，而这样的纽带对孩子以后成功的社会行为至关重要。过了婴儿期进入幼儿期后，幼儿对母亲身体的依恋会有所变化，他们会产生一种难以捉摸的矛盾"心情"：一方面，幼儿非常想和父母身体接触，继而从父母那里获得足够的安全感；另一方面，成长的内驱力促使他们独立地去发现世界，探索环境。然而，这个世界虽然充满吸引力，但其不确定性还是会令幼儿生畏，所以幼儿还需要通过某种间接、遥控的亲密行为来维持安全感。幼儿时期的亲子身体接触不会像婴儿期那样"贴得紧密"，但身体接触不会全然消失，只不过接触的形式已经有很大的变化，全身紧贴拥抱变为不那么贴身的拥抱，以及以手搭肩、摸头、握手等亲密行为。童年时代晚期的探

---

① 跳老虎背是怒族男孩很喜欢玩的一种游戏，是怒族孩子按老人描述模仿老虎跳跃而兴起的一项活动。玩这个游戏时，一人当老虎，弯腰双手着地，其余的人从老虎背上跃过。一轮过后，老虎将背抬高，跃不过的人当老虎，如此交替，反复进行。西南地区很多少数民族都有类似的游戏活动，名称虽有不同，但游戏内容和规则却大同小异。

索压力越来越大,儿童还是很需要身体接触和亲密行为,那会给他们带来舒适的感觉。这种需要不是减少而是受到压抑了。一方面,身体接触的亲密感意味着幼稚,必须放逐到过去的记忆中;另一方面,环境却需要这样的亲密接触。解决这种困境冲突的办法是引进新的身体接触形式,使之既可以提供儿童所需的亲密接触,又不会给儿童留下"婴儿气"的印象。这时儿童会采用一些伪装的亲密行为来缓解亲子交往中的矛盾,而这种伪装的亲密行为多见于孩子与父母的游戏和玩耍嬉戏中。

可见,怒族儿童与父母或同伴间经常性的游戏互动和嬉戏打闹,看似毫无目的,却延续了儿童幼小时期亲子之间的亲密情感,使儿童享受到了与同伴之间的亲密关系。亲子或同伴之间的亲密行为对人的成长具有非常重要的意义。如果一个儿童享受不到亲密关系,那么长大后的他很难应对生活的压力。事实上,大多数心理学家和教育学家都严厉批判过华生那种严格和冷漠的育儿观念,在华生的教育实践中,婴幼儿与父母接触是不应该的,成年人不应回应婴幼儿的接触请求,更别说亲子之间的游戏互动。

游戏或嬉闹中的身体接触是最常见,也是最有价值的亲密行为。如莫利斯所言,身体上一次小小的亲密接触,往往胜过书本上的漂亮词句。如前面提到的怒族传统民间游戏"哽噔嘞"(向后倒游戏)正是儿童在身体的接触中,实现了体力的较量和心理安全感的建立,游戏让怒族儿童在嬉戏中信任了他人、建构了自我。可以说,怒族民间儿童游戏中的身体接触是一种伪装的亲密行为,它延续了亲子之间的亲密关系,为儿童理解社会交往内涵和习得社会交往技能创造了机会。

其二,身体运动类游戏让儿童身体获得极限体验,恢复鲜活的生命特质。

运动学里的身体概念是指人或动物的生理组织的整体,有时专指躯干和四肢。这种解释纯粹指的是身体的物质性,不含任何文化意义,但游戏中的"身体"一词绝不应是冰冷枯燥的生物学概念。怒族民间儿童游戏的身体性正向我们展示着儿童身体体验中的"肉"与"灵",展示着儿童因身体体验而获得生命成长的内在机制。

在人类学家眼里,肉体性是人显现出来的基本特征,不管直接还是间接,这个特征成为人的一切活动的组成部分,没有它,许多典型的人类行为,比如说,游戏、劳动、跳舞都是不可能进行的。灵魂不等同于人的存在,灵魂只有和身体一起才能构成人这个完全的实体。法国哲学家梅洛-庞蒂用现象学的观点把"身体"带到一个复杂、混沌的领域:既不是纯粹物质,也不是纯粹仪式,而是物性和灵性交融的身体,是有精神的、有灵气的身体,是一种含混的、模棱两可的存在。身体本身的体验向我们显现了一种模棱两可的存在方式。在这样的身体中,心灵和肉体的关系是一种浑然不分、融合统一的关系。灵魂和身体的结合不是由两种外在的东西——一个是客体,另一个是主体——之间的一种随意决定来保证的。灵魂和身体的结合每时每刻在存在的运动中实现。[1]可以说,梅洛-庞蒂消解了长期以来的"身心对立"观,打破了身心分裂的状态,提出了肉体与心灵交融统一的身体哲学。

在梅洛-庞蒂身体哲学的观照下,我们意识到应重视儿童身体体验与心灵成长之间的关系,重视身体运动对生命质量的影响。怒族民间儿童游戏中大量的身体运动类游戏,例如"偷鸟蛋"、爬树、双手倒立等,让儿童身体与自然对抗而获得经验,儿童身体运动所带来的刺激会内化为心灵的体验,让孩子体验到身体的灵动与生命的鲜活。又如前面介绍的"哽噔嘞"正是一种儿童借助身体表达内心的感受游戏。怒族儿童通过看似无聊的身体游戏表达着自我的同时,也逐渐把对世界的理解内化于心。当然,作为一种游戏活动,儿童在做这些动作时,纯粹是为了动作本身所带来的乐趣,并非要掌握某些动作技能。

基于怒族民间儿童游戏的考察与分析,笔者意识到儿童身体与游戏原本就应是融合在一起的,身体的感官认知是儿童在游戏中获得快乐和追求真理的起点。换句话说,游戏中的儿童通过身体感官获得最初的认知和经验,身体体验是心灵成长的前提条件。此外,游戏中儿童动作技能的习得与发展是身体各种机能发展与高度整合下的产物,儿童不断地挑战和练习身体动作技能,其意义不仅仅是身体运动能力的发展,还是勇气、坚韧、合作等心灵品质的建构。反观当下这个被电子媒体控制的时代,儿童"身体"的真实体验变得越来越少,取而代之的是儿童身体被电子产品无情地"捆绑"。这样的儿童身体已变得懒惰、麻木,儿童身体的活泼灵动已不复存在,更谈不上通过身体感受自然万物、体验生命意义。

分析怒族民间儿童游戏的特点及其内涵,笔者进一步意识到游戏作为一种实践活动,其本质是一种身体状态,是一种体知活动,具有明确的"亲身性"。在游戏活动发生的场域,儿童身体是游戏发生与延续的基础,游戏同伴是以身体

---

[1] 梅洛-庞蒂.知觉现象学[M].姜志辉,译.北京:商务印书馆,2001:257.

"在场"的方式来实现社会性的发展。在游戏实践中,儿童的身体不再是被他人(成人)支配的器物,而是能够主宰灵魂的身体之力。游戏中的儿童可以根据自己的感性动力对世界做出解释与透视,亲身体验的游戏唤醒了儿童对鲜活生命特质的追求。

其三,游戏内容与玩具有利于儿童身体技术的习得。

"身体技术"是著名的法国人类学家马塞尔·莫斯提出的一个概念,它是指人们在不同的社会中,根据传统使用他们身体的各种方式。马塞尔·莫斯根据人的不同年龄段划分了各阶段身体技术的主要内容,其中儿童时期的身体技术是在养育活动中实现的,母亲抚育孩子的身体姿势影响着儿童身体技能的发展。一个被母亲抱过两三年的孩子,他(她)面对母亲的姿势是与一个没有被母亲抱过的孩子不同的。他(她)搂着他(她)母亲的脖子,坐在她右肩上,骑在她的腰部,这是一种对他(她)一生至关重要的"体操"。断奶后的儿童开始训练走路、吃饭、喝水等身体技能,并在本民族文化的影响下逐渐习得与生存息息相关的身体技能和身体休息(如身体游戏、舞蹈等)的各种技术。在马塞尔·莫斯看来,身体技术都是后天习得的,儿童的社会化过程就是通过训练来获得社会所承认的身体技术,从而表现自我并与他人交往的过程。除马塞尔·莫斯外,乌尔夫也察觉到了身体与外在世界的关系,他认为,行动者的身体与世界相似,并将其变成身体的一部分。通过了解世界,身体得到了"扩展"。这些过程是感官的,并在相当程度上无意识地进行。它们在行动者的身体内部产生物质,这种物质显现在其行动的表现上。[1]

怒族民间儿童游戏的身体性使怒族儿童在游戏中学习并掌握了许多使用"身体"的技术,这些身体技术包括攀爬、奔跑、快走、跳跃、倒立、投射、游泳、滑索道、舞蹈等。怒族儿童在游戏中习得了非常多的身体技术,并形成了较好的身体运动能力。如马塞尔·莫斯所言,身体技能不完全是自然的行为,它的习得与所处的社会文化环境有关。对于怒族儿童来说,他们从小生活在怒江大峡谷中,险峻的高山、激流的江水既是族群赖以生存的生活资源,又是他们要面临的生存挑战。因此,怒族儿童从小就要学习赖以生存的身体技术,这些身体技术一方面能增强怒族儿童的身体素质,另一方面能让他们掌握一些劳作技能。

游戏的过程是身体技能习得的过程,也是生存技能和劳作技能习得的过

---

[1] 乌尔夫.社会的形成[M].许小红,译.广州:广东教育出版社,2012:59.

程。可以说,怒族儿童的游戏活动与劳作是不可分割的,很多身体技能的习得与儿童的游戏直接同一起来。怒族儿童日常的游戏活动中蕴含了大量需要身体技术的内容,这些游戏中的投掷、攀爬、跳跃等身体技术可以过渡到日常劳作中,反之下地割草、上树摘果、爬山寻食、投射捕猎等劳作活动又可以过渡到游戏中。怒族民间儿童游戏与儿童日常劳作的内在精神是一脉相承的,二者对怒族儿童的身体技术习得和精神成长有着共同的价值。

游戏活动的发生自然会伴随着一些玩具。怒族家庭儿童玩具的种类和数量并不太多,但这些玩具大都与身体运动类游戏有关。考察发现,怒族儿童的玩具多是父亲或爷爷制作的,其中一些玩具是怒族传统劳作工具的"缩小版",它们一方面是儿童游戏时的好玩伴,另一方面又是儿童身体技能训练的好工具。例如,怒族男孩最喜欢玩的玩具——小弩弓便是游戏和劳作技能融为一体的典型代表。在传统怒族社会,射弩是每一个怒族男子必备的生产劳作技能,射弩水平的高低直接影响到了捕获食物的质量和数量。因此,怒族社会里的成年人会为儿童制作小弩弓当玩具,四五岁的怒族男孩就从父亲那里习得了射弩的技巧,在经常性的射弩比赛游戏中怒族男孩不但提升了手眼协调、手部肌肉控制等身体能力,还逐渐培养了男孩对自我性别的心理认同感,男孩慢慢完成社会性别角色的自我建构。(如图5,图6)

图5　玩弩弓的怒族男孩　　　　　图6　传统玩具双轮车

美国学者研究发现,父母提供的玩具类型反映了父母的价值观。怒族父母给孩子制作的玩具多是配合身体运动游戏的,它反映了怒族父母的价值观,即游戏就是要儿童身体的参与,游戏中的乐趣来源于儿童身体的快乐体验,游戏与身体是不可分割和同一的。

相较之下,当下许多生活在现代文明里的城市儿童却面临着"身体生活"缺失的危机。有学者认为,儿童"身体生活"的缺失,其中一个主要表现就是童年的"身体生活"被挤压甚至被剥夺,从而造成儿童生活中的"身体不在场"。在教育中,成人(家长、教师)对书本文化顶礼膜拜,却抽取掉在儿童成长中具有原点和根基意义的"身体生活"。这种无源之水、无本之木的教育,不仅难以使儿童成才,甚至难以使儿童成"人"。此外,电子游戏的泛滥,也使得当代儿童的游戏出现"身体不在场"的现象。极具感官吸引力的电子游戏,常常导致儿童将身体固定在某一地点不与周围世界交往,儿童身体运动的内驱力长时间得不到回应,儿童身体的运动能力慢慢萎缩,儿童认识和感受世界的能力也慢慢退化,儿童健康和谐的发展便不可能实现。

怒族民间儿童游戏的身体性对我们反思当下儿童身体生活有一定的启示作用。怒族民间儿童游戏中玩耍与身体运动相统一,其意义不仅仅是促进怒族儿童身体素质的发展,还使儿童生活、儿童的游戏回归身体。在怒族儿童的游戏活动中,儿童有充足的身体活动时间,他们爬树、戏水、跳跃嬉戏,享受身体自由的愉快状态;在竞赛性的身体运动类游戏中,控制和遵守规则也是身体教育的表现,游戏过程便是社会规范铭刻到儿童身体上的过程。

2. 群体性

西方人类学家研究发现,不同文化群体的儿童游戏组织形式存在差异。一些族群的儿童参与群体游戏的经验要远远多于参与两人游戏的经验。例如,有学者在以马克萨塞斯群岛3—5岁儿童为观察对象的研究中发现,观察总数中约75%的儿童参与了有3—6个儿童的群体游戏,约18%的儿童参与了有7—10个儿童的群体游戏。这里的儿童很少独自游戏,只和一个小孩玩的比例也只占7%。

为了解怒族儿童游戏的特点,笔者在田野调查期间观察了怒族儿童游戏的组织形式,发现怒族儿童几乎以群体游戏为主,其中7—10人的群体游戏约占三分之一,3—6人的群体游戏约占三分之二。考察期间,笔者没有发现怒族儿童独自玩耍的情况。从游戏的内容和规则来看,怒族民间儿童游戏具有明显的群体性,游戏大多需要多人参与、共同协作才能"玩儿"。

如前所述,怒族文化崇尚人与自然、人与人的和谐共生。因此,在处理人际关系时就形成了"不独"和"搭伙"的交往习俗。"不独"就是要合群、要与人分享;

"搭伙"就是要能和自己年龄相仿的人一起游戏、劳作和学习,互相帮助、互相鼓励。怒族父母非常重视培养孩子"不独"和"搭伙"的人际交往行为与习惯,"不独"与"搭伙"成为怒族社会儿童人格养成教育的目标。在怒族村落,无论多小的孩子吃东西时,遇到年龄相仿的同伴,一定要主动给同伴分一些,不能只顾自己吃,不管别人。怒族父母要求孩子必须学会与同伴分享,不管乐意不乐意,从小就得学习和实践,若孩子表现出"独"的行为,就会被父母责备和惩罚。

"不独"与"搭伙"的另一层含义是要让孩子学会帮助和照顾别人,特别是学会照顾比自己年龄小的孩子。在怒族村落,几乎每天都能看到一个六七岁大的孩子背着一个婴儿,哄着一群幼儿做游戏;几个稍大一些的孩子带着一群年龄不等的孩子玩游戏、做劳动等。怒族儿童相聚一起玩游戏时,更体现出了这样的群体交往特性,具体表现在以下两个方面。一是游戏前的"约伴"。怒族村落里的孩子们常常"约"在一起玩游戏,他们不愿成为"独"的人,也不会让同伴被"独",所以一旦有人发出了玩游戏的信号,孩子们就开始大张旗鼓地"约伴"。"约伴"的对象包括正在附近的同伴、平日经常一起玩的好朋友、年龄小一些的弟弟妹妹们。"约伴"时也常常有一些孩子自告奋勇地加入游戏群体,这些孩子都会被吸纳到游戏群体中,不会有任何孩子被无故拒绝,就算想要参加游戏的孩子身体残疾、行动不便,也会被同伴们接纳,一起愉快地玩耍。二是游戏中的"参与"。怒族儿童在玩游戏时会让每个参与游戏的人都能体验这个过程,如果玩假装游戏,每个孩子都有自己的角色;如果玩竞赛性的身体运动类游戏,每个孩子都能有机会参与竞争。游戏的过程和规则会让每个孩子都能参与,每个孩子都有"玩"的机会,不会让任何孩子感到自己被孤立。可以说,怒族民间儿童游戏的群体性使孩子建立起了良好的同伴关系。游戏中形成的同伴关系是一种平等、自由、互惠的关系,它对儿童的社会化成长具有重要且独特的价值。

其一,群体游戏中的同伴交往促进了儿童自我意识的发展。个体的自我意识不是独自生成的,而是个体在有组织的共同体中逐渐形成的。如乔治·赫伯特·米德所言,有组织的共同体或社会群体,作为"泛化的他人"使个体的自我获得统一。如果特定的人类个体要发展成为一个最完全意义上的自我,他必须像采取其他个体对他以及彼此之间所持的态度那样,采取他们对他们作为一个有组织的社会或社会群体的成员而参与的共同社会生活或一系列社会事业的各个不同阶段、不同侧面所持的态度;而且他必须泛化这些个体对整个有组织的社会或社会群体本身的态度,从而对不同的社会计划采取行动,这些计划在任何一个特定时间都是在实现或接近整个社会过程的各个阶段,各个阶段则构成了他的生命。换句话说,只有当他对他所属的有组织的社会群体所参加的有组织的、合作性社会活动或活动系列采取该群体所持的态度,他才实际发展出一个完全的自我,即获得他所发展的完全的自我的品质。对于怒族儿童来说,大量的群体游戏活动使得他们成为一个游戏共同体,这个共同体通过游戏规则或游戏互动对个体成员施加了控制,个体也逐渐习得游戏共同体的社会态度。无论是"偷鸟蛋""打核桃""哽噔嘞"等身体竞技类游戏,还是"讨南瓜""卜郎鬼捉人"等假装游戏都为怒族儿童提供了一个可以进入的社会情境,怒族儿童在游戏的情境中获得了"泛化的他人"的态度,游戏过程中的同伴交往为怒族儿童认识自我提供必要的、可对比的参照系数和衡量标准,对儿童自我形象的确立发挥着重要的作用,使他们成为所属共同体的一员。

其二,群体游戏中的角色互动促进了儿童社会角色的建构。同伴关系在儿童成长过程中具有成人无法替代的独特作用。有研究发现,儿童从大人那儿学到的社交技能远比与同伴交往中所能学到的要少。他们会从错误和考验中学会取舍,并自觉地根据经验做出反应。另有研究发现,儿童群体游戏互动过程中存在着社会性"角色"和"对立角色",二者的互动机制是:儿童一种行为方式的构成(角色)都会引起其对立面的出现(对立角色)。例如,一个男孩在玩男生所用的皮带时,可能会扮演父亲的角色,相应的游戏中的女孩会依据男孩的角色构成做出反应,即在游戏中称这个男孩为"爸爸"。由于角色是社会人际经验反映的,儿童的群体游戏可以让儿童扮演的"角色"与"对立角色"配对。这一角色扮演的过程产生了矛盾和矛盾的解决,从而不断重新赋予情境、客体、角色、参与者本身以各种意义。基于此,怒族儿童在群体游戏中的同伴互动可以看作是一个社会角色相互对抗、调和的过程,例如在"卜郎鬼捉人"这样的假装游戏中,怒族儿童通过"卜郎"(角色)与"怕被鬼吃的小孩"(对立角色)的互动,使儿童认识了自我与他人的关系,建立了符合本族社会角色的联系,从而实现了儿童社会角色的建构。

3. 原生性

"原生性"具有浓厚的文化意义。人类学家常用"原生性"一词来表述文化传承过程中本质特征持续保留的状态,即族群最初创造的文化事项经过了漫长历史演进仍然能够保持其本质特征和基本状态的文化现象。[①]在这里的"原生性"含有原创的、附魅的、非复制的、历史的、活态的意思,它主要用来说明一种文化传承过程中相对稳定的状态。

考察发现,怒族民间儿童游戏作为一种文化形态传承至今具有明显的原生性。首先,怒族民间儿童游戏内容或主题有很多族群历史和原始信仰的投影,如"讨南瓜""卜郎鬼捉人"等游戏都蕴含着怒族先民的生命观和宗教观,怒族游戏文化形态中依然保留着怒族人最原始、最朴素的意识形态。其次,怒族民间儿童游戏也反映了怒族儿童日常生活的当下状态,许多游戏与怒族儿童的生存技能、劳作技能的习得息息相关,怒族儿童在民间游戏中获得了丰富的身体体验和身体运动能力的发展,也因此逐渐内化了本民族的性格特质。最后,也是最重要的表现,怒族民间儿童游戏非常接近游戏的本源,即保持游戏中儿童的自然状态,不以追求现实的功利为目的,而更多是为了追求精神的快乐。如弗利特纳所说,游戏是一种"原始现象",有其自身的价值,它不牺牲其他成分,不牺牲未来的目的。与制度化情境中的游戏活动不同,怒族儿童玩爬树、投掷、捉人等游戏,虽然从教育学的角度它们都具有促进儿童发展的诸多教育功能,但对于怒族儿童来说,玩这些游戏不是为了学习而是为了乐趣,为了与同伴玩耍、嬉戏带来的快乐。能让孩子回归游戏快乐本源的最佳途径便是保持儿童与自然的接触与互动。

可以说,怒族民间儿童游戏原生性的突出表现便是纯粹的自然游戏和与有趣的人交往。一方面,怒族民间儿童游戏在自然的游戏场中发生与进行,孩子们在田间地头、树林河边玩游戏,在小土堆上爬上、爬下,在江水边上"煮泥饭",在树洞、草堆里躲猫猫。怒族儿童自然的游戏场是游戏伙伴们共同创设的,几乎不受成人的影响,相对于现代社会中成人专门设计的游戏场来说,怒族儿童的游戏场更具纯粹的自然性。另一方面,怒族儿童游戏蕴含着许多自然法则,怒族儿童在玩"打核桃""日达木"(怒语,猜物)"偷鸟蛋"等游戏时是一个体验自然秩序的过程,也是一个儿童与自然交往的过程,而这样的自然游戏恰恰能实现对儿童的有益教育。正如某学者所认为的那样,教益并不直接在游戏,而是因为游戏象征着人类的一些法则。例如,儿童会围成一个圆圈,原因并不是因

---

① 傅安辉.论族群的原生性文化[J].吉首大学学报(社会科学版),2012,33(1):13.

为圆形组合有利于社会的实际目的,而是因为圆圈象征着无穷,而无穷将会激发儿童心灵深处无穷的潜能。怒族民间儿童游戏也蕴含着这样的自然法则,它向儿童展示了自然的神秘、生命的共生,使儿童在游戏中初步体验了自然生命伦理。

阐释怒族民间儿童游戏的原生性其实是以比较和反思人类工具理性影响下的儿童游戏异化现象为出发点的。工具理性影响下的游戏与学习是二元对立的,很多时候教师为幼儿安排游戏活动是为了让他们走向"学习"的彼岸,此时的儿童游戏已远离原生性特质。"学习"成了儿童能明确意识到的游戏"目的",而破坏了游戏精神的核心,这就是为什么幼儿园中经常出现当幼儿参加完教师组织的游戏活动后说:"老师的游戏玩完了,我们玩自己的吧。"很明显,儿童清楚刚才玩的是老师安排的"任务",而非真正的游戏。

怒族民间儿童游戏所表现出来的原生性与儿童天性中的自然性是相吻合的。怒族民间儿童游戏的原生性启示我们应让游戏回到原初状态,保持游戏的原生性,让游戏中的儿童更接近自然的本源和心性的本源,满足儿童精神的快乐,促进儿童游戏精神的生长。

第四章

意义探寻：
怒族儿童养育习俗的特点与儿童观解读

人类的教育形态包括两种类型，一类是记载于教育史书中的制度化教育形态，另一类是存在于人们实际生活中的教育现象。有学者认为，广泛存在于社会生活中的实际的教育现象是我们关于教育的一切观念性认识的最终根据，我们把这种实际教育现象称为一种"人类学事实"。[①]怒族儿童养育习俗就是一种存在于怒族社会生活中的"人类学事实"，因此它具有人类学事实一个基本特性，即人文性。养育习俗之所以具有人文性，是因为它与儿童的社会化过程同一，并始终以儿童为其目的，以社会文化为其核心内容。人类学里的人（儿童）是一种"文化的存在"，人类学里的儿童养育是一种文化再生产活动，它不但是"繁育生命体"和"提供维系生命存在的事物"的活动，还是社会生产与再生产的重要途径。这一关于"儿童"及"儿童教育"的人文性解读在"科学文明"当道的今天具有重要的现实意义。

本研究对怒族儿童养育习俗的教育人类学进行阐释，一方面努力实现将人类学研究范式运用于早期儿童教育的方法论意义，另一方面在田野调查的基础上尝试揭示具有说服力的早期儿童教育的观念，实现将阐释的结果反作用于早期儿童教育理论建构的价值论意义。在前面几个部分，笔者从不同结构层面对怒族儿童养育习俗进行了考察与描述，阐释了怒族儿童养育习俗的内涵与价值，在此基础上，本部分将进一步归纳和阐释怒族儿童养育习俗的特点与教育

---

① 项贤明.泛教育论[M].太原：山西教育出版社，2000：104.

内涵,探寻蕴含于其中的儿童观,以期从中获得有益于当代学前教育发展的儿童保教思想与智慧。

一、怒族儿童养育习俗的特点

一般说来,成人如何看待儿童,就会以相应的方式对待儿童,即会形成相应的儿童养育实践活动。尽管成人的儿童观念并非儿童本身,却影响着现实的儿童。[①]怒族社会对儿童生命本质及其成长逻辑的价值判断是形成怒族儿童养育活动的基础。在传统儿童生命观的影响和规约下,怒族儿童养育活动也形成了自己的特点,分析和阐释这些养育活动的特点及其价值,对我们反思当代早期儿童教育中的许多问题具有重要的意义。

(一)儿童养育方式的保守性

在当下崇尚"改革""创新""扬弃"的社会环境中,"保守"听起来是一个不合时宜的词语,现代教育学领域中也鲜有学者论及保守与教育的关系。然而,西方一些政治学家很早就发现了人具有守旧的思想,即具有保守的特性。如英国保守主义政治评论家休·塞西尔就明确指出,天然的守旧思想是人们心灵的一种倾向。那是一种厌恶变化的心情;它部分地产生于对未知事物的怀疑以及相应地对经验而不是对理论论证的信赖。人类的天性对新事物是不敢接近和不耐烦的。人们觉得他们生活在神秘莫测的环境中;他们居住在世界上,就像儿童居住在黑房间里一样。在休·塞西尔看来,人的保守性(守旧思想)深深扎根于"人性"之中,是人类的一种心理惯性,这种思想在社会发育程度较低的古老民族意识中有明显的痕迹。

事实上,在描述和阐释怒族儿童生命观时笔者已感受到,怒族社会对儿童生命及其成长意义、机制的看法具有保守倾向。在怒族父母的观念中,儿童的生命是神圣且柔弱的,"神灵"赋予儿童生命成长的"内在秩序",父母对儿童养育的首要任务就是"让孩子的生命得以保存和生长"。在这样的儿童观影响下,怒族社会形成了保守的儿童养育方式——呵护式养育和基于儿童"内在秩序"

---

① 蒋雅俊,刘晓东.儿童观简论[J].学前教育研究,2014(11):3.

的心性教育。

1."柔弱观"下的呵护式养育

呵护式养育是怒族社会儿童养育习俗的一大特点,也是怒族社会儿童养育制度形成的内在原因。怒族社会对儿童的呵护式养育主要表现在两方面:一是怒族父母遵守"有儿不离家"的家屋养育制度,保证了怒族儿童拥有完整的家庭生活体验;二是怒族父母重视儿童身体与灵魂的护佑,保证了幼弱生命成长过程有充足的时间和可依赖的空间。

呵护式的养育实践中暗含着怒族对儿童生命之初幼弱天性的认可,以及对父母养育功能重要性的认识,如同卢梭所认为的那样,在幼儿目前所处的幼弱状态中,他(她)对人的认识完全是根据那个人给予他(她)的帮助和关心。笔者在考察怒族儿童养育习俗时发现,怒族儿童与养育者之间形成了较好的安全依附关系,这样的安全依附关系是怒族儿童养育活动的起点与基础,这直接促成了怒族儿童和谐人格的建构。

在美国和西欧一些国家进行的关于"儿童与其照顾者依附关系"的研究中,常用"陌生人情境"来检视儿童的安全依附。研究发现,不同养育文化背景下的儿童对"陌生人情境"有着不同的反应:德国北部的儿童遇到陌生人时常会表现出焦虑和逃避的心理特征,日本的儿童会表现出焦虑和抗拒,相反,西非的儿童面对陌生人时不但不会有心烦意乱的表现,甚至还能和陌生人友善地相处。有学者认为,西非儿童这一特点的形成源自他们社群中实际照顾儿童的方式,它涉及亲子接触的方式,以及母亲回应孩子发出的紧张讯号时的立即性等。在怒族村落与儿童的互动交流中,笔者明显感觉到怒族儿童对待陌生人表现出来的亲近与友善。

在茶腊村考察的这几天,我每天都会与村落里的怒族儿童接触,有时与他们一同玩耍,有时与他们一同劳作。对于这群生活在自然环境相对封闭的怒族儿童来说,平日里并不常接触村子之外的人,我想,我的出现对于当地的孩子算是一个陌生人的"入侵"吧。在考察之前,我非常担心作为"外面的陌生人"不能与孩子们沟通与交流,甚至被孩子们排斥与拒绝。然而,让我意想不到的是,茶腊村的怒族儿童是如此的外向、活泼,他们对我这个陌生人并没有表现出排斥和冷漠,相反对我非常友好,很快与我"打成了一片"。在考察的这几天里,他们常常约我和他们一同游戏,甚至和我分享他们的零食,他们对我这个陌生人似乎没有什么防备心理,也没有什么拒斥行为,而是放心、快乐地与我相处。

(摘自田野调查日志,2014年2月3日)

茶腊村怒族儿童表现出来的大方、友善与西非儿童的表现非常相似,他们都表现出一种安全依附的人格特质,究其原因,这也许与怒族社会对儿童的呵护式养育不无关系。

怒族父母对儿童的呵护式养育习俗看似朴素、缺乏理性,却是一种基于人性本能、基于生命法则的早期育儿理论,它最大的价值在于为儿童的成长和发育提供了安稳的空间和自由度,并让儿童在这样的成长时空中获得安全感的满足。个体从寻求安全感出发,逐步建立与世界的爱与理智的联系,开启个体精神世界。个体精神发展从安全感的寻求与满足开始。[1]可以说,早期安全感是构成个体人生的基础性素质,它如同基本生理需求一样对个体发展有着重大意义。

2. 附魅观下的顺性教育

保守与其说是一种意识形态,不如说是一种态度、价值观和思维方式。这种价值观就是一种尊重传统、尊重教育天性的价值观。[2]基于对"接圣水"仪式、婴幼儿护佑习俗的考察与分析可知,怒族父母在养育实践中非常尊重和顺应儿童的天性。他们认为儿童生命成长有其自身的"内在秩序",成人应去遵循这种"内在秩序",在教育孩子的过程中应顺性而为。

前面的章节中描述和阐释的怒族传统"接圣水"仪式正是这种顺性教育的最好呈现。"接圣水"仪式是以儿童的原始情感为内在原点,基于"儿童对母亲之爱"的本性唤醒儿童德性生长的内在欲望,通过神圣的仪式培育出儿童关爱他人的道德情感。对于儿童来说,"母爱"是最为原始的感情,是他们的一种自然欲望,是德性生长的原点。"接圣水"仪式的文化场景及其文化符号让怒族儿童沉浸在一个以"母爱"为主题的文化空间中,仪式的过程又帮助他们把日常生活

---

[1] 刘铁芳.安全感的教育意蕴及其实现[J].教育研究,2016(2):50.
[2] 朱利霞.重申教育的保守性[J].中国教育学刊,2012(6):34.

中母爱的情感进行了整合,以母爱为原点,唤醒了儿童"爱"的情感,从爱母亲逐渐发展成为爱他人、爱自然,这是一个推己及物、由近及远的道德实践过程,也是儿童道德迁移的过程。从婴幼儿的护佑习俗中可以看出,怒族父母非常重视婴幼儿本能的需要,无论是哺乳、断奶还是睡觉都基于孩子的天性顺势而为,并未采用流行于现代文明社会的所谓"科学育儿法"。

尽管怒族父母对孩子进行的顺性教育带有"附魅"的意味,但就对儿童发展的结果来说是有意义的。附魅观下的顺性教育看似是缺乏理性,甚至是荒谬、可笑的,但它向我们展示了人类早期养育孩子的智慧,即以直觉的形式揭示儿童个体发展的自然序列,并有效地引导儿童遵循自然序列实现生命成长。可以说,附魅观影响下的儿童顺性教育是基于儿童自然本性的人格教育。反观现代学前教育,由于理性的过度膨胀,人们越来越忽视儿童与自然对话的能力,忽视了儿童自然本性的正当,儿童的自然本性被排斥在外,而道德理想的儿童或政治理想的儿童却借助理性获得了它的合法地位。儿童世界过早、过度祛魅,直接的结果就是导致儿童世界的自我封闭,怀疑一切,什么都不相信,缺少必要的敬畏,而必要的敬畏实际上乃是和谐人格建构的基础。可以说,怒族附魅观影响下的儿童顺性教育最大的价值在于:它承认了儿童的原初情感和本性的重要性,并以附魅的神圣性让儿童的生长保持节制,保护了儿童自然成长的原初状态。

(二)儿童养育实践的共生性

共生既是一种普遍的生物现象,也是一种普遍的社会现象,它的最高形态就是一切生命形式的相互依存和共同发展。各种各样的事物统一共生,在保持自我生存的同时也兼顾他物的生存,保持一种共存的状态,实现各自发展又相互补益,这就是世界存在的根本道理。[1]在对自然共生现象研究的基础上,人类开始思考人与自然、人与人、文化与文化的共生关系,并把人的发展与教育置于生命共生的关系中进行考察与分析。基于此,有学者开展了有关共生教育的研究,并阐释了共生教育的内涵。共生教育具有自生性、原生性,其最初的呈现形

---

[1] 张永缜.共生:一个作为事实和价值相统一的哲学理念[J].西安交通大学学报(社会科学版),2009,29(4):62.

态是自组织的,是自成生境的。其在发展过程中,在个体与自然、文化、社会,以及与自身的共处历程中,自然地协调了各种关系。

　　为什么要在生命共生的关系中探讨儿童的发展与教育呢?这是因为教育的本质是促进儿童生命的成长。教育对生命具有本体论意义。人的生命的获得主要是通过广义的教育来实现的。人是自然生命和价值生命的双重存在,无论是自然生命的发育完善,还是精神生命的成长都离不开教育,教育是人的生命的存在形式。受教育是儿童生命的一种发展需要,因此教育的过程亦是儿童生命成长的过程。一方面,从事实的角度来说,儿童个体或群体生命真正意义上的成长必定是在共生关系中实现的;另一方面,从价值的角度来说,教育追求的终极目标就是对儿童生命整体性、生命关系性和生命时空性的观照。总而言之,生命共生是学前教育的存在方式与价值追求。

　　基于对怒族儿童养育习俗的考察发现,怒族儿童养育习俗具有明显的共生性特点,怒族儿童养育实践实际上是一种共生教育。一方面,从教育过程来看,怒族儿童养育活动是儿童参与的交往实践活动,在这些活动中蕴含了有意识的或无意识的教与学的行为,儿童通过示范、模仿、习得等方式获得发展。例如,怒族儿童参与的"接圣水"仪式就是儿童通过模仿大人的仪式行为、习得仪式过程、体验仪式精神的生命教育过程,这样的教育过程包含着儿童、自然、他人三大教育要素,他们之间交流与互动生成了共生关系。另一方面,从教育功能来看,怒族儿童养育活动促进了人自关系(儿童与自然)和人际关系(儿童群体之间、儿童与成人之间)的相互协调。例如,怒族婴幼儿护佑习俗——"插竹"就是典型的儿童与自然共生的养育习俗。"插竹"把儿童生命与自然生命联系在一起,护佑了儿童生命的同时又保护了自然生态,实现了人自关系的协调;反过来,丰富的植被、生机勃勃的自然生命又为怒族儿童和谐人格的养成创设了生境,实现了人际关系的协调。事实上,在怒族儿童的日常劳作和家庭生活中,他们都会有意无意地模仿家长对待自然以及对待他人的行为方式,在潜移默化中习得对待人、自然以及他人较为一致的感情与行为。怒族儿童在这样的影响下,逐渐将共生智慧转化为自己生命的细节,从而养成了尊重生命的人格特质。

(三)儿童养育生态系统的稳定性

　　儿童养育习俗作为一种存在于社会生活中的"人类学事实",绝不是单个养育文化符号的拼凑和叠加,它对儿童发展的影响也不是一个线性、单一的过程,养育习俗本身就是一个复杂的适应性生态系统,这个系统是一个整体的、充满有机联系和生命活力的系统,其系统的运行遵循生态自组织的原理。

怒族儿童养育习俗的生成是怒族人与自然环境、人文环境相互作用的结果,在历史的发展过程中,它逐渐形成了一个相对完整和稳定的文化生态系统。由于"直过民族"的历史背景和相对封闭的自然环境,怒族儿童养育习俗时至今日仍能维持相对的平衡和稳定。笔者通过田野调查发现,怒族儿童养育生态系统体现出稳定性特征,具体表现在以下两个方面。

一是怒族儿童有相对稳定的同伴群体。笔者通过考察民间儿童游戏和儿童日常生活时发现,怒族儿童与同伴群体有充分接触的机会,这种同伴群体是指每天生活在一起的年龄相仿的儿童群体。在怒族村落,由于学龄前儿童大多未上幼儿园,他们入小学前的生活就是每天与村落里的小伙伴们一同玩耍、游戏和劳作。与现代城市里孩子少有玩伴形成鲜明对比,怒族村落里的孩子几乎是天天"群居"在一起,太阳一出他们就开始一起玩儿,太阳落山还舍不得分开。有的孩子从生下来就在一起吃吃、睡睡,被大人们共同看护,稍大一些又在一起嬉戏玩耍、劳作学习。可以说,除父母之外,同伴群体是怒族儿童社会化过程中的另一"重要他人",他们对怒族儿童社会性发展有着重要的作用。由于怒族村落人口流动不频繁,社会人员相对稳定,使得怒族儿童的同伴群体呈现出稳定性特征,这些小时候的玩伴不会随意变换,不但伴随了个体的童年时光,还会成为一生的朋友。

二是怒族社会形成了相对稳定的养育观和养育制度。在探寻怒族儿童低入园率的原因时,笔者发现怒族村落有自己的儿童养育生态系统,这个系统包括了以传承怒族文化为旨归的日常生活教育和受当地传统文化影响产生的社区教育两部分。怒族儿童养育生态系统中有着较为稳定的儿童教育群体,这一群体主要由怒族家长、村落族长等组成,他们是一个能够独立思考、统一谋划的整体,他们在长期的交往互动中形成了较为稳定、同一的儿童观和教养观,并在养育和教育儿童的实践活动中,形成了一个教育共同体,这个共同体通过协调各类教育组织形态,实现共生,从而维持了怒族儿童教育生态系统的稳定与平衡。

由于高山峡谷阻隔,交通不便,怒族聚居区自然环境的封闭性十分突出,缺乏大规模的物资流动和地区之间的文化交流,使得怒族传统儿童教育生境呈现出了稳定性的特点。对于社会发展来说,稳定的社会生态结构也许并不是件好事,因为稳定状态会让处于这个生态结构中的生态因子失去发展的动力。然而,对于儿童来说,在人生发展的最初阶段能生长在一个相对稳定、价值观同一的文化生境中却是非常重要的。稳定的社会群体和稳定的社会价值观减轻了儿童选择的负担,使他们在日常生活中初步建立起了对他人和社会的信任,获得了安全感。

二、怒族儿童养育习俗中蕴含的儿童观解读

人类学家不厌其烦地追寻和探讨的经典命题就是人的本质问题。对人类来说,最大的"谜"莫过于"自身起源之谜",追寻和把握自身的本质是人类与生俱来的发展内驱力。正因如此,古希腊德尔菲神庙门前的那句——"认识你自己"的箴言获得了"神谕"似的地位。有学者梳理了人类学的发展历程后认为,古老的人类学一般都以"文化描述"的形式存在,它是缺乏分析的,更是缺乏批判的,然而却是充满想象的。如今的人类学研究带有很强烈的后现代特征,它所期望的已不是简单的"自我观察",而是人类的"自我关切"。教育人类学的研究亦是如此。研究者在田野调查的基础上描述和解释各类教育文化现象,其目的就是要探寻人类教育活动的本质,即探寻教育活动中的人(儿童)是什么、人(儿童)的生命成长逻辑是什么等问题,从而能获得对人类教育活动的普适性理解。

一般来说,儿童观是对儿童的本质和发展过程的基本观点、根本态度和总的看法,是人们在哲学层面对儿童的认识。当人们在讨论"儿童观"时,常用语言来描述"儿童是什么",这样的描述包含了两方面的内容:一是儿童的真实样态;二是成人对儿童的价值判断。具体来说,儿童观研究主要回答儿童是什么?儿童成长的本质是什么?儿童或童年具有怎样的地位和价值?成人应如何看待和对待儿童?等基本问题。

怒族儿童养育习俗作为一种存留于民间的教育文化事实,它必定也蕴含了现代学前教育理论中称之为"儿童观"的哲学思想,只不过这种思想带有明显的原生性特质,即基于"泛生命"意识来看待儿童。可以说,怒族养育习俗中蕴含

的儿童观是一种基于生命立场的儿童观。对于怒族人来说,回答"儿童是什么"实则是在回答"儿童的生命是什么"。怒族社会所形成的儿童生命观包括了成人对儿童生命的本质、存在及其成长机制的看法和态度。

(一)儿童生命是"神灵"之附魅

"魅"的本义是怪兽、魑魅、古怪,有时也引申为迷惑、迷乱、神秘之意。"自然"在早期先民眼中具有难以捉摸的神秘性、神圣性,不可认识、理解和挑战,但由于人类的生存与自然须臾不可分离,同时又令人心驰神往和无限沉醉,由此产生了"魅"的自然意蕴。自然之"魅"的产生源自人与自然的一体相依、和谐共生的内部关联以及人类发自生命本真层面对自然的深深的敬畏之情。[①]

在怒族人的观念中,孩子是自然赐予的礼物。大自然的精华在神灵的安排下寄居人类母体,孕育出人,一个婴儿呱呱坠地,便已赋予自然的灵性。因此,怒族文化中的儿童生命是神圣的,成人对其心存敬畏与崇拜。可以说,怒族对儿童生命持有一种朴素直观的神性"附魅",这种附魅观是人类早期先民与自然关系的标志性特点。此外,怒族看待儿童生命成长的过程也是"附魅"的,他们认为,儿童生命成长有一个自然的秩序,而这个自然的秩序是"神灵"安排好的,儿童的一切本能需求都是"神灵"的旨意。正是出于对儿童生命的认识,怒族社会里绝不会出现弃婴、杀婴、虐童等现象,因为在怒族人看来,伤害儿童就是对神灵最大的不敬,儿童的生命是需要敬畏和守护的。

在前面章节中描述和阐释的怒族婴幼儿安魂习俗、亲子同眠和断奶习俗,以及"接圣水"仪式、"卜郎鬼捉人"等都体现了"附魅"的儿童生命观。出于对儿童生命朴素直观的神性"附魅",怒族人认为儿童拥有一种源于自然的原始特质,这种特质是儿童成长的心灵基础和内在动力。例如,儿童对母亲的"依恋"与"爱"、对"鬼"的恐惧、对他人的同情、对游戏的痴迷、对动植物生命的"爱"都是"神灵"赐予儿童的本能,是儿童与生俱来的原始心性。事实上,许多现代心理学家、人类学家已注意到儿童具有的原始心性,他们认为,儿童的这种特质是人类这一物种经进化得来的禀赋,是人认知发展的基础,事实上也正是人由极

[①] 牛庆燕.一种生态觉悟:从自然之"附魅"、"祛魅"到"返魅"[J].学术交流,2010(12):32.

其脆弱的幼体,在短短十数年间学会适应自然,适应文明所不能不有的特质[①],这种特质可谓是儿童成长的动力和生长的勇气。怒族人在对待这些"附魅"的儿童原始特质时,表现出了"屈尊"和"爱",即尊重甚至是崇拜儿童的生命,爱和呵护儿童的成长。

长期以来,科学文明下的儿童被视为可以像对待自然界客体一样的方式来对待的对象,儿童的本质特征也被遮蔽起来。儿童的世界被简单化为一个"祛魅的世界",这样的"世界"没有心灵的幻想和丰富的意义。如果在儿童研究中,祛魅的世界取代了有意义的世界,对于世界的解释也由目的论解释变为机械论解释。事物变化的原因是依赖于充足理由律,不是从整体角度考虑事物的变化,而是只依靠要素间的因果联系(原子主义),性质上不同的事物被看作是相同的基本要素或基本原理进行不同构造的结果(同质化),那么,人们将永远无法真正理解儿童及其儿童的生命是什么。怒族人附魅的儿童观表面上看是迷信或不科学的,却是一种智慧的儿童生命观和养育观:儿童是大自然的孩子,儿童生命成长的法则就是万物生命成长的法则,而这一法则是"神灵"事先安排和规定的,成人不能随意改变,尊重儿童就是要尊重儿童生命生长的秩序。

(二)儿童生命是共生性的存在

按生态学的研究来看,生命的本质是共生的,共生的生态系统孕育了生命,并实现了生命的可持续发展。但生命的可持续发展是在生命体的互动与交往中才能实现的,任何生命体都不会在静态中存活下来。各种不同形式的生命之间的交流与互动促成了个体的整体涌现。如果我们在这个意义上看待交往,交往就对任何可以称得上"生命"的事物具有重要的意义。可以说,在怒族人的观念中,儿童生命也遵循了这样的生命法则,即在与其他生命个体的相互交往中得以存在和生长。怒族儿童自幼生活的生境可以看作是一个在生态自组织机制作用下形成的"自然-人文"共生系统。在这个系统中,人与自然、人与人、文化与文化之间达成了一种共生状态,在此共生状态中的儿童生命与其他生命体相互依存、共同生长。

一方面,怒族儿童的生命存在是在与自然万物的共生中实现的。在怒族人

---

① 黄武雄.童年与解放[M].北京:首都师范大学出版社,2009:23.

的观念中,儿童生命源于自然之神的赐予,大自然是儿童生命的源泉,儿童不可能脱离自然独自存活,儿童与自然的关系是相容共生的。如前面章节所描述的怒族"插竹"习俗、"接圣水"仪式等习俗都蕴含了儿童与自然、儿童与他人相融共生的儿童生命观,儿童生命的生长就是在与植物、动物、水、神灵以及族群其他人的交往互动中实现的。

另一方面,怒族人的儿童观中非常强调儿童生命与成人生命的关联与共生,他们认为,弱小的幼儿要长大离不开成人的护佑,反过来父母对孩子的护佑也是自我生命延续的动力,与其说孩子依恋父母,不如说他们之间是彼此依赖、共同生长的生命体。

以往人们谈到依恋,只强调儿童对成人的单方面作用。事实上,在人类学家的跨文化比较研究中可见,许多文化中亲子之间的亲密接触是一个双向共生的过程,亲子交往共同满足了"亲"与"子"的依恋之情。例如,马林诺夫斯基研究美拉尼西亚人时发现,在生育孩子后,美拉尼西亚人的母亲与孩子会避居一个月左右,除了特定的女眷外,旁人不得入其小屋。除了母子依恋的本能需要之外,族群通过风俗、禁忌、仪式等社会势力,将母子相互联系起来,使母子之间充满亲密之情。另外,在特罗布里恩社会中,除了母亲之外,父亲也非常依恋自己的孩子,父亲像个吃苦耐劳、谨慎小心的"护士"。父亲非常关心子女,有时关心得火热,所以对于一切职务,即使是被社会所加上的劳苦职务,也心悦诚服地执行着。[1]可见,在许多初民社会的养育习俗中依恋是一个双向的过程,成人(通常是父母或其他家庭成员)依恋儿童,儿童也依恋成人。这个双向的过程会建立一个重要的关系。儿童表现出对成人的依恋,激发了成人的关爱之心(一种感觉),进而产生了给予关爱的行为。它保证了相对无助的儿童能从成人那里得到养育和保护。可以说,把家庭及其家庭成员的共生交往视作儿童生命成长的原初动力是许多初民社会都持有的儿童观或生命观。"共生"是怒族人认同的生命哲学,同时它又如营养的精神食粮反哺怒族儿童,促使了共生性教育文化的形成。

---

[1] 马林诺夫斯基.两性社会学:母系社会与父系社会之比较[M].李安宅,译.上海:上海人民出版社,2003:25.

(三)儿童生命成长是"内在秩序"的展开

在探讨"儿童观"时,不可回避儿童生命成长的相关问题。儿童生命成长的本质是什么、儿童生命生长是如何实现的等问题的回答会对一个文化群体的儿童养育实践产生重要影响。可以说,成人对儿童生命成长本质和机制的认知对儿童养育与教育活动有着直接的作用。因此,要深入了解怒族儿童养育观,就必须了解怒族人是如何看待儿童生命成长机制的。

笔者通过对"接圣水"仪式、家屋养育制度、村落(社区)公养公育制度的考察与分析可以看出,怒族文化生境中的儿童成长从来就不是一个线性、单一的过程,怒族儿童的养育活动实际上是一个复杂的适应性生态系统。这个生态系统的运行是通过两个秩序相互作用来实现:一是怒族儿童先天具有的成长的"内在秩序";二是由社会文化构成的"外在秩序"。那么,在怒族人的养育观念中儿童生命成长的"内在秩序"是什么呢?成人对儿童"内在秩序"持怎样的态度和看法?下面将从实现儿童生命成长的时间和空间两个维度进行分析。

任何生命的涌现与成长都是在一定的时空中实现的,儿童的生命成长亦是如此。从时间的角度来看,生命成长是历时性的,表现为个体成长的节奏、速度与方向;从空间的角度来看,生命成长是共时性的,表现为个体成长所依赖的各种不同教育场域。怒族社会对儿童生命成长的时间和空间赋予特殊意义,他们对儿童生命生长的时间和空间表现出一种保守倾向。

1. 从成长的时间来看,儿童的生命成长应是缓慢的

如前所述,怒族的儿童生命观是"附魅"的,怒族人认为儿童生命成长的秩序是由"神灵"预先规定的。这种预先规定构成了儿童的"内在自然",它们的运行机制构成了儿童生命成长的"内在秩序"。通过描述和阐释怒族婴幼儿护佑习俗、家屋养育制度、仪式教育等可知,怒族人对儿童生命的看法包括两个方面:一是怒族社会非常重视儿童的生命,把儿童的生命视作"神灵"赐予的礼物,认为儿童是日月之子,儿童生命与万物并育、通天彻地;二是怒族人认为儿童生命成长是一个缓慢的过程,柔弱的小生命需要漫长的成熟期,养育者要小心呵护,不用对"成长"一事操之过急。

可见,在怒族社会,人们对儿童生命及其成长的态度表现出一种复杂的矛盾性:人们一方面尊重、敬畏儿童生命,另一方面又低调、自然地看待生命成长

的过程,甚至期望孩子不要过快生长。因此,在怒族的儿童养育活动中,除了诞生礼,父母几乎不会再给孩子庆祝生日,人们也忌讳夸赞孩子漂亮、聪明,认为孩子过分聪明、太早成熟并不是什么好事。庆生和夸耀都会影响孩子的寿命。无独有偶,米德研究的萨摩亚人也有类似不给孩子庆生的养育习俗,萨摩亚人会为出生的孩子举行盛大的聚餐,但之后便不会再给孩子庆祝生日。还有人类学家发现,泰国人也强调对儿童生命的防御性保护,他们把儿童的生命视作神圣而柔弱的,儿童生命成长的过程充满了危险和挑战,成人必须时刻谨慎和小心,不能过分地炫耀和庆祝。

上述三个不同地域的民族有着类似的儿童生命观和养育习俗,出现了人类学家常说的"粘连"现象[①]。三个不同民族养育习俗的"粘连"现象向我们传递了这样一个信息:在人类最初的养育活动里,儿童生命的成长过程是缓慢的,成人的养育行为是保守的,在他们的观念里儿童"愚笨"一些不是坏事,养育者不需急于让孩子变得聪明、优秀。儿童如同万物一般有自己的生长节奏,儿童的养育应是保守和节制的。

2. 从成长的空间来看,儿童的生命成长离不开"安全之所"的庇护

怒族社会具有人类早期普遍存在的"以己度物"的泛生命意识。泛生命意识下的儿童生命成长遵循着自然万物的生命法则,生命的成长除了阳光、空气、水分之外,还需要有庇护生命成长的"安全之所"和涌现生命的"黑暗之境",任何一种生命毫无节制地暴露在"阳光"之下都是无法存活的,失去了安全的生长环境,生命的特质就丧失了。怒族人认为,儿童的生命成长亦是如此。孩子如果没有这个安全之所,他们的生命也不可能得以生长。儿童的生命成长是在一定的场域的保护下得以实现的。家庭为孩子提供了一个安全之所,可使孩子免受外在世界的过度侵扰。

基于前文对怒族家屋意义空间的描述与阐释可知,怒族社会非常看重"家",以及作为"家"的房子的育儿功能。无论是家屋的建筑结构,还是家屋的养育制度都为怒族儿童提供了一个安全的成长环境。这里的"安全"不仅是指儿童身体得到护佑,更多的是指儿童在双系抚育的养育制度里获得的完整的家

[①] "粘连"现象是19世纪的英国人类学家泰勒提出的一个概念。泰勒注意到发生于不同社会中的某些风俗与其他风俗相关,两个或两个以上的特质如此紧密相连的现象被泰勒命名为"粘连"。

庭生活体验。家屋是怒族儿童成长的第一文化场,家屋的完整和亲子关系的和谐为儿童提供了一个安全的成长环境,怒族社会形成的"有儿不离家"的养育制度保证了父母在儿童成长过程中的共同在场。从家屋养育活动中可以看出,怒族父母非常重视满足自我与儿童之间的依恋需求,怒族父母通过哺乳、与孩子共眠、亲子游戏等确保了父母与儿童之间依恋情感的建立。家屋不但是怒族儿童获得安全的居所,还是促进怒族儿童形成一种"真正居住"的内在条件,这种内在条件会让儿童获得一颗认同家园的安顿心灵。

在怒族人的观念中,儿童生命成长的实现必须有"安全之所"的庇护,这样的空间既是自然生命成长的前提条件,又是儿童生命成长的内在秩序。

3. 从成长的机制来看,儿童生命成长是"内在秩序"和"外在秩序"两相符合的结果

从生命成长的机制来看,儿童生命成长仅仅依靠"内在秩序"是无法实现的,它还需要依靠社会与文化构成的"外在秩序",这两种秩序的相互作用实现了生命的成长。可以说,儿童的生命只有"内在秩序"和"外在秩序"吻合时才可能真正实现生成。这里提到的"两相符合"是斯宾塞在阐释生命与心灵关系时提出的概念,即在一个秩序中的各个成分彼此关联的方式和在另一个秩序中的各个成分彼此关联的方式是一样的。

在怒族人的养育观念中,儿童生命成长有自己的内在秩序,这种秩序表现为生长节奏的缓慢性和生长场域的安全性,这些所谓的生长秩序是"神灵"赋予儿童的,成人不能随意改变和破坏这种秩序。儿童"身""心"的安稳是实现生命成长的前提,而要使儿童"身""心"获得安稳就必须有一个与之符合的"外在秩序",这个"外在秩序"就是怒族社会的"自然-人文"生境。考察发现,怒族父母在养育孩子的实践中非常重视创造人与人、人与自然、文化与文化和谐共生的"外在秩序"。相对封闭的自然环境、较低的社会发育程度,以及节制、保守的社会发展观都符合了怒族儿童时间、空间上的内在生长秩序。怒族社会"有儿不离家"养育制度,使得父母不愿外出务工;较少的人口流动,保证了村落文化的相对稳定。可以说,怒族社会同一、稳定的"外在秩序"与怒族儿童缓慢、节制的"内在生长秩序"是相吻合的。这样的养育事实体现了怒族社会对儿童生命成长的看法,那就是儿童生命成长是"内在秩序"和"外在秩序"两相符合的结果。

这样的生命成长观对我们反思现代社会因环境的"秩序混乱"而造成的儿童成长困境有一定的启示作用。

总之,怒族社会对儿童生命的肯定与尊重,对儿童天性的重视、对儿童生命成长机制的发现与顺应,都颇具现代色彩,其中有些观点不仅不落后愚昧,反而极具现代意义与价值。

第五章

安所遂生：怒族儿童养育习俗中的"位育"思想及对中国学前教育发展的启示

　　研究怒族儿童养育习俗不仅仅是因为它具有独特、丰富的育儿文化现象，更重要的是它作为一种生长于民间的教育习俗，蕴含着人类早期养育和教育下一代的方式、思想和智慧。这些所谓的方式、思想和智慧往往源自人（儿童）的生存和发展的本能需要，源自人（儿童）的原初经验，它们虽结构松散、不成体系，却蕴含了人类对儿童保育与教育的本源性追求，它们是生成于真实教育生活的"儿童教育原理"。

　　本研究基于对怒族儿童养育习俗的田野调查和意义阐释，进一步归纳和阐释了怒族儿童养育习俗的特点和蕴含其中的儿童生命观。在此层层递进的研究过程中，笔者越来越清晰地感受到怒族儿童养育习俗不是简单的育儿方式与方法的组合，而是蕴含着怒族这一古老民族在养育和教育下一代时的"大智慧"。这种"大智慧"是一种朴素、原生的儿童教育哲学，它虽没有相应的文字记载和理论建构，却与流传于人类主流文明中的哲学思想高度相通。本研究认为，怒族儿童养育习俗蕴含了中国儒家哲学经典的"位育"思想。进一步分析和阐释怒族养育习俗中的"位育"思想，对我们探寻儿童教育实践的"本"与"源"，针砭当下儿童教育痼疾和深层问题，调整当下儿童教育发展的目标与方向有着重要的意义。

一、"位育"之思

"位育"出自《中庸》第一章:"天命之谓性,率性之谓道,修道之谓教。道也者,不可须臾离也,可离,非道也。是故君子戒慎乎其所不睹,恐惧乎其所不闻。莫见乎隐,莫显乎微,故君子慎其独也。喜怒哀乐之未发,谓之中;发而皆中节,谓之和。中也者,天下之大本也;和也者,天下之达道也。致中和,天地位焉,万物育焉。"朱熹注解"致中和,天地位焉,万物育焉",曰:"致,推而极之也。位者,安其所也。育者,遂其生也。"依据朱熹的解读,"位育"就是"安所遂生"。

所谓"安其所",侧重的是对合理、应当、秩序的价值追求;"遂其生",则饱溢着对生命价值的终极关怀。万物处在其应当在的位置上或使万物处在一个合理的本来的位置上,各在其位,各安其位,这就是宇宙的本然状态。这样,万物才会井然有序,才会生化长养,各遂其生,最终求得万物的和谐共生,同步发展。[1]如是观之,"安所遂生"是一个复合概念,是一个集价值观、方法论和实践理性于一体的儒家思想体系。这里,我们可以将"位育"理解为三层含义:一是万物运行与发展有着自己的秩序和规律,不以人的意志为转移,"安其所"是事物发展的起点;二是万物如若遵循秩序和运行之规律便可"遂其生";三是万物发展追求的终极目标是各安其位,"安其所"是"遂其生"完美结果。

"中和位育"是源于"中庸理性"的一种认识论和行动哲学,其内涵是尊"中"为天理,以"和"而达道,最终实现天下万物各安其位,并得以生长化育。"中和位育"作为儒学体系中具有统摄性的伦理观念,它是集天道观、人生观、方法论和实践理性于一体的伦理思想体系,它不仅代表了儒学的思想精髓,还具有完整的理论逻辑架构,以"致中和""安其所"和"遂其生"三个彼此制约又相互关联的哲学命题构建了一个完整的、系统的价值体系。朱熹在《四书章句集注》中将"中"与"和"的关系解读为体与用的关系:"大本者,天命之性,天下之理皆由此出,道之体也。达道者,循性之谓,天下古今之所共由,道之用也。此言性情之德,以明道不可离之意。"中者,道之体也;和者,道之用也。"中"是事物的本然状态,也就是"道";"和"是事物相互协调的理想状态,是由"道"出发,最终又以"和"而"达道",可谓"因中致和"。可以说,"中和"与"位育"的关系是一种因果

---

[1] 张舜清.论儒家"中和位育"伦理观及其现代价值[J].武汉科技大学学报(社会科学版),2009,11(2):2.

辩证关系。"致中和"是实现"位育"的前提,实现"位育"则是"致中和"的结果,即"位育"是取向与目的,"中和"是方法与途径。

"位育"作为儒家哲学思想在中国存在几千年,却并未引起现代学者的关注。学贯中西的潘光旦将生物学观点和中国传统文化进行比较,并以生物学观点为镜,映照出传统文化的"镜中之我",这是潘光旦阐释"位育"的起点。《社会生物学观点下之学庸论孟》和《生物学观点下之孔门社会哲学》是潘光旦较早阐释"位育"的两篇文章。潘光旦深刻认识到"位育论"中所蕴含的价值和智慧之后,运用"位育论"观照当时的中国教育,他在1933年发表的《忘本的教育》一文中提出了"位育教育"的思想。潘光旦在文章中说道:"一切生命的目的在求位育,以前的人叫作适应,教育为生命的一部分……教育的唯一目的是在教人得到位育,位的注解是'安其所',育的注解是'遂其生',安所遂生,是一切生命的大欲。"潘光旦主张教育应回归"位育"之道,即教育应以人的生命的基础为起点,最终通过教育使人获得发展人性本能和安放心灵的能力。回归"位育"之道的教育就是要以人的生命规律为路向,既遵守周围环境对人生命的规定,又唤醒人的主体性,改变环境以适应人的发展。

"位育"思想体现了中国传统文化"综合、辩证与主体自觉"的特点。潘光旦的"位育"思想始终强调要"囫囵"地看问题,不能只注重一个方面的因素,具有综合性的特点。在分析影响个人、群体、民族发展的内外环境因素的时候,"位育"思想认为既要"迁就"又要有选择地"吸收""采择",具有辩证性。[1] "位育"思想还非常重视主体的能动性和自觉性。潘光旦认为,人与环境的关系是相互感应的,并非人简单地"适应"或"顺应"环境,人与环境的互动中应积极发挥主体能动性,适应环境的同时也改造环境以促进人的发展。"位育"作为一种人文思想,大意可以分两层:第一层是,一切从人出发,向人归宿;第二层是,遇有二事以上发生冲突时,一切折中于人,即由人来斟酌损益,讲示应有的分寸,使不致畸轻畸重。[2]

依据潘光旦的"位育"概念,张诗亚也提出了"教育应回归位育之道"的观点,他认为,教育是一种致力于人的生存与发展的社会活动,教育的问题归根结

---

[1] 王雪峰,高畅,王立国.论潘光旦"位育"思想特色[J].河南职业技术师范学院学报(职业教育版),2005(1):76.

[2] 潘乃谷.潘光旦释"位育"[J].西北民族研究,2000(1):14.

底是人的问题。人既要遵守周围环境对生命体的规定,又要主动调整自己,改变环境以适应自己的进步。教育回归位育之道,就是要从根本上反思怎样发展人性、怎样从人性的本能出发发展完整健全的人。

二、怒族儿童养育习俗中"位育"思想的内涵阐释

研究怒族这一古老民族儿童养育习俗之目的,就是试图探寻儿童教育实践的本源。"本"就是事物之本,即"位育"里的"安其所"。"本"的内涵丰富,它既是事物发展的起点,又是事物发展的目标,还是事物运行的正道。怒族儿童养育习俗蕴含了怒族人养育与教育孩子的本源,即"安其所,遂其生"的思想。

(一)安心顺性:儿童养育的初始之本

儿童养育作为人类的一种社会实践活动必有其自己的逻辑起点,这个逻辑起点就是儿童养育的初始之本。基于前期的考察与分析发现,怒族儿童养育实践活动的初始之本是在儿童个体的自然生命之中,它涉及儿童的"心"与"性"两个方面。如用"位育"思想来解读就是——安心顺性。

其一,"安心"是怒族父母养育孩子的首要任务。在怒族父母的眼中,养育孩子就是要让孩子的"心"(魂)感到安全,免受惊吓,因此,怒族婴幼儿的护佑习俗中有着大量"安魂"的育儿方法和禁忌。例如,不能摇晃孩子的摇篮,天黑后不能探望新生儿,用七彩裹背护佑孩子的身体等。此外,怒族人性格温和、家庭成员关系融洽,就算一家人宗教信仰不同,也能彼此尊重、和谐共处。这样的家庭氛围为怒族儿童的成长和发育提供了安稳的空间,怒族儿童在这样的成长空间中获得了安全感。

其二,"顺性"是怒族父母教养活动的逻辑起点。探析怒族的儿童生命观发现,儿童的生命是共生性的存在,儿童的生命成长有其自己的"内在秩序"。因此,在怒族父母的观念中,"顺性"一方面就是要把孩子放在一个与自然、与社会文化的"关系"中来进行教育;另一方面就是要以遵循孩子生命成长的"内在秩序"来展开教育。

上述两方面的怒族儿童养育观蕴含了"位育"教育的核心思想,即得"中"。"中"在"位育"思想中是指天、地、人关系运作的规律,得"中"就是根据"中"的要

求做事的过程。对于儿童来说,以"安心顺性"为养育实践的出发点和回落点便是得"中"。然而,"位育"里的"中"不是一成不变、顽固不化的"中",它是一种"关系"里的"中"。例如,怒族父母抚育下一代的社会实践是一种交往实践,且这种交往实践体现出了明显的共生性。可以说,怒族父母是把儿童放在一个与自然、与社会文化的共生关系中来养育和教育的,这才是他们所认为的儿童教育之"中"。

事实上,怒族儿童养育习俗体现出共生取向,与怒族社会早期的生存方式和对儿童生命的认识有关。在人类社会早期,人们要生存下去就必须形成一定的共同体,通过合作来获得生存资源。个体生命的延续是以维护群体生命为前提的,理解他人、同情他人是人类群体能够维系的情感基础。正因如此,怒族社会才形成了共同抚育下一代的养育习俗。正如乔治·赫伯特·米德所言,人类的社会活动在很大程度上取决于进行这些活动的人类个体之间的社会合作,而这样的社会合作则是由这些个体彼此针对对方采取社会态度的过程产生的。人类社会把心灵赋予了人类个体。怒族社会除了公共的养育机构外,族群成员会存有一种儿童生命平等与共生的观念,他们认可每一个孩子生命的价值,即便这个孩子不是自家的,也会得到全体族群成员的爱护与教育。

那么,这样体现"安心顺性"的共生养育习俗对我们反思现代学前儿童教育有何启示呢?与工业文明下产生的现代学前教育思想不同,怒族的共生养育是在生命的共生关系中来看待儿童发展与教育问题的。对它的分析与解读实则是对儿童生命本质和教育原初状态的回归。在现代心理学和实用主义信条的影响下,教育学演变成了一般的教学科学,自然知识、生活知识被简化为纯粹事实的知识,这些知识与儿童的生活是割裂的,从而使教育丧失了生命的意义。为了在教学活动中以实践取代单纯的学习,现代社会的教育者(成人)倾向于创造一个看似纯粹的儿童世界。然而,这种做法却在打着尊重儿童独立性的幌子下,将儿童排斥在成人世界之外,将他们人为地隔离在自己的世界内(如果我们可以将之称为一个世界的话)。这种对儿童发展的阻碍完全是人为造成的,因为它切断了成人与儿童之间本应有的自然联系,包括教和学之间的联系。[1]现代教育崇尚理性、崇尚绝对主义的客观知识,这种倾向破坏了儿童应有的共生

---

[1] 阿伦特.过去与未来之间[M].王寅丽,张立立,译.南京:译林出版社,2011:172.

教育生态,教育过程也因此丧失了对儿童生命整体性、生命关系性和生命时空性的观照,最终导致了对儿童个体及群体生命的异化。基于此,在怒族许多原生教育范式中所呈现出的共生性特征,对我们重新思考儿童世界与成人世界的关系,重新思考在幼儿园教育活动中教师与儿童之间的关系有重要的启示作用。

(二)心性生长:儿童养育的目的之本

儿童养育这一社会文化现象与其他社会现象的质的区别,就在于它是以影响儿童的身心发展为首要和直接目的的社会文化活动,这是儿童养育的质的规定性。无论儿童养育以何种形态存在,它最基本的目的就是把社会文化对儿童的发展要求转化为儿童(受教育者)的素质。怒族儿童养育实践的目的亦是如此。在怒族社会,人与人、人与自然的关系均十分密切,"自然-人文"的关系被看作是社会的核心关系,万物共生被认为是最高的"善"。在这样的价值取向下,怒族社会把培养儿童和谐、友善、尊重等人格品质,看作是儿童养育和教育的首要目的。同时,基于儿童的特殊性,怒族父母在进行这些品德教育时是以"安心顺性"为前提的,他们通过培育儿童的"心性"来促进其人格的和谐发展。

哲学意义上"心"指的是人的心理活动,包含意识、经验、情感等。而"性"是某类事物先天具有,据此能确定自身并与其他事物相区别的性质。它具有两个主要特点:一是先天性,性与物的存在直接同一,一物在产生之时便已具备此物之性,因此,性不是某类事物后天习得的,而是先天被赋予的,是生而就有的属性;二是规定性,性的核心含义是规定性,表征事物的本质、规律、道理,它既是一物之为一物的内在根据,也是区分不同事物的内在标准。[①]据此可知,儿童的"心"与"性"是一种先天的规定性,它们构成了怒族儿童的"心之本体"。

关于儿童"心之本体"的内涵,中西方哲学家给出了较为相似的解释。例如,中国明代哲学家王阳明认为:"至善者,心之本体。""心之本体"不是现象意识层面上经验的自我的概念,也不是指意念未发之前的内心状态,而是提供一切道德法则的根源,如果说它有什么规定,那么最重要的规定就是"至善"。德国哲学家舍勒在反思现代性问题时探讨了人的"心之本体",他认为,存在着一个先验的"心的秩序"或"心的逻辑"。情感是"纯粹的直观",通过它可以达到对

---

① 张向葵,张斯珉.幼儿心性教育刍议[J].教育研究,2012(10):55.

原初性的把握。舍勒进一步指出了这种先验的"心的秩序"就是"爱","爱"的情感优先于意识,人是一种"爱"之存在。舍勒认为,人有如一条生命力的洪流由下而上奔涌,把生命强力奉献给精神价值,使天生无力的精神价值充溢着生命。这整个奔涌着的生命洪流的动姿,按舍勒的概括,就是爱。可见,无论是中国的儒学,还是西方的哲学在"寻找自己"的旅途中都发现了相似的儿童的"心之本体",即"善"与"爱"。"善"与"爱"是儿童先天就有的自然本性,是正当的人的状态。

既然儿童的"心之本体"是"善"与"爱",那么,学前教育就是要通过启蒙儿童的善性和爱性,并对其进行合理引导,即对儿童进行心性教育。促进儿童心性生长的途径就是启发、诱导儿童先天具有的善性与爱性,从经验性的"心"着手,促成儿童精神生命的生长,实现儿童人格的养成。王阳明和舍勒对"人之心性"的思考可谓是人类认识自我智慧的集中体现,而由此形成的儿童心性成长的教育也并非形而上的教育哲学思想,这样的教育智慧就蕴含在怒族民间儿童养育习俗之中,构成了怒族儿童养育实践的目的之本。怒族为了让儿童"安心"的护魂习俗,启发"母爱"本能的生命教育仪式,以及基于同情心而生成的假装游戏"讨南瓜"等都是通过启发与引导儿童的内在的善性,培养儿童对良知初步自觉的心性教育。

怒族社会把促进儿童"心性生长"作为儿童养育的首要目标本身就体现了一种"位育"思想。在工具理性主义当道的今天,学前儿童生活和教育的意义常被所谓"有用的知识"来定义,成人常把学前儿童教育的最高目标设定为促进儿童智力(认知)发展,而把促进儿童德性生长、愉悦精神世界、丰沛情感体验等置于次要位置,甚至可有可无。这样的儿童教育正是潘光旦所说的"离经背道"的教育。过分看重所谓智力的开发,而忽视情感的培养、心性的生长,最终会让儿童失去"位育",导致其所难安,其生未遂也。

(三)安其所:儿童养育的方法之本

"安所遂生"是一个复合概念,是一个集价值观、方法论和实践理性于一体的儒家思想体系。"安其所"既是事物发展的初始之本,又是事物运行应遵循的基本逻辑,更是事物发展追求的目的。解读"位育"内涵可知,万物如能"安其所",便可实现"遂其生",而要实现"遂其生"的方法正是让万物能各在其位,各安其位,这样,万物才会井然有序,才会生化长养,各遂其生,最终求得万物的和谐共生,同步发展。

怒族父母在养育儿童的社会实践中不但以儿童的"心"与"性"为初始之本,还通过"安其所"的育儿方式使孩子获得"身心的安顿",从而获得生命的成长。这种蕴含于古老民族中的养育思想和智慧折射出了人类养育活动的方法论意义,即为儿童提供庇护其长大的安心之所。在怒族父母的观念中,养育孩子就是让他们有一个完整的家、有父母的陪伴、有一起嬉戏玩耍的同伴、有神灵的庇护,所有这些出现在儿童生命中的人、事、物都有各自的位置和使命。如果用"位育"的思想来解读,实现孩子生命成长的养育方法包括两层意思:一是从成长空间上看,所有涉及儿童生命的教育因子各安其位,发挥各自的化育功能;二是从成长时间上看,回归儿童最初的生命状态和"心之本体",以此为基础进行养育和教育。具体来说,怒族社会在养育孩子的过程中"安其所"的养育实践主要表现在以下两方面。

其一,家屋养育制度保证了父母在养育活动中的共同在场,亲子之爱为儿童构建了一个身心的庇护所。如前所述,怒族社会具有人类早期普遍存在的"以己度物"的泛生命意识。泛生命意识下的儿童生命成长遵循着自然万物的生命法则,生命的成长除了阳光、空气、水分之外,还需有庇护生命成长的"安全之所"和涌现生命的"黑暗之境",任何一种生命毫无节制地暴露在"阳光"之下都是无法存活的,失去了安全的生长环境,生命的特质就丧失了。儿童的生命亦是如此。为了让儿童生命得以健康成长,养育者应为儿童构建一个安全的庇护所,让儿童免受外界侵犯,这个庇护所不但能护佑儿童的身体,还能护佑儿童的心灵,让他们能安稳地成长。

对于儿童来说,家庭就是这样的庇护所,它消解了儿童因置身过度开放和复杂环境所产生的焦虑和内在紧张,有助于儿童个体自我的完整性认同。换句话说,由房子和亲子之爱形成的教育场域对儿童安全感的形成具有极其重要的教育意义。正如教育人类学家博尔诺夫所说,在儿童发展的最初阶段,有益于教育气氛的基本形成,就是他们处在住宅和家庭等受保护的环境中的安全感。儿童需要在熟悉的和可信赖的天地中安全活动,这是一种天性。这种安全感对于儿童正常的发展是必需的。如果人们仔细地观察就会发现,儿童的这种安全感只有在与某些被他们所爱的人(通常是母亲)的亲密关系中才能显现。可以说,怒族人以呵护儿童身心为主要方式的保守性养育,能让儿童在亲子之爱中逐步建立个体与周遭世界的联系,让儿童获得出生于世的安全感,并在此基础上形成积极乐观的情绪情感,从而奠定人格的雏形。

其二,怒族村落稳定、和谐的养育文化生境使儿童获得了孕育美德的安心之所。考察期间,怒族地区极好的社会治安、怒族人温和热情的性格,以及怒族儿童不惧怕陌生人,乐于与人交往等行为表现都给笔者留下了深刻的印象。怒族人美好的民族性格实则是稳定、同一、和谐的养育生境对儿童"化育"的结果。

为什么说稳定、同一、和谐的养育生境对儿童发展有重要价值呢？这是因为稳定的社会群体和稳定的社会价值观减轻了儿童选择的负担,使他们在日常生活中初步建立起了对他人和社会的信任,从而获得安全感。安全感乃是一个人融入周遭环境之中、走向他人与社会的基本态度,它所涉及的不仅仅是个体周遭是否安全的客观需要,更是一种事关个体置身世界之中的基础性的身心状态。个体成长的过程就是不断地走向他人他物的过程。[①]安全感的获得一方面需要稳定的"他人"给予支持,另一方面需要稳定的社会生境——"他物"作为保障。

对于儿童人格发展和德性养成而言,相对稳定的"他人""他物"可以为儿童的行为指明方向,使儿童从不断做出决定的压力中解放出来。如果儿童接触的社会交往群体以及价值观是稳定、同一的,那么通过对规范化的习惯化,儿童就能够把原本可以在很多方面的心理能量引向相对稳定的特定渠道中。这种能量不再会不受约束地对当下的偶然刺激做出反应,而是趋向于教育(机构)预先设定的、更高级的目标。这个目标就是美德的养成。正如亚里士多德认为的那样,如果儿童的成长环境相对稳定,且有相应的法规,那么儿童就很容易因去除负担而感到安全和安心。安全和安心就是孕育美德的土壤。因此,对于儿童来说,过快的生活节奏、过度开放的生活空间、变化不定的生活方式都不利于和谐人格和德性的养成。儿童只有在一个相对稳定的、综合的生活秩序的框架下才能实现精神的健康生长。

可以说,怒族儿童养育习俗中所蕴含的"安其所,遂其生"的养育思想,对反思当下中国农村留守儿童教育、寄宿制幼儿园保教、家庭教育中父母缺位、快速

[①] 刘铁芳.安全感的教育意蕴及其实现[J].教育研究,2016(2):51.

失衡的社会生活节奏给儿童造成心灵负担等问题有很大的启示作用。怒族儿童养育习俗融于生活、散落民间,以随境式教育的形态存在。作为一种非制度化教育形态,它们虽然结构松散、不成体系,却真正包含着人类对儿童保育与教育的本源性追求,它蕴含着怒族这一古老民族在养育和教育下一代时的"大智慧"。"安所遂生"就是对这种养育思想和智慧的最好概括。

三、怒族儿童养育习俗的意义及对中国学前教育发展的启示

在现代化进程中,中国社会以令世人惊叹的速度实现着经济增长和社会转型,社会中的所有成员都坐上了"奔驰的列车"勇往直前,当然这里也包括了我们的儿童。坐上快速列车的孩子们似乎无从选择自己的生活方式和节奏,他们被大人们从儿童神秘的、自然的世界中"拉"出来,"抛入"成人为其打造的五彩缤纷、眼花缭乱的世界。在这个世界,成人用浮华的富丽与虚假的幸福引诱着孩子们快快长大,催促着孩子们学习"有用的知识"去迎接未来的竞争。这"奔驰的列车"使孩子们离自己的世界越来越远、离心灵的家园越来越远。

在这样的社会背景下,我们的学前教育似乎也迷失了方向,忘却了初衷。为了符合大人们所期待的学习"有用知识和本领"的期望,幼儿教育已经被充斥着工具理性主义的社会氛围所改变,很难找到一条回到起点的道路,正如潘光旦所言:"以前民族的文化与教育,唯恐离'经'背'道',失诸一成不变,不能有新的发展;今日民族的文化与教育,唯恐不离'经'背'道',失诸无所维系,飘忽不定。"

笔者在研究怒族儿童养育习俗时发现,怒族这一古老民族的儿童养育活动具有保守性、共生性和稳定性等特征,这些特征是人类早期抚育下一代的原初经验的体现,具有幼儿教育的"本源"价值。同时,这些特征也折射出当下中国儿童生存与教育的诸多问题。可以说,当下中国幼儿教育陷入了"失其位"的困境。这里的"位"强调的是特定的时间和空间,以及一种合理的秩序。"失其位"的中国儿童与儿童教育主要表现在以下几方面。

首先,儿童成长空间上的"失所"。当代中国儿童,无论城市还是农村,儿童都面临着家庭这一重要成长空间的瓦解。农村留守儿童失去父母的照顾,房子已没有了"家"的意义和温暖;城市儿童生活在信息、媒体的轰炸下,儿童的世界

已被完全曝光在成人的世界里,儿童世界与成人世界的边界越来越模糊,儿童原来神秘、童真的成长空间已被成人占领。此外,快节奏的生活方式、多变的人际关系,也让孩子的成长空间不再稳定,这也使孩子很难对变化空间中的人、事、物建立亲密感和信任感。

其次,儿童成长时间上的"失序"。儿童的生命成长有其自身的"内在秩序"。儿童成长只有遵循了这些规律,才能实现"遂其生"。在儿童发展的所有任务中,心性的生长应放在第一位。正如裴斯泰洛齐所言,对儿童的早期教育绝不是发展他们的才智或理智,而是发展他们的感觉、心地和母爱。[1]遗憾的是,当下中国早期儿童教育,无论是家庭还是幼儿园,教育者都把知识教育放在了第一位,认为知识才是改变孩子命运的法宝,因此导致教育者对知识的迷恋与追求。在儿童成长的时间顺序中,本该放在第一位的心性教育却被知识教育所遮蔽,儿童的心性教育、德性培养被从儿童成长的第一序列中排挤出来。这一现象在中国农村幼儿园教育中尤为凸显,农村幼儿园课程的普遍"小学化"现象正是儿童成长时间"失序"的表现。

最后,儿童制度化教育与非制度化教育的"失衡"。从宏观来看,现代儿童的教育生态系统是由幼儿园教育、家庭教育和社区教育三个部分构成的。在制度化的幼儿园教育出现之前,家庭是儿童完成社会化的主要场所。在人类早期的教育形态中,家庭教育无疑处于核心地位,可谓是"位育"里的"中"。在家庭的日常生活和劳作中,处处充盈着学习机会。在这里,能者即可为师,游戏既是学习生活,又是教育本真。对于儿童来说,家庭教育最为重要的价值是获得亲子情感体验和建立安全感的不可替代的教育场。在现代化的幼儿园教育出现后,家长们出于对"科学育儿知识""工具性知识"的迷恋,把养育学前儿童的主要阵地从家庭转向了幼儿园。然而,从人(儿童)发展的角度来说,现代幼儿园教育的功能是局限的,它不可能很好地解决儿童发展全部问题,特别是在心性养成、安全感建立等方面。反思当下中国学前教育发展,上至政府、下至家长,都把幼儿园教育看作是解决中国儿童生存问题和社会矛盾的一剂良药。在此背景下,城市孩子入托(园)的年龄越来越小;农村孩子,特别是留守儿童长期寄宿在幼儿园;家庭逐渐从儿童的生活中隐退,家庭在教育生态系统的核心地位

---

[1] 裴斯泰洛齐.裴斯泰洛齐教育论著选[M].夏之莲,等译.北京:人民教育出版社,1992:182.

不在,取而代之是制度化的幼儿教育形态。如果人们一味地夸大幼儿园教育的功能,而排挤和忽视其他儿童教育形态,那么就会造成其他儿童教育形态的衰落和整个儿童教育生态系统的失衡。

基于上述分析可知,当下中国儿童发展与学前儿童教育面临的诸多问题需要我们重新思考儿童养育与教育的"本"与"源"。就当下而言,我们比任何时候都更需要回到真实的"活"的儿童教育形态中,回到传统的儿童教育形态中,探寻民间的、原生的儿童教育智慧,触摸儿童养育实践的本源性存在。

那么,如何探寻早期儿童教育的"本"与"源"呢? 人们一般会追寻以下两条路径:一是从古典文献中探寻经典哲人的教育心向;二是从"活"的教育形态中捕捉民间的教育智慧。笔者沿着这两条路径探寻时发现,怒族儿童养育习俗中所蕴含的教育智慧与中国儒家经典的"位育"思想有高度的相通性。可以说,怒族养育和教育孩子的初始之本、终极目标以及方法论取向就是"安其所,遂其生"的"位育"思想。儿童养育要尊"中"(即儿童天性和成长规律)为天理,以"和"(即儿童与自然、儿童与成人、儿童与儿童的共生性交往)而达道,最终使儿童能开创自己的成长"生境",在适合自己的"生境"中各安其位,成长化育。对于儿童来说,这样的养育与教育才是真正使其安身立命的教育。

作为发展中国家,中国社会的快速变化难免会产生诸多社会矛盾。在儿童发展和学前教育方面,农村儿童传统家庭生活的解体、学校(幼儿园)教育目标的工具取向、学前教育生态系统的失衡、儿童教育意义的丢失等现象都提醒人们,我们的孩子、我们的学前教育在现代化浪潮的冲击下已偏离"正道"。无数的社会报道让我们看到,在一个人人追捧新鲜感、鼓吹创新、沉迷多变的时代里,儿童的世界已被破坏,儿童成长的节奏已被搅乱。当代中国儿童和中国学前教育发展,可能比任何时候都更需要回归儿童的"本源",回归学前教育的"正道"。因此,研究怒族儿童养育习俗,探讨其中蕴含的"位育"思想对当代中国儿童发展和中国学前教育发展产生了重要的启示作用。

启示一:从宏观来看,中国学前教育的发展规划要基于不同地区的儿童养育习俗和养育生态系统,实现学前教育发展的"位育"转向。

我国幅员辽阔、自然生态复杂、文化多元、社会发展不平衡等原因导致不同地区儿童养育习俗的差异较大,各地区的原生养育生态系统也有所不同。一些少数民族地区独特的自然文化形态造就了独特的儿童养育习俗和生态系统。

因此,在这些地区推进现代学前教育的发展时,应充分考虑当地传统养育习俗和生态,而不是走一刀切、大一统、单一类型的发展道路,否则现代幼儿园教育的发展可能会遭遇来自本土养育习俗的抵制。本研究的怒族聚居区幼儿"低入园率"现象就是最好的例子。

考察发现,在怒族聚居区,政府盖好的现代幼儿园因受社区传统养育习俗力量的遏制,没能很好地融入本土教育生态系统之中,过低的入园率使这些现代幼儿园陷入了功能失效的"窘境"。政府看似对症下药的学前教育发展实践,却因简单化的政策产生了另外一些更为复杂的深层次问题。可以说,怒族地区的幼儿园并没能如政府期望的那样成为促进大多数幼儿发展的重要场所。因此,为了更好地推动当地学前教育的综合发展,使幼儿园(学前班)成为怒族儿童获得教育公平的有效途径,政策制定者和实施者应基于当地的养育习俗和养育生态,"因其固有"地对当地学前教育发展做出规划和改革,具体建议如下。

其一,基于怒族原生教育生态系统,建构适合当地的学前教育发展方案。作为"直过民族",怒族本土的儿童教养活动至今还保留着某些原生性。原生教育在时空上与本土族群的生活自成一体,其最初的形态是自组织的,是自成生境的。这一自组织的儿童教育生态系统,有其自己的生态因子和构件,也必会遵循一定的运作机制来维系完整性和稳定性。政府要促进怒族地区学前教育的发展,不是简单地把幼儿园"盖好"就算完成任务,应观照怒族聚居区的社会发展水平、自然文化与教育需求。政策制定者和实施者需认真考察和研究当地原生的儿童教育方式、教育形态和教育场域,考虑政策运行中的地区适应性,积极地站在村落(社区)和家庭需要的立场上,建构整合性的学前教育发展方案和服务模式。通过深入研究怒族原生教育形态或场域的内涵与价值,把握儿童文化习得的机制,支持和发展存在于家庭和社区的原生教育形态,使其与现代幼儿园教育相融共生,为怒族儿童创设和谐共生的教育生境。

其二,激发怒族地区学前教育内源发展的动力,实现当地学前教育的自主与可持续发展。创办幼儿园是国家层面促进民族儿童发展,实现教育公平的重要途径,且这种方式遵循的是"自上而下"的干预原则。一般来说,"自上而下"的发展规划是由来自"远方"的政府官员和教育专家制定的,而这些官员和专家对要实施学前教育干预地区的发展水平、本土文化和需求了解不多。有人类学家指出,"自上而下"的发展模式把政府所制定的项目强加到社区而不让社区参与决策过程的做法,注定了干预活动的失败,因为只有来自"草根"的发展才具有可持续性。可以说,怒族聚居区幼儿低入园率现象正是"自上而下"发展模式失败的表现。因此,要实现怒族地区学前教育可持续发展和质量提升,可以充分调动当地族长、怒族妇女和其他群众参与学前教育的实践中,发挥他们作为"原生"教育者的能动性,赋予他们与专业幼儿园教师一起开发、设计和组织幼儿园教育活动的权利,甚至可培训一些当地人才担任教师或保育员,使怒族儿童能更好地适应两种文化之间的融合。怒族社会通过构建主体发展的能动性机制,使国家层面的外援帮助与本土的内源发展有机结合,从而实现怒族聚居区学前教育的自我发展与进步。

总之,我们应该意识到,一个地区学前教育发展水平的高低不仅仅是用幼儿园的数量、幼儿入园率来衡量的。学前教育工作者应反思当下学前教育政策和制度的不足,把对学前儿童的支持拓展到制度化教育之外。基于不同地区的学前教育需求和发展现状,规划和设计与之相符的发展政策。学前教育政策制定者应结合当地原生养育习俗和养育生态来规划现代学前教育发展与改革路向,这才是学前教育发展的"位育"之道。

启示二:从中观来看,学前教育政策和制度要以守护儿童真实的"家"和心灵的"家"为首要任务。

怒族社会"有儿不离家"的养育制度使怒族父母放弃出门打工赚钱的机会,留守家庭照顾子女。这一养育制度虽被一些行政官员看作是"保守落后""不求上进"思想的体现,但正因如此,怒族儿童获得了完整的家庭生活和教育体验。从儿童教育的角度来说,怒族父母可谓是拥有"大智慧"的养育者,他们用行动为儿童搭建了一个使其能安心成长的"庇护所"。

从古至今,几乎所有的教育家都非常看重家庭对于儿童成长的重要意义,这种重要性更多地体现在家庭亲子之爱和安全感的满足在个体人格建构方面的基础性作用。研究表明,个体成长初期家庭教育的重心就是以富于温情的爱与陪伴,形成个体与周遭世界的温暖而亲近的联系,让个体获得初生于世的充分的安全感,由此形成个体积极乐观的情绪情感体验,同时奠定个体民主个性的雏形。年少阶段亲子之间的爱与陪伴绝非可有可无,而是在回应个体成长初期安全感的需求的同时,孕育着个体积极乐观、活泼向上的基础性生命品质。[①]个体生命的原初状况是彻底依赖养育者的,养育者给予儿童的照顾和爱构成了个体生命成长的基础。因此,无论在任何时代,家庭和家庭教育都是儿童生命存在与生长的"本"与"源",如果脱离了家庭的庇护,儿童便是无根之木,无源之水。

然而,遗憾的是,在当代中国社会转型的背景下,儿童(特别是农村儿童)生存面临的最大问题是传统家庭的瓦解和家庭教育的缺失。有学者认为,中国社会当下的儿童,在中国的历史上,处于若干个断代或者断裂的交织之中,同时又处于个人、家庭和国家的游离状态,使他们成为中国文明史上最沉重的一代人。[②]失去了家庭庇护和亲子之爱的儿童,身心都得不到安顿,即便有越来越发达的制度化教育机构(学校、幼儿园)和丰富的物质生活资源作为补充,也难以解决"心"的游离,儿童可谓是其所未安,其生未遂也。

怒族人乐观善良的民族性格、共生和谐的村落生境、令人羡慕的社会治安都让笔者意识到怒族"有儿不离家"的传统养育制度,对怒族儿童心性生长和德性养成的价值和意义。怒族儿童养育习俗中蕴含的"位育"教育思想启示我们重新思考儿童发展和发展机制之"本",思考当代中国学前教育发展之"本",使当代中国学前教育成为潘光旦所说的"务本"的教育。

当下中国学前教育政策和制度要注重保护和支持儿童家庭教育,使儿童能获得完整、稳定的亲子情感经验。作为学前教育政策制定者应意识到,在大力发展制度化幼儿园教育的同时,更应抓住儿童发展和学前教育的根本,通过培育健康的家庭来培育健康的儿童,这一点对于当下许多失去"乡土亲戚"的农村儿童尤为重要。具体来说,我国政府和学前教育工作者应在政策制定、经费投入、法律保障等方面给予儿童家庭和家庭教育更多的支持帮助。一方面,尽最大努力保护家庭的完整,创设条件让幼童与父母一同生活,不能因社会发展的需要而剥夺孩子获得父母照顾的权利。另一方面,制定相关政策、设立专项基金用于培育高质量的家长,使孩子能在健康、稳定的家庭中获得亲子之爱和安全感的满足。也许对于当下许多因与父母分离而"游离"于家庭之外的孩子来

[①] 刘铁芳.安全感的教育意蕴及其实现[J].教育研究,2016(2):52-53.

[②] 毕世响.谁来教育我们?——道德涅槃与人类的眼睛[J].中国德育,2009(6):70.

说,最大的期望就是回到有父母呵护的"家"中。从这个角度来说,政府建一百所寄宿制幼儿园不如还幼儿一个完整、稳定和温暖的家。学前教育发展的首要责任就是要为孩子搭起一个使其身心安顿、快乐成长的"安心之所"。

启示三:从微观来看,学前儿童课程应重视儿童心性的启发与引导,使学前儿童课程真正能愉悦儿童的精神、涵养儿童的心灵、安顿儿童的身体。

教育与生命须臾不可分离。教育是一种面向生命的实践,即"生命·实践"。[1]这是近年来中国教育学界对教育本质颇具代表性和启发性的观点。教育学者们普遍认同和赞赏的观点并非抽象的,它确实存在于真实的教育实践中。怒族儿童养育习俗中蕴含了这样的现代教育观。

研究发现,怒族儿童养育习俗的特点、儿童生命观、教育观等都在传递着这样的一种基本理念——儿童生命是早期儿童教育实践活动的初始之本,儿童养育和教育活动只有做到"顺其自然,因其固有"才能真正促进儿童生命的成长。然而,在工具理性主义和消费主义当道的今天,人们定义儿童生命的方式改变了,然后,儿童生命的价值参照也变了,判断儿童生命意义和儿童幸福的标识不再是精神的愉悦、德性的完善和心性的生长,而是能否在未来生活中具备生产和消费的能力,以及支配和控制他人的能力。学前儿童课程的目标与内容由对儿童生命的内在观照转为对外在功名的追求,所谓那些"有用的知识"成为儿童课程的主体,强势占领了儿童的世界。有学者曾这样描述我国幼儿园课程设置与实施的现状:一些幼儿园受园舍条件或观念的限制,压缩儿童户外活动和自主活动时间;揠苗助长的知识灌输和语言、技能训练加重了儿童的身体负担和心理负担;教育中师爱及情感关怀缺失使儿童生活在不被关注的痛苦中……

上述现象在中国学前教育发展相对较晚的农村地区尤为突出。当下中国农村社会的急速转型,使得人们对现代学前教育意义和学前课程功能的理解出现偏差,现代学前教育的意义和功能已被窄化为一种明确且急躁的期待——改变农村孩子的命运,上幼儿园被家长们看作是孩子进入"上层社会"的敲门砖,因此,不顾儿童生命和生命成长秩序的"小学化"课程充斥着农村孩子的生活。

与此不同的是,在怒族社会,怒族父母并没有对孩子表现出这种"急躁的期待",他们对孩子以后能否"出人头地"这件事儿并不太关心。在他们眼里,孩子

---

[1] 李政涛.什么是教育之美[J].幼儿教育,2015(28):50.

如同大自然里的植物一样,有自己的生长节奏,父母不用操之过急,只需为孩子搭好"庇护所",各安其位,孩子便会慢慢长大。这样朴素的育儿观,真可谓是"由中致和"的大智慧。此外,与当下一些家长重视孩子学习"有用的知识"不同,怒族父母看重的是孩子德性的培养和心性的成长。"接圣水"仪式体现了怒族父母看重孩子品德和信仰教育的思想。从怒族护佑习俗和民间游戏中可以看出怒族父母对孩子身体健康和精神愉悦的重视。通过对"接圣水"仪式的解读,我们了解到怒族父母是如何基于儿童"心之本体"来引导儿童德性生长的。古老的"接圣水"仪式对儿童的德性教化是以"体验母爱"为原点的,以"关怀他人"为伦理规范的,同时重视人与人、人与自然生命伦理的建构,注重培养孩子的关心和责任心,这样的儿童道德教育对我们反思当下幼儿园德育活动低效问题有重要的启示价值。基于对怒族儿童养育习俗的教育人类学解读,反思当下中国学前儿童课程的问题,启示我们应让中国学前儿童课程改革回归"位育"之道:重视儿童心性的启发与引导,使学前儿童课程在愉悦儿童精神、涵养儿童心灵、安顿儿童身体方面发挥最大的化育功能。

参考文献

【1】《思想与社会》编委会.教育与现代社会[M].上海:上海三联书店,2009.

【2】《中国少数民族社会历史调查资料丛刊》修订编辑委员会.怒族社会历史调查[M].北京:民族出版社,2009.

【3】J.瓦西纳.文化和人类发展[M].孙晓玲,罗萌,等译.上海:华东师范大学出版社,2007.

【4】O·F·博尔诺夫.教育人类学[M].李其龙,等译.上海:华东师范大学出版社,1999.

【5】阿伦特.过去与未来之间[M].王寅丽,张立立,译.南京:译林出版社,2011.

【6】埃默森,弗雷兹,肖.如何做田野笔记[M].符裕,何珉,译.上海:上海译文出版社,2012.

【7】艾·弗罗姆.爱的艺术[M].李健鸣,译.北京:商务印书馆,1987.

【8】巴战龙.人口较少民族地区学前教育发展的教育人类学研究——以甘肃省肃南裕固族自治县为例[J].当代教育与文化,2012,4(6):18-23.

【9】班华.略论学习"民间教育学"[J].教育学报,2011,7(1):21-25.

【10】毕世响.谁来教育我们?——道德涅槃与人类的眼睛[J].中国德育,2009(6):68-72.

【11】波兹曼.童年的消逝[M].吴燕莛,译.桂林:广西师范大学出版社,2004.

【12】博厄斯.人类学与现代生活[M].刘莎,等译.北京:华夏出版社,1999.

【13】布迪厄,华康德.实践与反思:反思社会学导引[M].李猛,李康,译.北京:中央编译出版社,2004.

【14】布雷钦卡.教育目的、教育手段和教育功能:教育科学体系引论[M].彭正梅,译.上海:华东师范大学出版社,2008.

【15】布鲁纳.布鲁纳教育文化观[M].宋文里,黄小鹏,译.北京:首都师范大学出版社,2011.

【16】陈来.有无之境:王阳明哲学的精神[M].北京:北京大学出版社,2006.

【17】陈长平,席小平,陈胜利.中国少数民族生育文化[M].北京:中国人口出版社,2005.

177

[18]程广文.人的发展与制度化教育[J].泉州师范学院学报,2011,29(5):114-118.

[19]大卫·费特曼.民族志:步步深入[M].龚建华,译.重庆:重庆大学出版社,2007.

[20]德斯蒙德·莫利斯.裸猿[M].何道宽,译.上海:复旦大学出版社,2010.

[21]德斯蒙德·莫利斯.亲密行为[M].何道宽,译.上海:复旦大学出版社,2010.

[22]邓和平.从民族位育之道看现代乡土教育重建[J].武汉大学学报(哲学社会科学版),2010,63(2):301-306.

[23]迪尔凯姆.社会学研究方法论[M].胡伟,译.北京:华夏出版社,1988.

[24]丁湘.略述少数民族家庭的抚幼传统[J].民族教育研究,1999(2):69-72.

[25]丁湘.浅释民族幼儿教育[J].民族教育研究,1997(4):77-78.

[26]丁湘.原始公社制民族的幼儿教育概述[J].民族教育研究,1997(3):61-64.

[27]丁湘.云南宁蒗县永宁乡纳西族(摩梭人)母系家庭幼儿传统养育文化研究[D].北京:中央民族大学,2002.

[28]董标.教育发生过程的基本特点[J].华南师范大学学报(社会科学版),1994(3):41-47.

[29]杜威.经验与自然[M].傅统先,译.北京:商务印书馆,2015.

[30]段伶.怒族[M].北京:民族出版社,1991.

[31]恩斯特·卡西尔.人论[M].甘阳,译.上海:上海译文出版社,1985.

[32]范国睿.教育生态学[M].北京:人民教育出版社,1999.

[33]范可.米德的意义[J].读书,2008(6):138-141.

[34]费孝通.生育制度[M].北京:北京联合出版公司,2021.

[35]冯合国.由"反身"到"正身":现代教育的身体转向[J].湖南师范大学教育科学学报,2013,12(3):53-59.

[36]冯建军.生命与教育[M].北京:教育科学出版社,2004.

[37]冯平.走出价值判断的悖谬[J].哲学研究,1995(10):41-48.

[38]冯向东.关于教育的经验研究:实证与事后解释[J].教育研究,2012(4):18-22.

[39]弗雷泽.金枝[M].徐育新,等译.北京:大众文艺出版社,1998.

[40]弗罗斯特,等.游戏和儿童发展[M].唐晓娟,张胤,译.南京:江苏教育出

版社,2011.

【41】傅安辉.论族群的原生性文化[J].吉首大学学报(社会科学版),2012,33(1):13-18.

【42】冈萨雷斯-米娜.儿童、家庭和社区:家庭中心的早期教育(第5版)[M].郑福明,冯夏婷,等译.北京:高等教育出版社,2012.

【43】高水红.乡村学校教育变迁与时空意识的变革[J].北京大学教育评论,2012,10(4):14-32.

【44】高伟.价值情感现象学:一种道德教育现代性的思考方案[J].现代教育论丛,2004(5):22-27.

【45】高雪飞.论裴斯泰洛奇的初步道德教育[J].唐山师范学院学报,2013,35(4):139-141.

【46】高志英.20世纪中国边疆"直过"民族教育观念变迁研究——以云南独龙族为例[J].华东师范大学学报(教育科学版),2007,25(3):37-43.

【47】古塔,弗格森.人类学定位:田野科学的界限与基础[M].骆建建,等译.北京:华夏出版社,2005.

【48】顾士敏.哲学人类学导论:从马克思·舍勒《人在宇宙中的地位》开始[M].昆明:云南大学出版社,2002.

【49】海存福.走向民间:教育研究的一种可能视阈[J].西北师大学报(社会科学版),2010,47(5):65-70.

【50】海路.务本的教育——兼论潘光旦先生的乡土教育观[J].湖南师范大学教育科学学报,2012,11(6):31-35.

【51】何林,张云辉.不同宗教信仰间的调适与共存——一个贡山怒族(阿怒)实例的文化解读[J].学术探索,2010(1):75-81.

【52】何林,赵美.阿怒人世界观在传统建筑中的表述[J].民族艺术研究,2006(5):47-54.

【53】何林.阿怒人同一屋檐下的不同宗教信仰[M].昆明:云南大学出版社,2008.

【54】何林.太阳和月亮的孩子[J].科学大观园,2007(16):20-23.

【55】赫伊津哈.游戏的人:文化中游戏成分的研究[M].何道宽,译.广州:花城出版社,2007.

[56] 黄剑波. 作为"他者"研究的人类学[J]. 广西民族研究, 2002(4): 11-16.

[57] 黄武雄. 童年与解放[M]. 北京: 首都师范大学出版社, 2009.

[58] 黄尧. 生命的原义——云南少数民族生命观研究[M]. 昆明: 云南人民出版社, 1993.

[59] 吉登斯. 现代性的后果[M]. 田禾, 译. 南京: 译林出版社, 2011.

[60] 吉国秀. 当代育儿习俗流变[J]. 沈阳师范学院学报(社会科学版), 2002, 26(1): 84-87.

[61] 加维. 游戏[M]. 王蓓华, 译. 成都: 四川教育出版社, 2006.

[62] 姜又春. 打工经济背景下农村家庭关系的变迁与留守儿童养育模式研究——以湖南潭村为例[J]. 西北人口, 2010, 31(3): 27-31.

[63] 蒋立松, 吴红荣. 西南民族共生教育中的生态伦理及其价值[J]. 当代教育与文化, 2010, 2(6): 46-50.

[64] 蒋曦. 位格·爱·价值——从舍勒现象学的基本要素看其现象学的独特性[J]. 复旦学报(社会科学版), 2007(5): 47-51.

[65] 蒋雅俊, 刘晓东. 儿童观简论[J]. 学前教育研究, 2014(11): 3-8.

[66] 蒋颖荣. 民族志: 民族伦理学研究的方法论转向[J]. 哲学研究, 2011(9): 96-102.

[67] 卡西尔. 人文科学的逻辑: 五项研究[M]. 关子尹, 译. 上海: 上海译文出版社, 2013.

[68] 凯蒂·加德纳, 大卫·刘易斯. 人类学、发展与后现代挑战[M]. 张有春, 译. 北京: 中国人民大学出版社, 2008.

[69] 科萨罗. 童年社会学[M]. 程福财, 等译. 上海: 上海社会科学院出版社, 2014.

[70] 拉-布朗. 社会人类学方法[M]. 夏建中, 译. 济南: 山东人民出版社, 1988.

[71] 雷宁. 家长及隔代教养者对2-4岁儿童游戏活动的干预研究[D]. 长春: 东北师范大学, 2011.

[72] 李德顺. 价值论[M]. 北京: 中国人民大学出版社, 2013.

[73] 李江源. 教育习俗与教育制度创新[J]. 社会科学战线, 2006(4): 220-228.

[74] 李锦, 王含章. 阿怒人的家屋社会和空间观念[J]. 西南民族大学学报(人文社会科学版), 2016(3): 30-35.

【75】李兰芬,王国银.论德性的文化视阈[J].哲学动态,2007(11):62-66.

【76】李乃涛.自下而上的力量:民间德育引论[M].杭州:浙江教育出版社,2022.

【77】李姗泽,李传英.浅论幼儿假装游戏的"符号"价值[J].学前教育研究,2007(2):46-49.

【78】李姗泽.论人类学研究范式对中国教育研究的启示[J].教育研究,2012(12):18-22.

【79】李绍恩.中国怒族[M].银川:宁夏人民出版社,2011.

【80】李燕.试析共生与教育关系研究的得与失[J].教育科学,2005,21(2):12-14.

【81】李月英,黄海耘.古道·家园[M].北京:民族出版社,2012.

【82】李泽林.中国教育人类学本土化取向研究[J].当代教育与文化,2011,3(1):22-26.

【83】李政涛.教育人类学引论[M].上海:上海教育出版社,2009.

【84】李政涛.什么是教育之美[J].幼儿教育,2015(28):50.

【85】利基.人类的起源[M].吴汝康,吴新智,林圣龙,译.上海:上海科学技术出版社,2007.

【86】梁漱溟.中国文化要义[M].北京:商务印书馆,2021.

【87】梁小丽,李涛.论传统教育习俗对伦理道德教育发展的促进作用[J].现代教育论丛,2011(8):2-5.

【88】廖冬梅.论纳西族节日的教育功能[J].教育评论,2007(2):98-101.

【89】列维-布留尔.原始思维[M].丁由,译.北京:商务印书馆,1981.

【90】刘海华.0-3岁儿童隔代教养现状与对策研究[D].长春:东北师范大学,2006.

【91】刘胡权.教育民俗论纲[J].湖南师范大学教育科学学报,2007,6(5):61-65.

【92】刘胡权.教育民俗与乡村教育[J].基础教育研究,2008(7):5-7.

【93】刘建洲."位育论":一条寂寞的社会学本土化路数[J].人文杂志,2003(2):152-157.

【94】刘金花.儿童发展心理学[M].上海:华东师范大学出版社,2001.

【95】刘黎明.论西方自然主义教育思想的当代价值[J].中国人民大学教育学

刊,2012(3):137-154.

【96】刘黔敏.民间教育学刍议[J].上海教育科研,2008(1):18-22.

【97】刘守旗.论心灵健康与德性成长[J].南京师大学报(社会科学版),2005(4):81-85.

【98】刘轶.农村0-3岁儿童母亲社会支持系统研究[D].兰州:西北师范大学,2005.

【99】刘铁芳.安全感的教育意蕴及其实现[J].教育研究,2016(2):50-56.

【100】刘铁芳.古典传统的回归与教养性教育的重建[M].北京:北京师范大学出版社,2010.

【101】刘晓东,等.学前教育学[M].南京:江苏教育出版社,2004.

【102】刘晓东.儿童精神哲学[M].南京:南京师范大学出版社,1999.

【103】刘易平,卢立昕.教育应该回到人自身——论潘光旦的人性教育思想[J].重庆科技学院学报(社会科学版),2013(7):159-162.

【104】刘玉梅.在京朝鲜族父母育儿方式研究[D].北京:中央民族大学,2012.

【105】刘云杉.有守方有为:教育改革须正本清源[J].清华大学教育研究,2013,34(1):10-13.

【106】卢梭.爱弥儿——论教育(上卷)[M].李平沤,译.北京:人民教育出版社,1985.

【107】鲁格·肇嘉.父性[M].张敏,王锦霞,米卫文,译.北京:世界图书出版公司北京公司,2015.

【108】鲁洁.人对人的理解:道德教育的基础——道德教育当代转型的思考[J].教育研究,2000(7):3-10.

【109】鲁思·本尼迪克特.菊与刀[M].鲜明,译.西安:陕西人民出版社,2022.

【110】罗伯特·路威.文明与野蛮[M].吕叔湘,译.北京:生活·读书·新知三联书店,1984.

【111】罗伯特·F.墨菲.文化与社会人类学引论[M].王卓君,吕迺基,译.北京:商务印书馆,1991.

【112】麻国庆.身体的多元表达:身体人类学的思考[J].广西民族大学学报(哲学社会科学版),2010,32(3):43-48.

【113】马尔腾.人类生态学:可持续发展的基本概念[M].顾朝林,等译.北京:

商务印书馆,2012.

【114】马克思·舍勒.人在宇宙的地位[M].李伯杰,译.贵阳:贵州人民出版社,2000.

【115】马丽,陈玉林.解读哈贝马斯的交往行为理论[J].理论界,2009(2):114-115.

【116】马林诺夫斯基.两性社会学:母系社会与父系社会之比较[M].李安宅,译.上海:上海人民出版社,2003.

【117】马文·哈里斯.文化唯物主义[M].张海洋,王曼萍,译.北京:华夏出版社,1989.

【118】马晓红,王娟.从复杂性视野看幼儿社会教育[J].学前教育研究,2010(1):54-56.

【119】迈克尔·托马塞洛.人类认知的文化起源[M].张敦敏,译.北京:中国社会科学出版社,2011.

【120】毛文凤.神性智慧:生态式教育的形上之维[M].南京:江苏人民出版社,2009.

【121】么加利.西南民族地区校内外教育系统功能研究[J].西南大学学报(社会科学版),2007,33(3):59-63.

【122】梅洛-庞蒂.知觉现象学[M].姜志辉,译.北京:商务印书馆,2001.

【123】蒙台梭利.蒙台梭利幼儿教育科学方法[M].任代文,译.北京:人民教育出版社,1993.

【124】孟航.西方人类学发展史的再认识与中国人类学的未来——在"他者"中理解"自我"[J].广西民族研究,2007(3):53-65.

【125】米德.萨摩亚人的成年[M].周晓虹,李姚军,刘婧,译.北京:商务印书馆,2010.

【126】米德.心灵、自我与社会[M].赵月瑟,译.上海:上海译文出版社,2005.

【127】苗曼.天性引领教育——幼儿教育变革路向探寻[D].南京:南京师范大学,2012.

【128】莫迪恩.哲学人类学[M].李树琴,段素革,译.哈尔滨:黑龙江人民出版社,2004.

【129】莫斯.社会学与人类学[M].佘碧平,译.上海:上海译文出版社,2014.

【130】那金华.云南"直过民族"地区教育状况及对策分析[J].国家教育行政学院学报,2008(1):75-79.

【131】纳日碧力戈.教育人类学:美美与共的学问[J].民族教育研究,2014,25(4):5-8.

【132】倪胜利,张诗亚.回归教育之道[J].中国教育学刊,2006(9):5-8.

【133】宁虹.教育的发生:结构与形态——发生现象学的教育启示[J].教育研究,2014(1):20-27.

【134】牛庆燕.一种生态觉悟:从自然之"附魅"、"祛魅"到"返魅"[J].学术交流,2010(12):32-36.

【135】诺丁斯.学会关心:教育的另一种模式[M].于天龙,译.北京:教育科学出版社,2003.

【136】潘贵玉.中华生育文化导论[M].北京:中国人口出版社,2001.

【137】潘乃谷,潘乃和.潘光旦教育文存[M].北京:人民教育出版社,2002.

【138】潘乃谷.潘光旦释"位育"[J].西北民族研究,2000(1):3-15.

【139】裴斯泰洛齐.裴斯泰洛齐教育论著选[M].夏之莲,等译.北京:人民教育出版社,1992.

【140】裴玉成.阐释的可能——读格尔兹的《文化的解释》[J].西北民族研究,2007(1):210-214.

【141】皮亚杰.皮亚杰教育论著选[M].卢濬,译.北京:人民教育出版社,2015.

【142】普劳特.童年的未来:对儿童的跨学科研究[M].华桦,译.上海:上海社会科学院出版社,2014.

【143】齐学红,李云竹.空间转向的人类学意义[J].当代教育与文化,2011,3(1):18-21.

【144】钱民辉.多元文化与现代性教育之关系研究[M].北京:民族出版社,2008.

【145】钱雨.文化、脑与教育——人类学启迪中的教育神经科学[J].教育发展研究,2012(22):59-63.

【146】秦金亮,陈晨.早期儿童养育与照料社会化的政策取向与破解之道[J].山西师大学报(社会科学版),2019,46(5):97-101.

【147】任旭林,傅金芝.怒族儿童非智力因素的发展现状及教育对策[J].楚雄

师范学院学报,2003,18(1):96-108.

【148】舍勒.知识社会学问题[M].艾彦,译.南京:译林出版社,2012.

【149】石中英.教育民俗:概念、特征与功能[J].教育理论与实践,1999,19(5):19-22.

【150】石中英.教育学的文化性格[M].太原:山西教育出版社,2001.

【151】史莉洁,李光玉.走向"共生"——人与自然,人与人的生存哲学[J].华中农业大学学报(社会科学版),2006(1):10-12.

【152】孙春晨.面向生活世界的伦理人类学[J].哲学研究,2011(10):94-101.

【153】孙杰远,徐莉.人类学视野下的教育自觉[M].桂林:广西师范大学出版社,2007.

【154】孙杰远.浅谈儿童的文化习性及其获得[J].学前教育研究,2007(2):14-17.

【155】孙丽丽,屈博."表演"观照下的仪式教育——以中国古代释奠礼的表演性因素分析为例[J].基础教育,2014,11(3):12-22.

【156】孙美堂.文化价值论[M].昆明:云南人民出版社,2005.

【157】孙晓轲.儿童德性论[M].济南:山东人民出版社,2011.

【158】泰勒.黑格尔[M].张国清,朱进东,译.南京:译林出版社,2002.

【159】泰勒.原始文化[M].蔡江浓,译.杭州:浙江人民出版社,1988.

【160】唐容.婴幼儿家庭教育中父亲参与现状及家庭对策研究[D]成都:四川师范大学,2012.

【161】唐悦,胡爱.教学中的隐性知识:民间教育学与教师教育[J].现代教育科学,2004(6):45-47.

【162】陶天麟.怒族文化史[M].昆明:云南民族出版社,1997.

【163】特纳.Blackwell社会理论指南[M].李康,译.上海:上海人民出版社,2003.

【164】特纳.象征之林:恩登布人仪式散论[M].赵玉燕,欧阳敏,徐洪峰,译.北京:商务印书馆,2006.

【165】滕星.教育人类学的理论与实践:本土经验与学科建构[M].北京:民族出版社,2009.

【166】涂元玲.村落中的本土教育[M].太原:山西教育出版社,2010.

【167】汪丁丁.教育的问题[J].读书,2007(11):39-44.

【168】汪宁生.文化人类学调查:正确认识社会的方法[M].北京:文物出版社,2002.

【169】王家传.理性之"德"与非理性之"德"——从反理性主义视域看老子关于"德"的思想[J].河南师范大学学报(哲学社会科学版),2008,35(6):59-62.

【170】王鉴,安富海.地方性知识视野中的民族教育问题——甘南藏区地方性知识的社会学研究[J].甘肃社会科学,2012(6):247-251.

【171】王娟.民俗学概论[M].北京:北京大学出版社,2002.

【172】王铭铭.人类学讲义稿[M].北京:世界图书出版公司北京公司,2011.

【173】王铭铭.人类学是什么[M].北京:北京大学出版社,2002.

【174】王乃正,郑蓓,虞永平.德性与幼儿教育[M].合肥:安徽少年儿童出版社,2011.

【175】王天平.追寻完整的人——教学活动的哲学人类学研究[D].重庆:西南大学,2011.

【176】王炜民.中国古代礼俗[M].北京:商务印书馆,1997.

【177】王喜海.儿童教育与本能:压抑抑或激发——读《本能的谬斯——激活潜在的艺术灵性》有感[J].全球教育展望,2011(12):37-46.

【178】王晓芬.国外幼儿混龄教育研究概述[J].幼儿教育(教育科学版),2006(3):35-38.

【179】王雪峰,高畅,王立国.论潘光旦"位育"思想特色[J].河南职业技术师范学院学报(职业教育版),2005(1):75-76.

【180】王彦,李吴瑕.论"庙堂教育学"与"民间教育学"的整合[J].国家教育行政学院学报,2012(6):40-44.

【181】王占魁.略论教育研究与相关学科方法论的转化[J].南京社会科学,2012(8):119-123.

【182】王智鑫.浅谈文化与人格学派在实际生活中的应用——文化与人格学派视野里的儿童教育[J].贵州民族学院学报(哲学社会科学版),2009(4):65-69.

【183】韦森.习俗的本质与生发机制探源[J].中国社会科学,2000(5):39-50.

【184】卫沈丽.美国儿童养育的"学校化"——对"家长参与"政策的工具理性的评析[J].外国中小学教育,2017(5):29-35.

【185】文苹,李银兵.从描述、解释到批判:嬗变中的民族志写作方式[J].思想战线,2009,35(3):13-16.

【186】乌丙安.中国民俗学[M].长春:长春出版社,2014.

【187】乌尔夫.社会的形成[M].许小红,译.广州:广东教育出版社,2012.

【188】吴式颖,任钟印.外国教育思想通史(第六卷)[M].长沙:湖南教育出版社,2000.

【189】吴晓蓉.共生理论观照下的教育范式[J].教育研究,2011(1):50-54.

【190】伍隆萱.民俗教育研究:以八连多民族村民组为个案[M].北京:中央民族大学出版社,2011.

【191】西慧玲."神"即儿童——试论我国古代神话人物行为与当代儿童成长各阶段行为的相似性[J].黑龙江农垦师专学报,1994(4):37-39.

【192】项贤明.泛教育论[M].太原:山西教育出版社,2000.

【193】肖索未.社会阶层与童年的建构——从《不平等的童年》看民族志在儿童研究中的运用[J].湖南师范大学教育科学学报,2011,10(2):36-38.

【194】熊和平.教育研究的表达方式[J].教育研究,2012(4):23-28.

【195】休·塞西尔.保守主义[M].杜汝楫,译.北京:商务印书馆,1986.

【196】徐莉,等.在文化的浸润中:民族民间育儿习俗的教育人类学观察[M].桂林:广西师范大学出版社,2012.

【197】徐莉,李春霞.达文黑衣壮人"保命保福"仪式的教育人类学探析[J].西北师大学报(社会科学版),2010,47(1):75-79.

【198】徐莉,石林红.社会性别视角下俐侎人的育儿习俗探析[J].广西师范大学学报(哲学社会科学版),2012,48(5):134-137.

【199】徐书业,韦玉娟.从原生走向共生:人类教育范式的演化历程[J].教育研究与实验,2007(1):21-26.

【200】徐阳.农村留守儿童教育问题研究[D].上海:华东师范大学,2006.

【201】许卓娅.学前儿童体育[M].南京:南京师范大学出版社,2003.

【202】闫世贤,扈中平.教育理论的"本土生长":社会人类学的观照[J].教育发展研究,2013(z2):16-21.

【203】阎云翔.礼物的流动:一个中国村庄中的互惠原则与社会网络[M].李放春,刘瑜,译.上海:上海人民出版社,2000.

【204】杨成胜.人类学中的文化唯物主义初探[J].民族论坛,1996(4):92-96.

【205】杨柳.沙岗村儿童抚育方式研究[D].北京:中央民族大学,2011.

【206】杨启亮.释放本土教学思想的生命力[J].课程·教材·教法,2011,31(2):29-35.

【207】杨庭硕,罗康隆,潘盛之.民族、文化与生境[M].贵阳:贵州人民出版社,1992.

【208】杨秀莲.文化与人格关系研究的若干问题[J].教育研究,2006(12):79-83.

【209】杨筑慧.中国西南民族生育文化研究[M].北京:中央民族大学出版社,2006.

【210】幺加利."地方性知识"析——地方课程开发中知识选择的思考[J].教育学报,2012,8(4):34-41.

【211】姚宝瑄.中国各民族神话·仫佬族 壮族 京族[M].太原:书海出版社,2014.

【212】姚秀颖.解释人类学研究范式及其对教育研究的启示[J].教育科学,2005,21(5):1-4.

【213】叶舒宪."原始思维"说及其现代批判[J].江苏社会科学,2003(4):127-132.

【214】殷莉,蔡军.从"文化与人格"到心理人类学的演进[J].西安文理学院学报(社会科学版),2010,13(3):30-32.

【215】尤小菊.略论人类学研究的空间转向[J].西南民族大学学报(人文社会科学版),2010(8):67-71.

【216】余文武.少数民族之教育发生与教育习俗考求[J].黔南民族师范学院学报,2008(5):31-34.

【217】余小茅.试论教育的保守性及其价值探寻[J].上海教育科研,2013(6):12-15.

【218】虞永平,等.学前课程的多视角透视[M].南京:江苏教育出版社,2006.

【219】袁芳.从社会性别看怒族的村寨教育[J].河南教育学院学报(哲学社会科学版),2003,22(1):26-29.

【220】袁年兴.共生哲学的基本理念[J].湖北社会科学,2009(2):100-102.

【221】袁同凯.学校、社会与文化:教育人类学的情境观[J].西北民族研究,2008(3):95-101.

【222】袁中树.舍勒人学思想研究[D].长春:吉林大学,2012.

【223】岳永逸.忧郁的民俗学[M].杭州:浙江大学出版社,2014.

【224】越海波.中国古代成人的婴幼儿生命观[D].西安:陕西师范大学,2015.

【225】詹姆斯·O·卢格.人生发展心理学[M].陈德民,周国强,罗汉,等译.上海:学林出版社,1996.

【226】张家军.学校教育的隐性力量[D].上海:华东师范大学,2005.

【227】张金荣,邹瑶雯,沈王艳,等.父母养育倦怠——家庭教养研究的新视角[J].中国特殊教育,2019(7):91-96.

【228】张世保.文化民族主义与文化保守主义论析[J].社会科学战线,2008(12):190-194.

【229】张舜清.论儒家"中和位育"伦理观及其现代价值[J].武汉科技大学学报(社会科学版),2009,11(2):1-5.

【230】张伟,秦德林.保守性:不可或缺的教育"天性"[J].江苏教育(教育管理),2009(2):37-38.

【231】张文娟.基于"道德体验"的民俗德育价值探析[J].教学与管理,2010(28):40-42.

【232】张向葵,张斯珉.幼儿心性教育刍议[J].教育研究,2012(10):54-58.

【233】张永缜.共生:一个作为事实和价值相统一的哲学理念[J].西安交通大学学报(社会科学版),2009,29(4):60-64.

【234】张跃.仙女节[M].北京:光明日报出版社,2012.

【235】张志坤.仪式教育审视:教育人类学仪式研究视角[J].中国教育学刊,2011(12):24-26.

【236】赵荣辉.劳动是儿童的自然本性[J].教育学术月刊,2009(11):9-11.

【237】郑晓江.生育的禁忌与文化[M].北京:中央编译出版社,2013.

【238】钟敬文.民俗学概论[M].上海:上海文艺出版社,2009.

【239】周怡.强范式与弱范式:文化社会学的双视角——解读J.C.亚历山大的文化观[J].社会学研究,2008(6):194-213.

【240】周云水,魏乐平.文化齿轮:中心与边缘之间——以怒江流域的两个人

口较少民族为例[J].贵州师范大学学报(社会科学版),2008(6):43-48.

【241】朱季康.民国时期民间本土育儿思想中"教"属性的缺失与"育"属性的习惯[J].海南大学学报(人文社会科学版),2012,30(3):46-52.

【242】朱家雄,王峥.从教育人类学视角看学前教育的政策走向和政策制定[J].幼儿教育(教育科学版),2006(1):9-11.

【243】朱利霞.重申教育的保守性[J].中国教育学刊,2012(6):34-37.

【244】朱晓宏.他者经验与儿童成长:师生关系的另一种解读——基于舍勒的情感现象学理论视域[J].教育研究,2011(9):76-81.

【245】朱自强.身体生活:儿童教育的根基和源泉[J].江苏教育(教育管理版),2009(6):37-39.

【246】庄孔韶.人类学通论[M].太原:山西教育出版社,2002.

【247】左玉堂,叶世富,陈荣祥.怒族独龙族民间故事选[M].上海:上海文艺出版社,1994.

附 录

附录一 怒族童谣与儿歌

你的阿爸去哪里

你的阿爸去哪里？
我的阿爸去兰坪。
去到兰坪做什么？
去到兰坪把锛借。
　借锛做什么？
　借锛凿猪槽。
　猪槽做什么？
　猪槽养肥猪。
　养猪做什么？
　养猪娶儿媳。
　儿媳做什么？
　儿媳抬磨石。
　磨石做什么？
　磨石磨刀子。
　刀子做什么？
　刀子剥藤篾。
　藤篾做什么？
　藤篾把狗拴。
　拴狗做什么？
　拴狗防野猫。
　野猫做什么？

野猫把鸡叼。
叼鸡做什么？
鸡啄小虫子。
虫子做什么？
虫子蛀树木。
树木做什么？
树木当柴烧。
烧柴做什么？
烧柴变烟火。
烟火做什么？
烟火冲上天。
冲天做什么？
冲天变成雨。
变雨做什么？
变雨变成海。
变海做什么？
海子变成鱼。
变鱼做什么？
鱼骨雕箭槽。
箭槽做什么？
箭槽把箭搭。
搭箭做什么？
搭箭射乌鸦。
乌鸦做什么？
乌鸦伸出嘴唇砣砣做鬼脸，
兔子跑到兰坪了。

说明：《你的阿爸去哪里》是流行于知子罗村、老姆登村的童谣，音韵和谐，以一问一答的顺口溜形式吟唱，能够为儿童传授知识，启迪智慧。

传授者：知子罗村　和记堂

出太阳

太阳出、出、出,
虫房子,砣,砣,
你妈你爸漆树底下回来了,
核桃沟里回来了,
瞧着吧!
你们两个坐在篾笆上,
一起偷偷吃鸡蛋!

说明:《出太阳》是流行于知子罗村的童谣。大人外出劳动时,常把孩子留在家里,他们坐在阳台上玩耍,吃着大人留给他们的蛋或其他食物。这时,别家阳台上的小孩看见了,常用这首童谣打趣,童谣中有廉洁为荣、偷盗可耻的淳朴思想。
语词强调对仗的格局,明快的节奏中穿插说白,活泼自然。

传授者:知子罗村　和记堂

阿甲

阿甲、甲、甲,
没有吃蛋口福、福、福,
没有吃肉口福、福、福,
肚子扁扁的空在着。
哽噔嘞!

说明:"哽噔嘞"是孩子们搂肩搭背一齐往后倒下的戏耍叹词。

传授者:格甲登村　吴卫林

木贝

木贝哟,
西甲哟。

娜杜哟,

娜甲哟。

娜杜你闪闪发光了吗?

猪食水还是湿淋淋的吗?

贝贝同贝爹,

贝贝子贝爹。

木桶也由鱼儿爹来架,

锅庄也由白贝爹来架。

用口袋底子来接接接,

用咚咚响的木桶来接。

板栗鼠接短刀子,

女儿瞧着接。

结格哒嘞!

说明:《木贝》是流行于知子罗村、老姆登村、托肯村的童谣。它以顺口溜的形式诵唱,能够为儿童传授知识,启迪智慧。

传授者:托肯村　波郁

排排坐

排排坐,排排坐,

结格哒嘞!

说明:《排排坐》是流行于知子罗村的童谣。它是儿童在木楼里搂肩搭背一起玩耍时唱的童谣。

传授者:知子罗村　乃洁

痒痒啰

毛虫两条、三条掉下来,

鸡蛋两个、三个掉下来,

格哩哩,格哩哩。

说明:《痒痒啰》是流行于知子罗村的童谣。母亲或大人逗婴儿或儿童开心时就会唱这首童谣。

传授者:知子罗村　乃洁

咕嘀咕嘀金狗叫

金狗,金狗,
咕嘀咕嘀金狗叫,
咬咬钩钩乱咬咬。

说明:《咕嘀咕嘀金狗叫》是流行于知子罗村的童谣。婴儿哭闹咿呀时,大人口诵这首童谣哄婴儿入睡。

传授者:知子罗村　企扒措

星月

爷爷不给鸡蛋蛋,
奶奶不给米砂砂。
乖乖,乖乖,
睡吧,睡吧。

说明:《星月》是流行于知子罗村、老姆登村的童谣。母亲或大人背起睡在摇篮里的婴儿,脚踮起,脚后跟翘起,口念诵词,哄婴儿入睡。

传授者:老姆登村　窦桂生

数数

一包,
两块,
三蛇,
四哥,

五万，

六人，

七孔，

八代，

九爷，

十份，

即为：一二三四五六七八九十。

说明：《数数》是流行于老姆登村、果科村的童谣。用比喻打趣的手法为儿童传授知识，启迪智慧。

传授者：老姆登村　窦桂生

附录二 怒族民间故事与传说

乃仍节的传说

怒族有一个名叫吉木斗的怒家山寨。山寨旁的半山腰上有一个大溶洞。洞顶石乳倒悬,层层叠叠;洞内开阔,石壁石笋如林,极为壮观。溪水从石壁流出,在洞内形成一股溪流。游人至此,寒可取暖,热可纳凉,当地的怒族人称它为"仙人洞"。

提起"仙人洞",怒江两岸的怒族人民就会情不自禁地想起那位为民造福、可敬可爱的怒族姑娘阿茸。

相传,很久很久以前,在寨子右侧的山沟里有一条小河。这条小河极爱干净,最禁脏污,谁要是往河里丢东西,到河里洗澡洗衣,河水就会翻起波浪,住在附近的怒家人从不往这条河里丢脏物。人们去小河里挑水也要先到怒江边洗净手脚,换上整洁的衣服,连挑水用的木桶和木瓢也擦得干干净净,扁担上都沾不得半点灰尘。路过这里的人,从不在河边打喷嚏,吐唾沫,更不敢在河里甩鼻涕。河上有座独木桥,过往行人都匆匆而过,从不在桥上玩耍逗留,生怕身上的汗珠或背篓里的灰尘掉到河里。小河日日夜夜流淌着清澈的泉水,泉水绕过怒家山寨,灌溉、滋润着怒江两岸的土地。

后来,有一个刚嫁到吉木斗寨子的媳妇,不知道这条小河的习惯,冒失地提上麻布毯子到河边搓洗。开始时河水清汪汪的,咚咚不停地响着,过了一会儿,小河骤然变得浑浊了,咆哮起来,最后,河水便慢慢地落了下来。新媳妇一五一十地向家里人说了,公公听了叹息道:"唉,忘了向你交代,这条小河里容不得丁点脏污,它最恨不干净的东西。你到河里洗麻布毯子,触怒了它。"

从此,这条小河干枯了,春夏秋冬不淌一滴水。怒家山寨的庄稼由于没有水,长得像山羊的胡子,又稀又黄。怒家人想水想得心慌意乱,盼水盼得眼睛发花。为了找水,多少怒族小伙子翻山越岭,在怒江两岸险峻的羊肠小道上葬送了性命。

吉木斗寨子有个名叫阿茸的怒族姑娘,有人说,她的阿爸阿妈因结婚时喝了寨子边那条小河里洁净甘甜的河水,所以她长得比怒江两岸五颜六色的鲜花还要美丽。她的聪明盖过了先辈,别看她才十八九岁,可早就挑起了一家人生产生活的担子。自从寨子边那条小河枯竭后,阿茸常常夜里睡不着觉,白天心神不安。

这天,阿茸手提砍刀,肩扛石锤在悬崖半腰想凿个洞让泉水流出。渴了,她摘山果润喉;饿了,抓几把炒面充饥。凿啊凿,足足在悬崖半腰熬了九十九个昼夜,阿茸终于凿通了一个三米高、二十米长的石洞。洞刚一打通,顿时涌出一股甘甜的泉水,阿茸惊喜地叫了起来:"啊!终于找到泉水了!"

阿茸拔腿飞跑出岩洞,跳下悬崖,直往吉木斗寨子奔去,岩洞内的泉水也"哗啦啦,哗啦啦"地从山上欢快地向下流淌。这泉水顺着山一直淌到寨子里。从此枯裂的怒家土地得到了浇灌,怒江两岸的石头变成了细土,荒山变成了绿洲。怒家人过上了丰衣足食的日子。

很快,阿茸姑娘的名字就像七八月的梅花鹿,飞遍了怒江两岸,村村寨寨的怒族青年男女都向阿茸投来了崇敬和倾慕的目光,人们倾心热爱这位勤劳勇敢、机智聪明的姑娘,都说阿茸是"仙女"。

谁能想到,阿茸为民造福却招来了横祸。土司说:"阿茸凿通了悬崖,破坏了怒家山寨的风水,她把山上的泉水引进寨子惹怒了水王爷。"土司派了几个狗腿子来到寨子,要把阿茸抓走。

机灵的阿茸闻讯后逃出了寨子,往山上爬去。她攀上悬崖,逃进自己亲手凿通的石洞。土司的爪牙们一直追到悬崖下,仰面看着这刀削斧凿的悬崖,一个个耷拉脑袋发出一阵阵叹息。

这伙狗腿子哭丧着脸回去了。土司咬牙切齿,派人放火烧山,大火烧了九天九夜,高耸入云的山上浓烟滚滚,烟火卷入石洞,阿茸姑娘从此再也没从洞里出来……据说,她变成了一尊石像,洞里纯净的泉水就是从她身上流出来的。

那天,正是农历三月十五日,怒江两岸的村村寨寨沉浸在悲愤中,人们想念为民造福的阿茸姑娘,人人都会采一把鲜花送进溶洞。久而久之,这天便变成了怒族的传统节日——乃仍节。"乃仍"是怒语,指怒族的祭礼活动。每年这一天,怒江两岸的怒族男女老少要换上节日的盛装,背上"咕嘟酒",带上熟肉、米饭、苞谷和炒面,手捧鲜花,聚集到山下,爬进"仙人洞"把一簇簇五彩缤纷的鲜花和美酒熟食供在阿茸石像前;有的还将阿茸石像身上渗出的泉水盛入竹筒,带回家乡,让未能上山的家人品尝。

讲述者:阿迪昌
整理者:和光益 叶世富 陈荣祥 郭鸿才

蝴蝶姑娘

很久很久以前,有个孤儿,穷得靠讨饭过日子。

有一天,他听说有家富人请客,于是就到那里要饭吃。他在门外饿着肚子等了半天,等里面的人吃饱喝足后,才悄悄进去向女佣人要了两碗吃剩的饭菜。

他蹲在门外正要吃饭时,忽然,一位满头白发、两眼糊满眼屎的老奶奶,拄着拐棍来到面前。

孤儿忙把饭菜端给老奶奶说:"老人家,我要了点饭菜,你一定饿了,请你吃吧!"

老奶奶接过饭菜,没吃几口,就停住筷子说:"孩子,我吃不下,还是你吃吧!"

孤儿说:"老人家,我现在吃不下,请你带回去吃!"边说着,边往老奶奶的口袋里倒饭菜。

老奶奶说:"好孩子,难为你了,我走不动了,你能送我回家吗?"

孤儿笑眯眯地向老奶奶点了点头,把老奶奶背回家去。

走了好长一段路,老奶奶感激地说:"孩子,你的心太好了,前面就是我的家,我可以走回去了。你赶快回去吧,刚才我俩歇脚的地方有块大石板,石板下面有只蝴蝶,你带回去好好养着吧!"说完,老奶奶一下子就不见了。

孤儿很奇怪,就照老奶奶说的,来到歇脚处,翻开大石板,果然有一只美丽的花蝴蝶。孤儿把蝴蝶小心翼翼地放进挎包,就往家走。走了一段路,他担心蝴蝶被压着,就打开挎包看,可是,蝴蝶不见了。

他急坏了,连忙转到歇脚处去寻找,只见歇脚处站着一位美貌的姑娘。孤儿很有礼貌地上前问:"请问这位大姐,可曾看见一只花蝴蝶?"

姑娘说:"没看见。"

孤儿就翻开石板,拨开树丛、草窝到处找,找得满头大汗。

姑娘见孤儿这样憨厚、可爱,不由得"扑哧"笑出声来。

姑娘说:"小阿哥,别找了,蝴蝶就是我,老奶奶就是我母亲。母亲见你心地善良,待人诚恳,要我与你一道生活。"

孤儿惊喜地说:"我穷得讨饭度日,你愿意吗?"

姑娘红着脸说:"不愿意就不来见你了。"孤儿高高兴兴领着蝴蝶姑娘回家去,到了家门口,孤儿说:"这就是我的家,进屋吧!"

蝴蝶姑娘说:"这树叶盖的房子,不是你的家,是你父母的老屋,你的家在前面呢!"

孤儿感到莫名其妙,只得跟着姑娘朝前走,没走多远,就出现了一座又高又大的新房子。姑娘说:"这才是你的家,这是你背母亲回家时,母亲给你盖的。"

孤儿喜出望外,和蝴蝶姑娘成了亲,过着甜蜜的日子。

讲述者:阿迪昌
整理者:和光益 叶世富 陈荣祥 郭鸿才

梦中的仙姑

从前有个孤儿,从小靠讨饭过日子。长大后,因穷得一无所有,所以还没有成亲。他决心离开家乡,到外地挣一点儿钱回来,娶个媳妇。

有一天天刚亮,他就朝东北方向出发了。他走呀走,翻过了七座山,跨过了九条河,来到一座密林,感到又累又饿,便坐在一棵大树下休息。抬头一望,树上结满了又大又黄的梨子,就顺手摘了几个,大口大口地吃起来。

说来也神奇,几个梨子刚下肚,他就倚着大树迷迷糊糊地睡着了。他做了一个可怕的梦,梦见一个脸似锅底、牙似弯钩的丑老婆子,气势汹汹地骂道:"你这个臭孤儿,竟敢来偷我的梨子,现在我要狠狠教训你!"说完,老婆子就不见了。

孤儿醒来,发现自己脸上、手上、脚上、身上都长满了黑毛,变得像猴子一样。他伤心极了,呜呜大哭起来。

一只乌鸦飞来,问他为什么哭。他就说了事情的经过。乌鸦说:"谁叫你偷人家的梨吃,活该!"说完飞走了。

一只喜鹊飞来,问他为什么流泪。他又说了事情的经过。喜鹊说:"谁叫你嘴馋,活该!"说完,飞走了。

一只青蛙跳过来,问他为什么难过。他又重复说了一遍。

青蛙说:"谁叫你憨吃憨胀,活该!"说完跳走了。

一只黑猴子跑过来,劝他说:"别哭了,兄弟,我们去摘野果吧!"

孤儿摇摇头说:"你是猴,我是人,怎能跟你一道去呢!"猴子听了,感到很意外,怏怏地走了。

孤儿还是哭个不止,哭着哭着,又靠在梨树上睡着了。他又做了一个梦,梦见一位头戴珠帽、胸挂串珠的美貌姑娘,笑盈盈地走过来对他说:"你别伤心了。明天,有一个王子要去迎亲。这个王子和你长得一模一样。他在半路上会遇到你。你要摘七八个梨带在身上。他们抢吃了你带去的梨子后,你身上的黑毛就会消失。以后,你还会碰到一连串麻烦的事,这就要靠你自己去应付了。"姑娘说完,就不见了。

孤儿醒来,天已亮了,他就照姑娘说的,摘了几个梨子揣在怀里,然后向前面走去。这天,天气炎热,热得地上快要冒烟。孤儿走呀走,见前面坝子里有棵大树,就走到树下去歇脚乘凉。

孤儿刚坐下,一伙人抬着一乘轿子也来到树下。他们正是王子迎亲的队伍。果然,这王子和孤儿长得一模一样。王子热得浑身冒汗,喘作一团。他看见孤儿,就蛮横地叫卫士搜身,看看孤儿可有解渴的东西。

卫士们搜到孤儿怀里的梨子,就和王子一起狼吞虎咽地吃起来。吃完梨子,王子和卫士们一个跟着一个睡着了。

孤儿虽然没有吃梨子,但因为又热又疲倦,也跟着睡着了。他醒来一看,发现自己身上的黑毛全消失了,而王子和卫士们身上却长满了黑毛,一个个变得像猴子一样。孤儿怕王子怪罪,就悄悄爬到一棵树上躲起来。

王子醒来,气得要死,叫背夫们把孤儿抓来处死。背夫们东找西找,终于发现孤儿躲在树上。王子叫背夫们把树砍倒,要让孤儿活活摔死。

背夫们砍呀砍,树被砍倒了,孤儿落到地上,只翻了一个跟斗,一点也没有受伤。

王子吓坏了,以为孤儿是个仙人,忙把王冠、衣服、鞋子脱下,跪在孤儿脚下说:"我已经变成了猴子,再不配当公主的丈夫。请你穿戴上这些东西,去接回公主,继承父亲的王位吧。"王子说完,又向他家的背夫们交代了几句,然后领着变成猴子的卫士们,向森林深处走去。

孤儿身不由己,被背夫们强行换上了王子的王冠、衣服、鞋子,冒充王子坐着轿子去接公主。他们走了三天三夜,来到了公主住的都城。国王见王子现在长得一表人才,很是高兴,举行了盛大的宴会招待他。

第二天,孤儿同公主一道坐着轿子回去。公主是个细心的人,她觉得眼前的这个王子,很不像过去的那个王子。过去的那个王子,成天动手动脚的,而今天的这个王子,斯斯文文,一副老实相。

于是，公主就派武士私下盘问王子的背夫。问了几十个，他们都不肯说。问到最后一个，武士们对他拳打脚踢，他实在受不了，只好吐露了真情。

公主听说王子是孤儿冒充的，气得差一点昏过去。她大发雷霆，叫武士把孤儿关进又脏又臭的马厩里。

孤儿蹲在马厩里，想起自己的不幸遭遇，又难过得哭起来。哭着哭着，不知不觉地睡着了。他又做了一个梦，梦见前次在梦中见到的那位美貌姑娘，走上来对他说："你莫哭了。明天，公主要派会变绳子和斧子的两个魔师来杀你。你只要如此这般对他俩说，就没事了。以后，你的好运也就跟着来了。"姑娘说完，很快消失了。

第二天一早，孤儿醒来时，只见一根绳子拖着长长的尾巴，在眼前晃来晃去。孤儿忙照姑娘在梦中教给他的话说："绳子啊绳子，我本无冒充王子的坏心，我是身不由己地当了几天王子，我没有罪。要杀，请你就杀公主的武士吧！"绳子一听，掉转头飞走了。

过了一会儿，又飞来一把斧子，在孤儿眼前闪来闪去。孤儿又把对绳子说过的话，重新对斧子说了一遍。斧子一听，也掉头飞走了。

绳子和斧子飞出马厩后，就去杀公主的武士。斧子把武士砍倒，绳子过去拦腰一捆，轻轻一抛，把尸体丢入怒江里。不大一会儿，武士们全被丢入江里喂了鱼。

绳子和斧子又向公主杀去，眼看公主没命了，孤儿忙替公主求情说："绳子大哥，斧子兄弟，请你们饶了她吧！"孤儿刚说完，绳子和斧子转眼变成了两位英俊少年，向孤儿笑了笑，拱了拱手，说了声"再会"，就不见了。

公主这时真是羞愧难当，孤儿忙好言相劝。公主见孤儿不计前仇，心地善良，十分感动，真心实意地和孤儿结为了夫妻。

孤儿和公主来到王子的都城后，老国王把孤儿当作了自己的儿子，忙为他俩举行了隆重的婚礼。婚礼正在热热闹闹地进行时，真的王子披着一身黑毛跳了出来，紧紧抱住老国王的大腿说："父王，他是冒充的，我才是你的儿子呀！"

老国王见是一只猴子来捣乱，气得鬼火直冒，"嗖"地拔出宝剑，把王子砍死了。

过了几年，老国王去世后，孤儿继承了王位。孤儿在公主的协助下，使百姓过上了安居乐业的好生活。

讲述者：邓四言

整理者：叶世　郭鸿才

附录三　田野调查日志节选

2013年4月2日　农历二月二十二　星期二　晴

今天初次踏入怒江大峡谷这块神奇土地的体验并非像我想象得那么"愉快"，十多个小时的车程确实让我感觉有些疲惫。一大早我便乘车从大理到了六库，又接着转了两次车才到了坐落于峡谷深处的古老的怒族村落——老姆登村。一路走来，我深切地感受到了怒江大峡谷高山的险峻与陡峭。坐在车里抬头看天，天空常常被高山分割成长长的线条。有时，明明已经听到怒江奔流的水声，但当真正看到怒江时已过了半个小时的车程。车子如同陀螺一样行驶在山间，从山脚爬到山顶，又从山顶下到山脚，周而复始，弯弯绕绕，终于在晚上7点左右把我带到了老姆登村。蜿蜒盘旋的山路多少让我有点头晕，但也让我感受到了怒江大峡谷的深邃与神秘。一路走来见到的奇山怪石，听到的激流江水，似乎预示着我踏入了一块神奇的土地，这些景观多少让我想进一步了解这里的人、事、物，这也许就是奈杰尔·巴利所说的"天真的人类学家"怀有的"最初好奇"吧。

2013年4月6日　农历二月二十六　星期六　晴

我第一次到老姆登村考察时，便住在村民李围山家。每天煮饭之前，5岁的家玉都会帮着妈妈把火生好，平日里，家玉和弟弟常常围坐在火塘边帮着爷爷烤茶叶，或自己用火塘里的烫灰崩玉米花吃。在怒族村落里几乎没有发生过孩子玩火受伤的事情，火与孩子之间不像我们安全教育中提及的那样"势不两立"，他们之间似乎有一种和谐相处的乐趣，怒族幼儿经常自己生火取暖、煮饭或烤东西吃，也常和兄弟姊妹在火塘边玩耍。

2013年4月8日　农历二月二十八　星期一　晴

在匹河怒族乡考察已有一周了，我对怒族学前教育的基本情况已有所了解。说实话，怒族聚居区"无留守儿童"现象确实让我有些意外。要知道，在当今中国农村社会转型的背景下，"无留守儿童"的村落确实少见。我曾经在白族、彝族、傣族等地区进行过调查，那里留守儿童的比例都非常高，但怒族地区是个例外。我走访的老姆登村、知子罗村几乎没有留守儿童，10岁以下留守儿童的比例更是为零。针对这个问题，我访谈了一些教育局的领导，他们的回答带有一些"责怪"怒族父母的意味,认为因怒族人"太懒""太胆小",不愿出门打工,所以当地才没有留守儿童。而今天我和知子罗村的一位怒族阿妈聊天时,才知道怒族地区没有留守儿童其实另有隐情,这个隐情与怒族传统的养育习俗和家屋养育制度有关,需要我进一步去探讨和分析。

2014年1月13日 农历十二月十三 星期一 多云

我发现老姆登村基督教堂门口有一块很大的空地,村里的孩子很喜欢聚集在此玩耍、嬉戏。为了多观察和了解怒族儿童的日常生活,今天吃过晚饭后我早早来到教堂门口,等着孩子们的到来。可能是因为这几日我与他们"混"得较熟了,他们一见到我就跑过来跟我打招呼,还约我和他们一起玩游戏。因为今天不是周末,寄宿的小学生们都没回家,所以来这里玩儿的小朋友都是学龄前儿童,大大小小有七八个孩子。大家在一起打闹一阵之后,有个大一点的男孩建议大家来进行爬树比赛,让我来给他们当裁判。经过几轮对抗后,终于有一个叫福阳的6岁男孩得到第一名。一月份的峡谷地带是比较冷的,太阳落山后温度骤降七八度是常有的事儿,但我发现这里的孩子身体素质都非常好,他们不怕冷,很多孩子只穿一个薄外套就能过冬。这对于城里的孩子来说是不可想象的。

2014年3月1日 农历二月初一 星期六 晴

今天是星期六,是孩子们参加主日学的日子。吃过晚饭后,我和三波一家人一起到教堂参加礼拜活动。周六的教堂异常热闹,信徒们穿戴整齐,手捧《圣经》,虔诚地唱着赞美诗。怒族人有着天生的好嗓音,合唱的赞美诗优美、动听。由于他们习惯用怒语演唱,我几乎听不懂唱些什么,但仍能感觉到歌词和旋律中所表达出的虔诚与美好。当我在教堂里听到怒族人唱诗时,突然会产生一种对天地和生命肃然起敬的感觉。

附录四 田野调查图片(部分)

图1 考察丙中洛镇幼儿园

图2 玩爬树游戏的怒族儿童

图3 参加日常劳作的怒族幼儿

图4 入户调查

后 记

胡适先生曾引用一位朋友的话说:"你要看一个国家的文明,只消考察三件事,第一,看他们怎样对待小孩子;第二,看他们怎样对待女人;第三,看他们怎样利用闲暇时间。"如果从这三个维度来评价怒族社会和儿童养育,可以说他们已拥有"现代"的生活方式和教育思想。怒族社会很多看似很"土"的儿童养育方式和思想极具现代意义和价值。人类儿童教育形态是多样且复杂的,要认识儿童教育的本质和功能,必须将教育同整个民族文化生态系统联系起来考虑。可见,对于某一民族、社会儿童养育的价值判断,只有适合与不适合,没有所谓的"发达"与"落后"之分。

怒族儿童养育习俗的教育人类学研究揭示了原生养育活动中儿童与生命的关系。怒族养育习俗中蕴含着丰富的儿童生命关怀意识,怒族父母把孩子放在一个天、地、人的"大生命"系统中去思考儿童的发展与教育,真正把握并遵循了儿童生命成长的"位育"之道。这些思想虽然零散、不成体系,但它们是人类养育下一代的初始经验的集中体现,其中所蕴含的早期儿童教育思想和智慧,今天看来不但不过时,还与现代学前教育的价值追求相吻合。

中国社会和中国教育都不可避免地要走到"现代化"发展的道路上来。作为一个发展中国家,在现代化进程中难免会产生诸多矛盾,教育也不例外。面对当前我国学前教育发展中"教育生态失衡""教育异化"等现象,我们需要重新思考学前教育的"位育"问题。中国学前教育现代化发展不可逆转,但可以自新,丰富的民间儿童养育习俗就是中国学前教育发展的本土资源和内在动力。因此,基于教育人类学的怒族儿童养育习俗研究,其真正的价值在于探寻传统养育习俗背后人类儿童教育活动的本质与当代意义,挖掘隐藏其背后的儿童教育思想和教育智慧,通过对其价值的阐释和内涵的反省,实现中国现代学前教育理论的"本土生长"。

当然,对于研究者本人来说,研究怒族儿童养育习俗的过程也是关怀"自我"、抚慰内心的过程;阐释怒族儿童养育习俗内涵与价值的过程,就是回望传统养育智慧、回归儿童教育初始、守护儿童教育精神的过程。

本书是在笔者的博士论文基础上形成的。研究从选题到成文都是在导师李姗泽教授的引领、碰撞、期待和激励下完成的。感谢恩师引领我走进了教育人类学的大门,拓延了我以往对民族儿童教育的研究思路,开启了我对学前儿童教育的全新理解。在写作过程中,导师要求我"打破固有的框架和思维模式","写出人类学'味道'"的教诲深深影响着我,使我在分析框架建构和文本表达等方面有了新的收获。

回首研究的整个过程,虽有曲折和艰辛,但脑海中时常浮现的是温馨、喜悦与感动。尽管研究还有许多不足,但研究过程中奔走田野的各种经历,以及写作过程中的点点滴滴都成为我人生中难得的财富。如今研究成果得以出版,我衷心地感谢所有在学习、考察、写作中给予我启发、教益和帮助的人们。

感谢在论文开题和预答辩时为我提出宝贵意见和给予指导的杨晓萍教授、刘云艳教授、李静教授、易连云教授、徐学福教授、兰英教授、赵伶俐教授、于泽元教授,是他们犀利而中肯的意见让我意识到了研究的不足和价值所在。本书在写作过程中恰逢西南大学张诗亚教授到我工作的学校讲学,他让我研读《中庸》的建议,使我进一步理解了"位育"思想的内涵,为研究的开展奠定了坚实的哲理基础。

感谢在考察过程中对我无私帮助的怒江州福贡县马吉乡武仕博副乡长,研究所涉及的田野调查点大部分是由他联系和安排的。感谢老姆登村的李围山大哥一家、郁伍林大哥一家以及村支书李建文大哥,他们的帮助使我克服了语言的障碍、消解了异文化考察中的不适,为田野调查的顺利开展提供了保障。同时,我十分感谢所有参加调研的怒族家庭,感谢他们宽厚大度地接纳我进入他们的生活。

感谢我的硕士生导师云南师范大学的曹能秀教授和王凌教授。两位恩师不但在学术上给予了我诸多启发和教益,还常常在我困惑时给予我精神的力量和前行的勇气。

感谢一直默默支持我、鼓励我的家人。感谢爸爸妈妈,他们不仅陪伴、见证了我的成长,更是在我读博和书稿修改期间全心付出,为我照顾孩子、操持家务。感谢爱人张云霁先生对我的体贴、忍让与帮助,他不仅两次陪我进入怒江考察,还常用他的诙谐幽默帮我度过了烦躁、痛苦的写作阶段。感谢公公婆婆对我的理解、支持与关爱。感谢幼子张铭哲给予我的温暖和力量,天真可爱又善解人意的他为我的生活带来了欢笑和热情。

感谢西南大学出版社为本书的出版所付出的辛劳。